KB239758

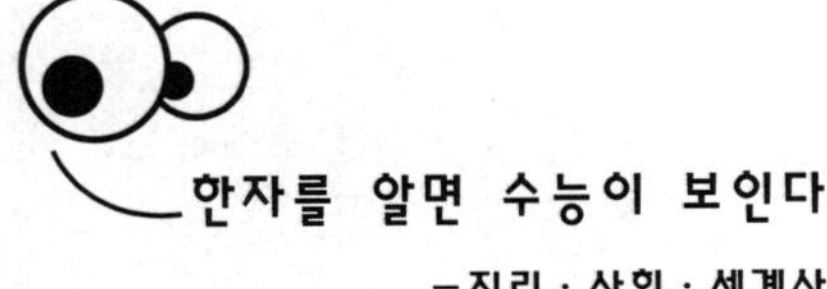

한자를 알면 수능이 보인다

―지리 · 사회 · 세계사

한자를 알면 수능이 보인다
-지리 · 사회 · 세계사

1판 1쇄 2001년 11월 11일
1판 2쇄 2003년 7월 18일

지은이 | 전국한문교사모임
펴낸이 | 양지현
펴낸곳 | 한문교육

출판등록 | 2000년 1월 14일 제13-1021호
주소 | 서울 종로구 운니동 65-1 월드오피스텔 908호
전화 | (02) 747-3451
팩스 | (02) 747-3452
e-mail | jngame@hanmail.net

ISBN 89-951192-1-7 53710
값 8,000원

한자를 알면 수능이 보인다

―지리 · 사회 · 세계사

전국한문교사모임 편

안녕하세요? 전 예비 고3입니다.

전 국사랑 한국지리를 공부할 때마다 '내가 뭘 하고 있지?' 란 생각이 들었습니다.

그래도 국사는 제가 좋아하는 과목이니깐 좀 나았지만 한국지리는 국어사전과 옥편을 펴놓고 공부했습니다. 공부하다가 문득 우습더라구요. 세상에 우리말로 되어있는 책으로 공부하는데, 한 문장에 뜻이 와 닿지 않는 낱말이 수없이 많다는 것이… 다른 애들은 그냥 넘어가던데 전 너무 답답하고 화가 나더라구요. 그냥 흙이라고 하면 될 것을 '토사(土砂)' 라고 하고…

제 어머니가 국사선생님이시거든요.

그래서 국사공부를 한 뒤에는 한자로 된 용어를 한 글자 한 글자 풀어서 무슨 뜻인지 여쭤보거든요. 그럴 때마다 제가 어머니께 한자말을 다 풀어서 설명해주는 책이 나오면 좋겠다고 징징거렸거든요.^^

근데!!! 오늘 책방에서 이 책을 보고 얼마나 놀랐는지 몰라요. 저도 모르게 환호성을 질러버렸답니다.^^;

왜 이제야 만났는지… 지금이라도 이 책과 만나서 정말 다행이에요.^^

정말 고맙습니다. 이런 책을 만들어 주셔서… 감동입니다.

구분전(口分田)이 그런 뜻인 줄은 정말 몰랐어요.^^

〈선생님이 풀어주는 사회 한자어〉도 빨리 나왔으면 좋겠어요. 나오면 메일 보내주세요.^^ 꼭이요! 한국지리도 나왔음 좋겠어요. 제발요. T.T

윤리도…^^헤헤 암튼 정말 고맙습니다.

@)))))(@ – 이 김밥드시고 힘내세요.^^ 화이팅!

앞의 글은 지난번 국사한자어를 정리하고 풀이한 책인 〈선생님이 풀어주는 국사한자어〉를 본 한 학생이 필자에게 보내온 이-메일의 내용이다.

이 학생의 메일 중 다음 내용을 집고 넘어가자.

'세상에 우리말로 되어있는 책으로 공부하는데, 한 문장에 뜻이 와 닿지 않는 낱말이 수없이 많다는 것이… 다른 애들은 그냥 넘어가던데 전 너무 답답하고 화가 나더라구요. 그냥 흙이라고 하면 될 것을 '토사(土砂)' 라고 하고…'

우리의 어휘는 역사적 특수성 때문에 한자어가 많이 섞여 있다. 중국이나 일본에서 수입이 되기도 했고, 우리나라에서 만들어진 한자어 등 다양한 경로를 통해 형성되었다. 그런데 한자어 중 상당수의 어휘가 생활에서의 반복사용으로 거의 고유어화되어, 한자의 학습이 없어도 언어생활을 하는 데 큰 어려움이 없게 되었다. 그러나 학교에서 배우는 교과목 한자어는 일상생활에서 반복 사용할 기회가 드물기 때문에 제대로 이해하려면 항상 사전을 옆에 두고 개별학습이 이루어져야 한다. 그렇다면 다음 두 경우 중 어느 쪽이 현명한 학습방법일까?

첫 번째. '선상지는 부채꼴 모양의 지형' 하는 식의 단순 암기.

두 번째. '선상지扇狀地의 扇은 부채, 狀은 형상, 地는 땅. 그래서 부채꼴 모양의 지형이구나. 아하! 扇은 부채라서 선풍기扇風機는 부채처럼 바람을 일으키는 기계라는 뜻이구나.' 식의 한자 풀이를 통한 이해.

답은 당연히 두번째이다. 기억의 깊이나 지속도, 또한 한자 학습까지 덤으로 하게 되는 일석삼조一石三鳥의 효과까지 거둔다.

　　우리는 그동안 두번째의 학습방법을 행할 기회조차 없었다. 대부분의 교과서가 거의 한글로 표기되어 있기 때문인데, 이는 우리에게 한글전용의 문화가 지나칠 정도로 강하다는 것과 연관되어 있다. 필자는 개인적으로 한글전용에 찬성하며 쉬운 우리말로 전환이 가능한 용어들은 계속 바꿔나가는 작업도 이루어져야 한다고 생각한다. 하지만, 이것이 하루아침에 이루어지는 것도 아니고, 위와 같은 문제가 시급히 해소되기 위해서는, 적어도 학문의 영역에서만큼은 한자의 괄호 쓰기가 이루어져야 한다고 생각한다. 또한 학교에서의 한문교육이 뒷받침되어, 한자의 이해를 통한 각 교과목 용어의 학습수준 향상이라는 결실이 맺어지길 바란다.

　　메일을 보내준 학생에게는 대단히 미안한 마음을 갖고 있다. 국사한자어에 이은 지리 등의 한자어 풀이 작업이 늦어져, 국사에서 느낀 기쁨을 이어주지 못했기 때문이다. 아쉽지만 용어와 그 의미를 무작정 외우며 넘어가는 학습 지진(遲進) 사태가 지금의 학생들부터라도 없어지기 바란다.

　　이 책은 사전 이상의 가치를 전할 것이다.

2001년 8월　이 병 주

지리학을 영어로 Geography라고 하는데, 그 의미는 그리스어 '지오그라피'에서 기원한다. Geography는 Geo(땅)+graphy(기술, 체계, 도식화)를 합친 말로, 땅을 체계적으로 기술하는 학문이라는 뜻이다. 한자로 풀어 본다면 **地理**는 **地**(땅)+**理**(이치)로 땅의 이치를 따지는 학문이라는 뜻이다. 이를 통해 지리학은 서양이나 동양에서 모두 같은 의미로 쓰이고 있다는 것과, 지리학의 개념은 '지역을 연구하는 학문, 지역성을 파악하는 학문'이라는 것을 알 수 있다.

이러한 지리학은 대개 다음과 같은 과정을 거쳐 발전하였다.

최초의 지리학자로 알려진 그리스의 에라토스테네스는 처음으로 지구의 크기를 측정하였고, 로마 시대의 톨레미는 지역별로 기후를 구별하는 세계지도를 만들었다. 그 후 중세 암흑시대를 지나 지리상의 발견시대에는 마젤란, 콜럼버스 등 많은 탐험가들이 나왔고 B.바레니우스는 〈일반지리학〉을 저술하여 고대지리학을 근세로 이어주는 역할을 하였다. 19세기 들어 지리학의 기초는 훔볼트(자연지리학의 시조)와 리터(인문지리학의 시조)가 세웠다. 그 뒤 지리학은 리히트호펜, 라첼, 베버 등의 독일 지리학자와 불라쉬, 두마르톤 등의 프랑스 지리학자로 양분되었고, 독일 지리학자 크리스탈러는 지리학에 공간 구조와 계량적 법칙을 응용하여 현대지리학의 시조가 되었다.

이런 과정을 거쳐 발전한 지리학은 지금 계통지리학(일반지리학)과 지지학(지역지리학)으로 구분되는데, 전자는 다시 자연지리학과 인문지리학 등으로 세분된다. 또한 최근의 지리학은 국토 개발·자연 재해·토지 이용·도시 계획·공업 입지 등의 응용 분야에 널리 활용되고 있으며, 인간 생활과 관계 깊은 사회 과학으로 또한 응용지리학으로 체계가 세워졌다.

지리학의 학문적 업적들은 토지 이용·공장의 입지·도시 계획·국토 개발 등에 응용되고, 그것들의 기초 조사 및 계획을 세우는데 필요한 자료를 제공하는 등 매우 중요한 학문으로 부각되고 있다. 이러한 지리라는 학문을 익히는 과정에 그 용어의 이해는 필수 요소일 것이다.

지 리

1. 지리의 구성은 지리 정보, 기후와 지형, 생활 공간의 변화, 경제 활동의 지역구조, 환경 등을 보다 깊이 있게 다루었다.

2. 한국 지리의 계통적인 접근에서 지리학의 기본개념 또는 원리에 해당하는 부분을 강조하여 우리나라의 지리적 현상을 이해하는 데 도움을 준다.

3. 용어는 대학입학 수학능력시험의 대비에 필요한 것들을 선정하였고, 이해도를 높이기 위해 한자어의 직역풀이를 해놓았다. 그러나 모든 용어의 어원을 분석하는 작업이 거의 불가능하기 때문에, 이해를 돕기 위한 편의상의 해석을 하였다. 특히 대부분의 용어가 일본에서 수입된 학술용어이기 때문에 직역풀이에도 어려움이 있었고, 이를 보완하는 의미에서 가능한 용어에 한해 원어原語(영어)를 표기했다. 편의상의 풀이임을 염두에 두고 학습하기 바란다.

Ⅰ. 국토의 이해

◎ 지리학

계통 지리학 係統 地理學

係 잇다 계 統 큰 줄기 통 地 땅 지 理 이치 리 學 배우다 학

연관된[統] 것을 묶어[係] 땅의[地] 이치를[理] 연구하는 학문[學]

　일반 지리학. 계통 지리학은 지표 상에 있는 지역의 구성 요소를 개별적으로 비교, 분석하여 일반 원리를 탐구하는 지리학을 의미합니다. 계통 지리학은 지지학地誌學과 함께 지리학의 2대 부문을 형성한 지리학을 말합니다. 1905년 허버트슨(A. J. Herbertson)이 '계통 지리학' 이라는 용어를 처음 사용하면서 미국에서 널리 알려져 있습니다. 계통 지리학은 자연 지리학과 인문 지리학으로 양분되고, 이들은 각기 많은 분야로 나누어져 있습니다. 자연 지리학은 세계의 지형을 다룬 지형학, 세계의 기후를 체계적으로 분석한 기후학, 생물 지리학, 토양 지리학, 수문학, 지도의 투영법 원리와 도법을 다룬 지도학 등의 분야가 있고, 인문 지리학은 인구 지리학, 도시 지리학, 취락 지리학, 교통 지리학, 입지론과 산업을 다룬 경제 지리학, 세계의 인종, 종교, 의식주 생활을 다룬 문화 지리학 등 많은 분야로 나누어져 있습니다.

지지학 地誌學

地 땅 지 誌 기록하다 지 學 배우다 학

지역의[地] 특성을 기록한[誌] 학문[學]

　지역 지리학地域地理學. 지지학은 각 지역의 자연, 인문 현상을 종합적으로 연구하여 지역성을 밝히는 지리학입니다. 예를 들면, 전 세계를 아시아 지지 · 유럽 지지 · 남미지지 등으로 나누어 각각의 지역성을 밝히는 학문을 말합니다.

인간과 자연과의 관계

가능론 可能論

可 옳다, ~할 수 있다 가 能 ~할 수 있다 능 論 말하다 론

가능하다는[可能] 이론[論]

환경 가능론. 가능론은 '자연은 인간에게 여러 가지 가능성을 부여할 뿐이며, 구체적인 선택은 기술과 역사적 전통에 바탕을 둔 인간의 자유의지에 의해 이루어진다' 는 이론입니다. 블라쉬는 자연환경을 이용하는 것은 인간의 자유로운 선택에 의하는 것이라 하여 인간적 요소를 중요시하였습니다. 현대 지리학자들의 연구는 대부분이 블라쉬의 가능론을 기초로 하여 지역을 연구하고 있습니다. 예를 들면, 서해안의 대규모 간척 사업은 경지 면적의 확대로 쌀 생산량을 증대시키거나 또는 공업 단지를 조성하는 등의 가능성이 있기 때문에 실시합니다.

환경 결정론 環境 決定論

環 고리, 둘러싸다 환 境 지경 경 決 터지다, 정하다 결 定 정하다 정 論 말하다 론

자연 환경에[環境] 따라 결정된다는[決定] 이론[論]

환경 결정론은 '지구상의 모든 인간 생활은 자연 환경의 영향을 받아서 결정된다' 는 진화론적 입장의 이론입니다. 환경 결정론을 주장한 지리학자 라첼(Ratzel, F.)은 '인류의 생활과 역사는 자연 환경의 영향에 의해 규제된다' 고 주장하였습니다.

인간은 기후 조건에 따라 피부색뿐만 아니라 성격까지도 다르게 나타납니다. 열대 지방의 사람들은 대체로 온순하며 게으르지만, 냉대 지방의 사람들은 거칠고 도전적입니다. 인간의 피부색이나 성격은 기후에 영향을 받아서 형성된다는 것은 환경 결정론의 대표적인 예입니다. 그래서 온대 지방의 사람들은 온순하며 근면 · 성실하여 선진국들이 많습니다.

문화 결정론 文化 決定論

文 글 문 化 되다 화 決 터지다, 정하다 결 定 정하다 정 論 말하다 론

문화에[文化] 따라 결정된다는[決定] 이론[論]

지리학자 사우어(Sauer)의 문화 결정론은 인간의 행동은 오랜 역사를 거치며 형성된 문화적 배경에 의해 결정된다는 이론입니다. 즉, 인간과 자연과의 관계에서 인간의 역할이 더욱 강조되면서 인간의 문화적 배경이 환경결정의 중요한 요인이라는 것입니다.

생태학 生態學

生 나다 생 態 모양 태 學 배우다 학

생활하는[生] 모양에[態] 관한 학문[學]

원래 생태生態라는 용어는 '생물이 환경의 영향을 받아서 생활하여 가는 상태' 를 말하는데, 인간도 생태계를 구성하는 요소의 일부라고 보는 생태학은 '인간과 자연의 관계를 한쪽의 일방적으로만 보려던 입장에서 벗어나, 인간과 자연이 서로 주고받는다' 는 이론입니다.

즉, 지리학에서의 생태학적 입장은 '인간과 자연과의 관계는 상호 작용을 통해 서로 영향을 주고받으므로 조화와 균형을 이룬다'는 입장을 강조하였습니다. 최근 인간이 자연 환경을 극복하는 가능론적 입장에서 주도해온 결과로 지구의 환경 문제가 심각해짐에 따라서, 인간과 자연과의 관계에 대한 연구는 서로 주고받는 생태학적인 견해로 바뀌고 있습니다.

교과서에 나오는 서양의 지리학자

◎ **라첼 F.** Ratzel, 1844-1904 : 라첼은 독일의 인문 지리학자로, 인문 지리학의 방법과 체계를 수립하고 인간 집단의 여러 특성을 지리학적 환경과의 관련이라는 관점에서 규명하려 하였습니다.

◎ **쾨펜** W.P.Koppen, 1846-1940 : 쾨펜은 독일의 기후학자로, 쾨펜은 식생이 기후 환경을 가장 잘 반영한다는 점에 착안하여 지표 식생의 분포 한계와 일치하는 기온과 강수량을 기준으로 정하고, 세계 각지의 기후를 11지역으로 구분하여 그것을 기호로 나타내는 업적을 남겼습니다. 이 방법은 간편하여 널리 이용되고 있지만, 그 대상 지역이 지구 전체이라서 우리나라와 같이 규모가 작은 지역에 잘 적용하기가 어렵습니다.

◎ **크리스탈러** W.Christaller, 1893-1969 : 크리스탈러는 독일의 지리학자로, 1933년 '남부 독일에 있어서의 중심취락'이라는 저서를 통하여 중심지의 입지·분포·규모 및 특성을 밝히면서 중심지 이론을 체계화하였습니다. 그는 지역성을 공간적 구조와 원리로 설명하여 현대 지리학의 시조가 되었습니다.

◎ **튜넨** J.H.von Thunen, 1783-1850 : 튜넨은 독일의 농업 경제 지리학자로, 1826년 '국민 경제와 농업 경제에 있어서의 고립국'이라는 저서를 통하여 농업 경영의 지역적 차이는 농산물의 시장 가격과 거리에 따른 운송비에 의해 결정된다고 주장한 농업 입지론을 발표하였습니다.

◎ **베버** A.Weber, 1868-1958 : 베버는 독일의 사회 경제 지리학자로, 1909년 '공업 입지에 대하여: 입지의 순수 이론'이라는 저서를 통하여 최소 비용 지점이 최대 이윤을 올릴 수 있다는 최적 입지 지점의 공업 입지론을 발표하였습니다.

◎ **뢰슈** Losch, 1906-1948 : 뢰슈는 독일의 사회 경제 지리학자로, 공업의 최적 입지 장소는 제품을 가장 많이 판매할 수 있는 최대 수요 지점에 입지해야 한다는 이론을 주장하였습니다. 즉 총 소득이 최대가 되는 지점(수요를 최대로 하는 지점)이 이윤을 극대화시킬 수 있기 때문에 공업 입지의 최적점이라고 하였습니다.

◎ **버제스** E.W.Burgess : 버제스는 미국의 도시 지리학자로, 1920년대 미국의 시카고를 사례로, 도시 성장과 사회 계층의 공간적 분화 과정을 연구하였습니다. 도시의 내부 구조는 도시 주민의 사회계층 구조와 도시의 기능에 따라 동심원적 구조가 형성된다는 이론을 발표하였습니다.

◎ **호이트** H.Hoyt : 호이트는 미국의 도시 지리학자로, 1900~1930년 사이에 미국의 여러 도시를 대상으로 분석하여, 도시의 내부 구조가 도심을 중심으로 방사상의 주요 교통로를 따라 선형으로 분포하고 있다고 주장하였습니다.

◎ **울만** E.L.Ullman · **해리스** C.D.Harriss : 미국의 도시 지리학자들로, 도시의 내부에 있는 다양한 기능 지역은 서로 다른 핵(중심지)으로부터 발전한다는 다핵 구조론을 발표하였습니다. 울만은 특히 교통 지리와 입지 인자에 관한 연구로 유명하고, 해리스는 러시아 지리 연구의 권위자이기도 합니다.

점이 지대 漸移 地帶, transition belt

漸 점점 점　移 옮기다 이　地 땅 지　帶 띠 대

점점[漸] 변해 가는[移] 땅의[地] 구역[帶]

점이 지대는 한 개의 지리적 특색을 나타내는 지역과 또 다른 특색을 나타내는 지역과의 사이에 위치하여, 그 중간적 형태를 나타내는 지역을 말합니다.

◎ 한국의 전통 지리학

배산 임수 背山 臨水

背 등지다 배　山 뫼 산　臨 임하다 림　水 물 수

산을[山] 등지고[背] 물에[水] 임함[臨]

배산임수는 촌락이 산을 등지고, 냇물에 가까운 곳에 들어선다는 말입니다. 배산 임수의 촌락 입지는 우리나라의 노년기 지형 및 기후 환경과 결합되어 우리나라의 취락 입지에 많은 영향을 주었으며, 풍수지리설에 입각하여 설명하기도 합니다. 배산은 먼저 엄동嚴冬에 차가운 북서풍을 막아줍니다. 또한 경사지는 평지에 비하여 낮에는 일조량이 많고, 밤에는 지면에서 발하는 복사열을 받아서 주변 지역보다 따뜻하므로, 배산은 방풍과 보온에도 유리합니다. 임수는 빗물과 오염된 물이 언제나 배수되어 수해水害가 없으며, 주변의 경지耕地는 관개용수가 충분하여 한해旱害가 없고 모내기에도 좋습니다. 위의 특색을 살펴보면, 배산임수의 촌락은 반드시 전통적 지리관인 풍수지리설에만 입각해서 설명할 수만은 없습니다.

풍수 지리설 風水 地理說

風 바람 풍 水 물 수 地 땅 지 理 이치 리 說 말하다 설

바람과[風] 물로[水] 따지는 지리에[地理] 대한 말[說]

  '風水'는 '바람을 막고 물을 얻는다'는 뜻의 장풍 득수藏風得水를 줄인 말입니다. 풍수설은 환경 결정론적 입장에서 우리 조상들이 오랫동안 쌓아 온 경험 과학으로 볼 수 있습니다. 산·물·방위·사람의 네 가지 구성 요소를 가지고 있는 풍수 지리 사상에서는 좋은 산천에서 좋은 인물이 난다는 것입니다. 땅은 어머니와 같은 보육력保育力을 갖고 있으므로 인생의 흥망에 직접적으로 영향을 미친다고 보았습니다. 이러한 사상은 신라 시대의 승려 도선道詵에 의하여 발전되어, 고려 시대와 조선시대에 걸쳐 우리 생활에 많은 영향을 미쳤습니다. 신라 무열왕릉과 김유신 묘는 분명히 풍수설에 의한 명산에 위치하고 있는 것으로 보아, 신라 시대에 이미 풍수설이 퍼져 있었다고 볼 수 있습니다. 현재까지도 수도首都·취락·주택·묘 등의 자리를 정할 때 일부 사람들은 풍수를 참고하거나 절대적으로 믿기도 합니다.

지지 地誌, regional geography

地 땅 지 誌 기록하다 지

땅에[地] 관한 기록[誌]

  지리지地理誌. 지지는 특정 지역의 자연과 인문에 관한 사항을 기술한 지리서를 말합니다. 지지에는 국가 통치와 정보 자료로 편찬한 관찬 지지官撰地誌와 개인이 편찬한 사찬 지지私撰地誌가 있습니다. 관찬 지지로는 조선 초기의 세종실록지리지世宗實錄地理志와 동국여지승람東國輿地勝覽이 있고, 사찬 지지로는 택리지擇里志, 아방강역고我邦疆域考 등이 있습니다.

왕오천축국전 往五天竺國傳

往 가다 왕 五 다섯 오 天 하늘 천 竺 나라이름 축 國 나라 국 傳 전하다 전

다섯[五] 천축국에[天竺國]에 가서[往] 보고들은 이야기[傳]

  왕오천축국전은 신라의 혜초(704 – ?)가 지은 역사 지리지歷史地理誌입니다. 현존하는 우리나라의 지리지 중에서 개인이 편찬한 것으로 가장 오래된 지리지地理誌입니다. 혜초는 일찍이 당에서 불교를 공부한 후 6년에

걸쳐 인도, 파키스탄, 중앙아시아 등을 거쳐 왕오천축국전이라는 일종의 여행기를 저술하였습니다. 이 책에서 혜초는 8세기의 서역, 서남아시아, 인도 등의 자연환경 · 교통 · 풍속 · 산물 등을 자세히 기록하여, 당시에 동 · 서양문화를 이해하는 데 커다란 도움이 되고 있습니다. 이 책은 오랫동안 이름만 알려져 왔으나, 1910년 중국 둔황의 유적에서 프랑스인 펠리오(Pelliot)에 의해서 그 요약본의 일부가 발견, 확인되어 프랑스 루브르 박물관에 보관되어 있습니다.

신증동국여지승람 新增東國輿地勝覽

新 새롭다 신 增 더하다 증 東 동쪽 동 國 나라 국 輿 수레, 땅 여 地 땅 지 勝 이기다, 뛰어나다 승 覽 보다 람

동국여지승람에[東國輿地勝覽] 새로운[新] 내용을 추가한[增] 지리서

신증동국여지승람은 중종이 이행(李荇)에게 동국여지승람의 수정과 첨가를 명한 결과로 중종 25년(1530)에 완성된 지리서입니다. 조선의 지리 · 역사 · 정치 · 경제 · 민속에 이르기까지 상세히 기록한 백과 사전식 관찬 지지官撰地誌입니다. 이 원본은 전란 등으로 대부분이 없어지자, 광해군 3년(1611)에 거의 원형대로 복간되어서 현재에 규장각 소장본으로 남아 있습니다.

❑ **東國輿地勝覽** 우리나라에서[東國] 교통 · 지리와[輿地] 경치가 뛰어나[勝] 볼만한[覽] 곳을 적은 책.

택리지 擇里志

擇 가리다 택 里 마을 리 志 뜻, 기록 지

사람 살기 좋은 곳을[里] 가려놓은[擇] 기록[志]

택리지는 18세기 중엽, 이중환이 저술한 우리나라 최초 현대적 의미의 인문 지리서로, 행정 구역을 기준으로 했던 당시의 지리서들과 달리 생활권 또는 지역권이라고 하는 새로운 시각으로 저술하였습니다. 책의 구성을 보면, 사민총론四民總論 · 팔도총론八道總論 · 복거총론卜居總論 · 총론總論의 네 부분으로 나누어져 있지만 택리지의 중심 내용은 팔도총론과 복거총론에 있습니다. 사민총론에서는 사대부士大夫의 신분이 농 · 공 · 상農工商과 달라지게 된 원인과 내력을 서술하였습니다. 팔도총론에서는 국토의 역사와 지리를 서술한 다음, 당시의 행정 구역을 팔도로 나누어서 그 지

역의 산맥과 물의 흐름을 말하고, 그 지역과 관계 있는 인물과 사건을 설명하여 인문 지리적인 성격을 띠었습니다. 복거총론에서는 '사람이 살만한 곳'을 조건을 들어서 설명하였는데, 인물과 관련된 부분이 많지만, 상업 경제적인 관계를 더 중요하게 생각하였습니다.

아방강역고 我邦疆域考

我 나 아 邦 나라 방 疆 경계 강 域 땅의 경계 역 考 살피다 고

조선[我邦] 국경[疆域] 안의 땅을 살펴 볼 수 있게 한[考] 책

아방강역고는 1811년 정약용이 조선 국경 안의 땅을 살펴 볼 수 있게 만든 지도서로, 중국과 우리나라의 문헌을 참고하여 국경의 변천사와 이에 대한 자신의 견해를 실었습니다. 당시에는, 백두산 정계비가 우리나라 영토로 표현되어 있습니다.

혼일강리역대국도지도 混一疆里歷代國都之圖

混 섞다, 합하다 혼 一 하나 일 疆 땅 경계 강 里 마을 리 歷 지내다 력 代 대신하다, 시대 대 國 나라 국 都 도읍 도 之 가다, ∼의 지 圖 그림 도

마을의 경계뿐만[疆里] 아니라, 역대[歷代] 나라의[國] 도읍을[都] 하나로 모아서 만든[混一之] 지도[圖]

역대제왕혼일강리도라고도 함. 혼일강리역대국도지도는 조선 태종 2년(1402)에 김사형金士衡 · 이무李茂 · 이회李薈 등이 만든 현존하는 우리나라 최초의 지도이며, 동양에서 가장 오래된 세계지도입니다. 권근의 **발문** 跋文에 의하면, 1399년 김사형이 명나라로부터 가져온 원나라의 이택민李 澤民이 만든 성교광피도聲敎廣被圖와 천태승天台僧 청준淸濬의 혼일강리도를 기본으로 하여, 1401년 박돈지朴敦之가 일본지도를 참고하여 만든 채색지도입니다. 이 지도에는 1백여 개의 유럽지명과 약 35개의 아프리카 지명이 나오는데, 아프리카 대륙이 크게 왜곡되어 그려져 있으며, 인도 대륙은 반도 모양으로 표시되어 있지 않아 그 왜곡의 정도가 심합니다. 이 지도에 표시된 우리나라 부분은, 실제의 한반도의 윤곽과 아주 비슷하게 나타나 있습니다. 당시로는 상당한 과학적 근거에 의하여 만든 지도이지만 중국을 중심으로 하여 만들어 졌고, 우리나라보다 일본의 면적이 상당히 작게 표현된 것이 특징입니다.

❍ 跋文 책의 끝에 책 내용의 대강이나 또는 그에 관계된 사항을 간단하게 적은 글.

청구도 靑丘圖

靑 푸르다 청 丘 언덕 구 圖 그림 도

우리나라[靑丘] 지도[圖]

청구선표도靑丘線表圖. 청구도는 조선조 말기의 지리학자인 김정호金正浩가 제작한 한국지도입니다. 이 지도는 지도이면서 지지적地誌的인 부분을 가미한 것으로, 대동여지도의 기초가 된 지도로 지도의 여백을 이용하여 설명문도 실었습니다. 청구도는 세로와 가로의 줄을 넣어서 제작한 신식 채색 지도로 기奇·우偶 2권으로 되어 있습니다.

대동여지도 大東輿地圖

大 크다 대 東 동쪽 동 輿 수레, 땅 여 地 땅 지 圖 그림 도

우리나라[大東] 땅의[輿地] 지도[圖]

대동여지도는 김정호가 1861년에 제작한 지도로, 실측 지도(축척 1 : 162,000)입니다. 이 지도는 방안(1방안 : 10리)을 이용하여 간접 축척을 나타냈으며, 산계山系와 수계水系가 뚜렷합니다. 또한, 지도의 범례가 채택되었으며 도로를 직선으로 표시하여 각 지점간의 방위와 거리를 정확하게 나타내고자 하였습니다. 대동여지도는 내용의 정확성에 있어서 근대 지도에 접근하고 있습니다. 전체 도면은 함경북도 온성으로부터 제주도에 이르기까지 국토를 22층으로 나누어서 22개의 첩본으로 만들었습니다. 22개의 지역 지도를 통합하면 1 : 162,000의 전국도가 됩니다.

교과서에 나오는 우리나라의 지리학자

◎ 김정호金正浩(?-1864) : 실학파 지리학자. 고산자古山子 김정호는 전국을 수없이 답사하여 가장 과학적인 대축척 지도인 청구도(1834년)를 제작하였고, 청구도의 부족한 점을 수정, 보완하여 대동여지도(1861년)를 완성하였습니다. 현재의 지형도와 비교해도 부족한 점이 없는 지도를 제작하는 위대한 업적을 남겼습니다.

◎ 이중환李重煥(1690-1756) : 실학자. 청담淸潭 이중환은 전국을 답사하면서 각 지방의 지리적 특색을 체계적이고 과학적 사고思考에 접근하여 서술한 택리지(1751년 경)를 저술하였습니다. 택리지는 우리나라 현대 지리학에서 차지하는 의미가 큽니다.

◎ 지도

독도 讀圖, Map reading

讀 읽다 독 圖 그림 도

지도[圖] 읽기[讀]

독도는 지도에서 어떤 지점의 위치, 지점간의 거리, 상대적 위치, 기타 단순한 자연·인문 현상의 지리적 사실을 찾기 위한 행동을 말합니다. 그러므로 지도교육에 있어서 독도의 주요 개념 및 지도 내용을 일반화하는 것이 중요합니다. 독도는 축척縮尺, 위치, 방위, 기복起伏의 표현, 기호로 세분할 수 있습니다.

지형도 地形圖

地 땅 지 形 모양 형 圖 그림 도

땅의[地] 모양에[形] 관한 지도[圖]

지형도는 토지의 고저高低나 기복起伏, 하천이나 호소湖沼, 식생植生, 토지의 이용 상황, 교통로, 도시 및 기타의 취락 등 지표면상의 자연·인문 현상의 모든 것을 균등하게 표현한 지도를 말합니다. 지형도는 지도의 내용상 일반도라고 하며, 축척이 허용하는 범위 내에서 상세하게 나타낸 지도를 가리킵니다. 대표적인 지형도는 국립지리원에서 발행한 1 : 25,000 또는 1 : 50,000 축척입니다. 1 : 50,000 이상의 대축척 지형도는 주로 조사·계획용으로서 지방 공공 단체, 군사용으로 이용됩니다.

해도 海圖, sea chart

海 바다 해 圖 그림 도

바다에[海] 대한 지도[圖]

해도는 바다의 광범위한 정보를 기재記載하여 만든 지도로서 일반 항해용으로 사용됩니다. 항해용에는 바다의 깊이, 암초의 위치, 조류의 최대 유속이나 방향, 해저 지형 등을 기재하는 한편, 해상에서 나타나는 지형 또는 목표물 등 항해 상의 주의사항이 기재되어 있습니다. 도법은 메르카토르 도법(Mercator' projection)이 있으며, 경선經線이 평행하기 때문에 **등각 항로**等角航路가 직선이 되어 항해할 때, 가장 많이 쓰입니다

◑ **等角航路** [等 같다 등 角 뿔, 각도 각 航 배 항 路 길 로] 출발점에서 목적지로 향할 때, 두 지점을 직선으로 연결하여 그것이 경선과 교차되는 각도를 측량하여 끊임없이 그 각도를 지니면서 앞으로 진행하게 되면 목적점에 이르게 되는 항로.

대권 항로 大圈 航路, Great circle route

大 크다 대 圈 우리 권 航 배, 건너다 항 路 길 로

큰[大] 호弧를[圈] 따라 건너가는[航] 길[路]

지구 지표상의 2점간의 최단코스를 이으면 원의 호弧가 만들어지는데, 이를 대권大圈이라 하며, 이 코스를 대권항로 혹은 대원항로大圓航路라고도 합니다. 이를 이용하면 항행航行시간과 연료를 절약할 수 있으므로 원거리 항행에 이용됩니다. 런던-로스앤젤레스나 암스테르담-토쿄 간의 북극경유의 항공로나 태평양 항공로는 이와 거의 비슷한 코스를 이용하는 것입니다.

도북 圖北, GN. Gridnorth

圖 그림 도 北 북녘 북

지도에서의[圖] 북쪽[北]

도북은 지도 제작에 쓰인 **좌표**座標의 북쪽 방향, 즉 지도의 세로선이 가리키는 북쪽을 의미합니다. 도북은 지도상에서 직접 찾을 수 있으므로 많이 사용됩니다.

◑ **座標** 점으로 표시되는 지도의 위치를 찾는 데 표준이 되는 축.

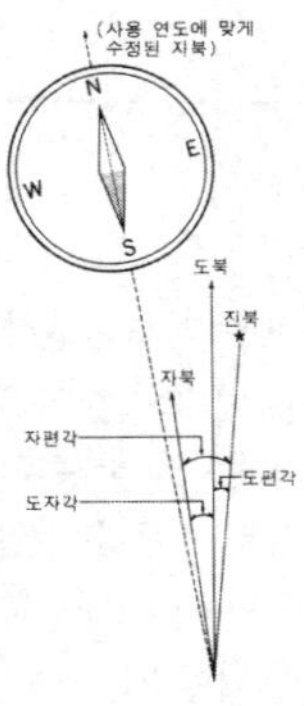

진북 眞北

眞 참 진 北 북녘 북

진짜[眞] 북쪽[北]

　진북은 경선으로 본 북쪽 방향, 즉 지구상의 북극 방향을 말합니다. 진북은 주로 정밀측량에 사용됩니다.

주제도 主題圖

主 주인 주 題 제목 제 圖 그림 도

주제에[主題] 따른 지도[圖]

　주제도는 인구 분포, 교통, 기후와 같이 한 가지 또는 몇 가지 특정 사항만을 담은 지도를 말합니다. 본문의 내용을 보충할 목적으로 교과서나 일반서적에 실려 있는 대부분의 지도들이 주제도입니다. 이것을 특수도라고도 합니다.

일반도 一般圖

一 하나, 온통 일 般 돌다, 일반 반 圖 그림 도

모든 것을[一般] 그린 지도[圖]

　일반도는 표현할 수 있는 자연 및 인문 사항들을 전부 담은 지도를 말합니다. 다양한 분야의 사람들이 이용할 수 있고 기호 보기도 다양하게 수록되어 있습니다.

실측도 實測圖

實 열매, 실제로 행하다 실 測 재다 측 圖 그림 도

실제로[實] 측량한[測] 지도[圖]

　실측도는 실제로 측정된 자료를 이용하여 작성한 지도로 지형도, 지적도, 해도 등이 있습니다.

축척 縮尺, Scale

縮 줄이다 축 尺 자, 길이 척

길이를[尺] 줄인[縮] 것

축척은 지리적인 정보를 실제의 크기로 지도에 표현할 수 없기 때문에, 일정한 비율로 줄인 것을 말합니다. 대축척 지도에서는 실제 지역의 크기가 비교적 크게 나타나므로 자세한 정보까지 표시할 수 있습니다. 그러나 소축척 지도에서는 실제의 크기가 작게 나타나 정보량이 상대적으로 적습니다.

대축척 지도 大縮尺 地圖 · 소축척지도 小縮尺 地圖

大 크다 대 · 小 작다 소 縮 줄이다 축 尺 자, 길이 척 地 땅 지 圖 그림 도

크게[大] 길이를[尺] 줄인[縮] 지도[地圖] · 작게[小] 길이를[尺] 줄인[縮] 지도[地圖]

대축척 지도는 지표의 지형, 기복起伏 및 인문 현상의 지표물을 정확하게 표기한 1/100,000 이상의 지도입니다. 좁은 지역을 상세하게 나타낸 지도로, 1:50,000 지형도나 1:25,000 지형도가 대표적입니다.

소축척 지도는 세계지도, 대륙도, 동남아시아 지도처럼 비교적 넓은 지역을 간략하게 표현하기 위하여 만든, 1/1000,000 보다 작은 축척의 지도를 말합니다.

등치선 等値線, isopleth

等 같다 등 值 값 치 線 줄 선

값이[值] 같은[等] 곳을 연결한 선[線]

등치선은 같은 값을 가지고 있는 곳을 연결한 선으로, 등고선等高線 · 등온선等溫線 · 등압선等壓線 등이 있습니다. 그밖에도 등치선을 이용하여 표현한 것으로는 교통의 접근성을 수치로 나타낸 선, 공업의 집적 정도를 표현한 선, 공업 입지론에서 운송비를 표현한 **등비용선** 等費用線 등이 있습니다.

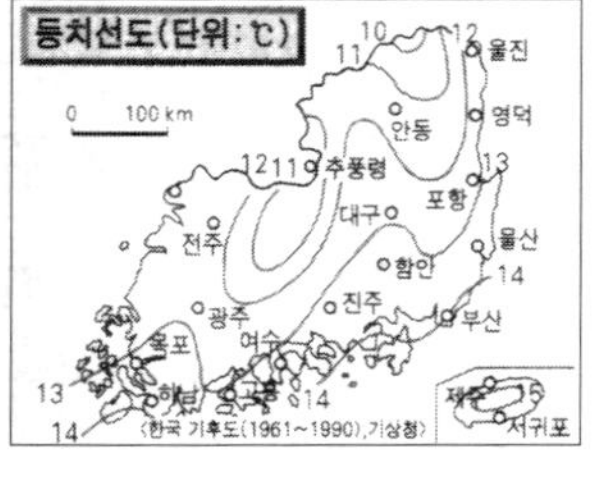

❖ **等費用線** 운송비를 일정한 거리의 간격으로 표시한 선.

등고선 等高線, Contour Line

等 같다 등 高 높다 고 線 줄 선

높이가[高] 같은[等] 곳을 연결한 선[線]

등고선은 평균 해수면으로부터의 높이가 같은 지점을 연결한 선으로, 해발고도海拔高度, 지표의 기복, 지면의 경사 등을 나타냅니다.

종류	간격	
등고선	1:50,000	1:25,000
계곡선計曲線	100m	50m
주곡선主曲線	20m	10m
간곡선間曲線	10m	5m
조곡선助曲線	5m	2.5m

◎ **계곡선** 計曲線 − 계산하기[計] 편리한 곡선이란 뜻으로, 1:50,000 지형도에서 100m를 표현한 가장 굵은 선입니다. [計 계산하다]

◎ **주곡선** 主曲線 − 등고선에서 가장 주가 되는[主] 곡선이란 뜻으로, 지형을 나타내는 기본적인 등고선을 말합니다. 1:50,000 지형도에서는 20m 간격으로 표시합니다. [主 주인, 부차적인 것이 아닌 주로 하다 주]

◎ **간곡선** 間曲線 − 주곡선의 사이를[間] 표시하는 곡선이란 뜻으로, 1:50,000 지형도에서 주곡선 사이에 10m를 표현한 선입니다.[間 사이 간]

◎ **조곡선** 助曲線 − 간곡선을 도와주는[助] 곡선이란 뜻으로, 간곡선을 1/2로 다시 구분한 선입니다. 조곡선은 간곡선으로 나타내기 어려운 상세한 지형을 표현하기 위한 선으로, 짧은 점선으로 나타낸다.[助 돕다 조]

등온선 等溫線, isothermal line

等 같다 등 溫 따뜻하다 온 線 줄 선

온도가[溫] 같은[等] 곳을 연결한 선[線]

등온선은 지도상에서 온도가 같은 지점을 연결한 선으로, 기온의 분포 현상을 표시하는데 사용됩니다. 우리나라 겨울철의 등온선은 내륙의 경우 남쪽으로 휘어지고, 동해안의 경우는 해안선에 평행합니다. 그 이유는 동해안을 따라 뻗어 있는 태백산맥과 함경산맥이 한랭한 북서 계절풍을 차단하여, 산지를 넘어가는 바람의 온도가 높아지고, 또 동해안의 난류가 영향을 주기 때문입니다.

유선도 流線圖, flow line map

流 흐르다 류 線 줄 선 圖 그림 도

지리적 현상의 흐름을[流] 선으로[線] 나타낸 지도[圖]

유선도는 인구나 물자의 흐름, 문화의 전파 방향 등을 화살표로, 선의 굵기를 달리하여 표현한 지도를 말합니다.

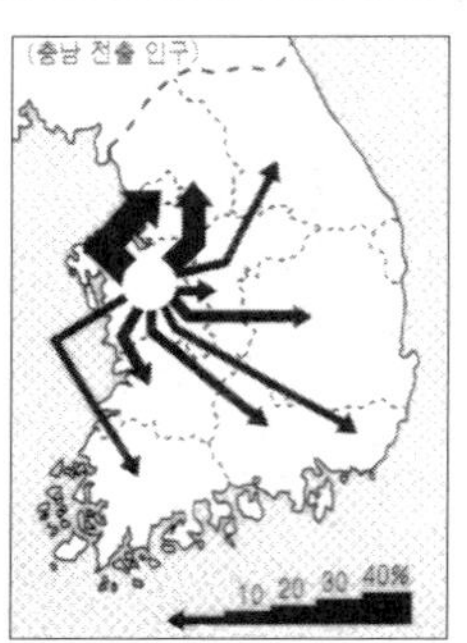

점묘도 點描圖, dot map

點 점 점 描 그리다 묘 圖 그림 도

점으로[點] 그린[描] 지도[圖]

점묘도는 통계 자료에서 얻은 일정한 양을 점으로 표시한 지도를 말합니다. 점묘도는 인구 분포도 또는 각종 산물의 생산량 분포와 밀도를 표시하는 데 편리합니다.

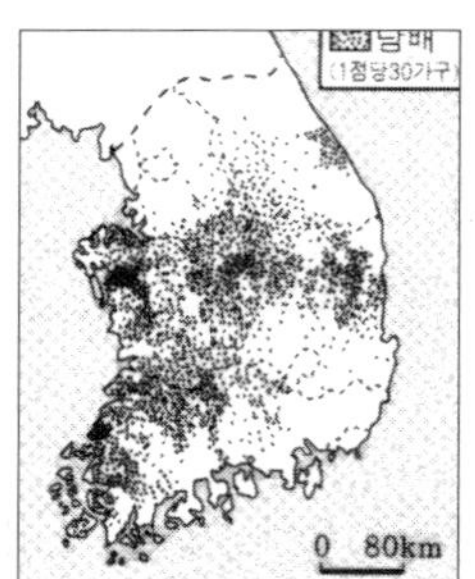

통계 지도의 종류

◎ **유선도** – 물자나 인구의 이동을 표시.

◎ **점묘도** – 일정한 크기의 점을 지표 공간에 표시(분포 · 밀도 상태 파악).

◎ **등치선도** – 같은 수치의 지점들을 선으로 연결하여 표시(등고선, 등온선).

◎ **단계 구분도** – 표시 내용을 일정한 기준에 따라 색채의 농담이나 수치로 표시.

◎ **도형 표현도** – 길이 · 면적 · 부피 등의 도형을 이용하여 수량적 내용을 표현.

지리 조사의 순서

연구 주제의 설정→연구 지역의 선정→**실내 조사**(지도 조사→문헌 조사)→**야외조사**(현지 답사)→**자료의 정리 분석**→**보고서 작성**

문헌 조사 文獻 調査

文 글 문 獻 바치다, 어진이 헌 調 고르다 조 査 조사하다 사

문서로[文獻] 조사함[調査] = 실내 조사 室內 調査

 문헌 조사는 지리 조사의 방법 중 하나로, 도서관·서재 등에서 문헌·통계 자료·항공 사진·모형 등을 통해 조사하려는 지역이나 지리적 현상에 대한 정보를 분석하는 과정을 말합니다. 특히 지형도 및 각종 지도를 통해 공간적인 지역성을 파악하는 것이 중요합니다.

○ **文獻** 전적[文]과 현인[獻]. 옛날의 제도와 문물을 알 수 있는 증거가 되는 것. 또는 단순 히 문서.

야외 조사 野外 調査 field survey

野 들 야 外 바깥 외 調 고르다 조 査 조사하다 사

야외에서[野外] 조사함[調査]

 현지 답사. 야외 조사는 관찰, 청취, 실측의 방법으로 조사 항목에 따라 실증 자료를 직접 수집하는 조사 방법을 말합니다. 야외 조사에 필요한 기본 장비로는 대축척 지도(지형도), 필기 도구, 줄자, 나침반, 카메라, 고도계, 녹음기 등이 있습니다.

II. 자연 환경과 생활

◎ 위치와 영역

위치의 종류

수리적 위치 數理的 位置, Mathematical Location

數 셈 수 理 이치 리 的 과녁, ~의 적 位 자리 위 置 두다 치
숫자의[數] 이치에[理] 따른[的] 위치[位置]

수리적 위치는 지표상의 공간을 위선緯線과 경선經線으로 나타내는 위치입니다. 위도상의 위치는 각 지역의 기후·식생·토양 등의 분포에 영향을 미치며, 경도상의 위치는 각 지역의 시간대 및 시간차와 관련이 있습니다. 우리나라의 수리적 위치는 북위 33° ~ 43°, 동경 124° ~ 132° 사이에 해당합니다. 그래서 우리나라의 기후는 온난하고 4계절의 변화가 뚜렷합니다.

지리적 위치 地理的 位置

地 땅 지 理 이치 리 的 과녁, ~의 적 位 자리 위 置 두다 치
땅의[地] 이치에[理] 따른[的] 위치[位置]

지리적 위치는 일정 지역의 위치를 지형지물地形地物의 관점에서 파악한 것으로, 크게는 국가의 위치에서 작게는 마을의 위치까지 그 규모는 다양합니다. 예를 들면, 대륙국·반도국·섬나라 등으로 국가의 지리적 위치를 나누고, 산지 마을·산지와 평야의 접경 지대·평야 마을 등으로 마을의 위치를 나누기도 합니다.

관계적 위치 關係的 位置

關 빗장, 관계하다 관 係 잇다 계 的 과녁, ~의 적 位 자리 위 置 두다 치
관계에[關係] 따른[的] 위치[位置]

관계적 위치는 국가 간의 정치적·경제적·사회적인 면에서 인접 지역 혹은 주변 국가와의 관계를 살펴 본 위치입니다. 관계적 위치는 역사의 흐름에 따라 실리적으로 이해 관계를 달리하기 때문에 자주 변합니다. 과거 대륙·해양세력이 팽창했을 때 우리나라는 주위로부터 많은 도전을 받았습니다. 근세 이전에는 대륙 세력의 연변적 위치에서 일제 강점기에는 육교적 위치로, 그 후 1950년대 이후에는 민주 진영의 **전초적 기지**前哨的基地(outpost position)로서 역할을 하였습니다. 미래의 태평양 시대에서는 동북아시아 지역에서의 중요

한 역할이 기대됩니다.

○ **前哨的基地** 적의 상황을 정찰하고 기습을 미리 막기 위하여 적이 있는 곳에서 가장 가깝게 배치한 기지. [哨 망보다 초]

본초 자오선 本初 子午線, Prime Meridian

本 근본 본 初 처음 초 子 아들, 북쪽 자 午 낮, 남쪽 오 線 줄 선

북쪽과[子] 남쪽을[午] 연결한 기준이[本初] 되는 선[線]

경선은 국가마다 독특한 기준을 가지고 있어 불편한 점이 많았습니다. 이를 극복하기 위해서 1884년 당시 영국의 그리니치 천문대를 지나는 경선을 본초 자오선으로 정하고 동서 방향으로 각각 180°씩 분할하는 경선 체계를 정하였습니다. 본초 자오선의 표준시를 기준으로 동쪽방향으로 15°마다 1시간씩 빠르고, 서쪽으로는 1시간씩 느립니다. 우리나라에서는 동경 135°를 표준시로 정하고 있어 본초 자오선이 지나는 런던보다 9시간 빠릅니다.

표준 경선 標準 經線, Standard Longitude Line

標 높은 나뭇가지, 목표 표 準 법 준 經 날줄, 세로 경 線 줄 선

표준이 되는[標準] 세로[經] 선[線]

'經線'은 지구를 그 양극을 지나는 평면으로 잘랐을 때 그 평면과 지구 표면이 만나는 가상적인 곡선으로, 위치를 밝히는 이외에 시간을 정할 때 중요하게 쓰입니다. 표준 경선은 표준시를 정하기 위하여 기준으로 삼는 경선을 말합니다. 우리나라는 동경124°~132°에 위치하며, 표준 경선을 일본과 같이 동경135°를 사용합니다.

육반구 陸半球, Land hemisphere · 수반구 水半球, Water hemisphere

陸 뭍 륙 · 水 물 수 半 반 반 球 공 구

지구를[球] 반으로[半] 나누었을 때 대부분 육지인[陸] 지역
지구를[球] 반으로[半] 나누었을 때 대부분 바다인[水] 지역

지구 표면은 육지와 해양으로 구성되어 있고, 형상과 기복起伏이 다양합

니다. 지구 지표상의 수륙분포는 대체로 북반구가 전 육지 면적의 약 3/4을 차지하고 있는데, 프랑스 파리 서남쪽의 르망을 중심으로 하는 반구半球 내에는 전 육지의 4/5이상이 분포되어 있어 이를 육반구라고 합니다. 반대로, 뉴질랜드 남동쪽의 앤티포디스 제도를 중심으로 한 반구半球 내에서는 전 해양의 9/10이상이 분포되어 있어 이를 수반구水半球라고 합니다.

영공 領空

領 다스리다 령 空 비다, 하늘 공

다스리는[領] 하늘[空]

영공은 영토와 영해 위의 대기권까지 한 국가의 통치권이 미치는 상공을 말합니다. 영공은 항공 교통이 발달하면서 그 중요성이 점점 커지고 있습니다. 영공을 통과할 때는 그 국가의 허락을 받아야만 합니다. 영공은 수직적 한계는 없었지만, 최근에는 인공 위성의 이용이 활발해짐에 따라 지상으로부터 29km까지를 인정하고 대기권 바깥 부분은 자유롭게 이용하는 것이 관례로 되어 있습니다.

영해 領海, Territorial Sea

領 다스리다 령 海 바다 해

다스리는[領] 바다[海], 또는 한 국가의 통치권이 미치는[領] 바다[海]

영해는 해안선(최저 간조선)을 기선基線으로 하고 그 기선 바깥쪽에 설정되는 수역水域으로서 연안국沿岸國의 주권이 미치는 수역水域을 말합니다. 우리나라의 영해는 직선기선에 의한 12**해리**海里를 적용하고 있지만, 대한해협은 일본과 접해 있어서 3해리를 적용하고 있습니다. 제주도와 울릉도, 독도는 통상 기선에 의한 12해리를 적용하고 있습니다.

○ **海里** 해상의[海] 거리[里]를 나타내는 단위. 위도 1°의 60분의 1로 약 1852m임.

직선기선 直線基線

直 곧다 직 線 줄 선 基 터 기 線 줄 선

곧은[直] 선으로[線], 영해를 표현하는 기초가[基] 되는 선[線]

직선기선은 영해 측정의 기준이 되는 직선을 말합니다. 해안선의 굴곡이 심하고 연안에 섬이 많은 서·남해안 해안에서는, 가장 바깥의 섬을 연결한 직선을 기선으로 정하고 있습니다. 우리나라의 영해는 바로 이 직선기선에서 12해리까지입니다.

통상기선 通常基線

通 통하다 통 常 항상 상 基 터 기 線 줄 선

항상[常] 통하는[通] 기초가[基] 되는 선[線]

　통상기선은 영해를 정하는 기준의 하나로, 직선기선과는 달리 해안선 자체가 기준이 되는 선을 말합니다. 동해안·제주도·울릉도·독도 연안은 서·남해안처럼 해안선이 복잡하지 않기 때문에, 해안선 자체를 기준으로 하여 12해리 범위를 영해로 하고 있습니다.

경제 수역 經濟 水域, Exclusive Economic Zone

經 날줄, 경영하다 경 濟 건너다, 구제하다 제 水 물 수 域 땅 경계 역

경제적으로[經濟] 사용할 수 있는 물의[水] 경계[域]

　경제 수역은 해안선이 썰물일 때로부터 200해리까지이며, 바다에서의 수산 자원 및 해저 광물 자원에 대한 관할권과 해양 오염을 규제할 수 있는 권한을 연안국에 인정하는 수역을 말합니다. 1977년 미국, 구 소련에 이어 대부분의 국가들이 이를 선포하였습니다. 우리나라의 원양 어업은 70년대 후반 미국의 200해리 선포로 북태평양 어장의 상당 부분을 잃어버려 급격히 위축되었던 경험이 있습니다. 현재 한국·일본·중국간의 협약에 따라 경제 수역이 설정되어 각 국의 실질적인 주권적 권리와 관할권을 가지고 있습니다.

❍ 經濟　經世濟民(세상을 경영하여 백성을 다스림)의 줄임말.

◎ 기후

기후 氣候

氣 기운 기 候 기후 후

공기의[氣] 상태[候], 또는 24기와[氣] 72후[候]

기후는 지구상의 어느 지역에 있어서 일년을 주기로 하여 반복하는 대기의 상태를 말합니다. 일년 12개월을 이등분한 것을 24절기節氣라 하고, 24절기를 3등분한 것을 72후候라 하며, 이 둘을 합친 말이 기후입니다.

간빙기 間氷期

間 사이 간 氷 얼음 빙 期 기약하다, 시기 기

빙하기[氷] 사이의[間] 시기[期]

간빙기는 빙하기 사이에 한 때 기후가 온화해져서 빙하가 고위도 지방까지 퇴각하였던 시기를 말합니다. 간빙기에는 기온이 현재와 거의 비슷하거나 약간 높았으며 해수海水는 빙하의 융해融解로 증가하여, 해수면은 현재보다도 20 ～ 30m 정도가 높았습니다.

후빙기 後氷期

後 뒤 후 氷 얼음 빙 期 기약하다, 시기 기

가장 나중의[後] 빙하기인[氷] 시기[期]

후빙기는 최후 빙기의 절정기(약 3.5만 년 전) 또는 현세(약 1만 년 전)이후부터 현재까지의 기간을 말합니다. 이 시기는 기온의 상승에 따른 해수면 상승으로 세계적으로 해안 저지低地의 침수현상이 일어났습니다.

기후대 氣候帶

氣 기운 기 候 기후 후 帶 띠 대

일정한 기후가[氣候] 나타나는 지대[帶]

기후대는 다른 지역과 달리 기온의 분포가 일정하게 나타나는 지역을 말하며, 대체로 위도에 평행하게 나타납니다.

열대 기후 熱帶 氣候, tropical climate

熱 뜨겁다 열 帶 띠 대 氣 기운 기 候 기후 후

뜨거운[熱] 지대에서의[帶] 기후[氣候].

열대기후는 가장 추운 달 평균 기온이 18℃이상이고, 적도를 중심으로 남·북위 20℃사이에 나타나며, 대체로 일교차가 연교차보다 큰 기후를 말합니다. 열대 기후는 강수량의 계절 분포에 따라 연중 습윤한 열대 우림 기후(Af), 짧은 건기가 있는 열대 **몬순** 기후(Am), 건기와 우기의 구분이 뚜렷한 사바나 기후(Aw)로 나누어집니다.

❍ **몬순**(monsoon) 아라비아어의 mausim(계절을 의미함)에서 유래한 말로, 대륙과 해양의 열적 차이로 겨울에는 대륙에서 해양으로, 여름에는 해양에서 대륙으로 향하여 부는 바람을 뜻합니다.

온대 기후 溫帶 氣候

溫 따뜻하다 온 帶 띠 대 氣 기운 기 候 기후 후

따뜻한[溫] 지대에서의[帶] 기후[氣候]

온대 기후는 쾨펜(W. P. Koppen)의 기후 구분에서 C기후로, 가장 추운 달의 평균 기온이 −3℃~18℃사이인 기후를 말합니다. 온대 기후의 가장 큰 특징은 평균 기온의 연변화가 4계절에 따라 뚜렷하게 구별되는 점입니다.

온대하계건조기후 溫帶夏季乾燥氣候

溫 따뜻하다 온 帶 띠 대 夏 여름 하 季 계절 계 乾 하늘, 마르다 건 燥 마르다 조 氣 기운 기 候 기후 후

따뜻한[溫] 지대이고[帶], 여름철에[夏季] 습기가 마른[乾燥] 기후[氣候]

온대하계건조기후는 남·북위 30 ~ 40°의 대륙서안에 분포하는 기후입니다. 이 기후의 특색은 여름에는 **아열대**亞熱帶 고압대에 놓이게 되어 고온건조하며, 겨울에는 남하하는 편서풍대에 속하여 온대성 저기압이 통과하면서 비가 내려 온난 습윤합니다. 쾨펜의 구분에 의하면, 겨울철 강수량이 여름철 강수량의 3배 이상인 지역이며, 기호로는 CS로 표기합니다. 이 기후 지역은 지중해 연안에서 대표적으로 볼 수 있으며, 지중해식 기후로 부르기도 합니다.

◐ **亞熱帶** 열대와 온대의 중간지역으로, 대체로 남북 위도 각각 20~30°사이의 지대입니다. 기온은 높으나 비가 적은 곳이 많아 사막이나 초원이 많습니다. 亞 [버금 아]

서안 해양성 기후 西岸 海洋性氣候, west coast oceanic climate

西 서쪽 서 岸 기슭 안 海 바다 해 洋 큰바다 양 性 성질 성 氣 기운 기 候 기후 후

대륙 서쪽[西] 기슭에[岸] 바다의[海洋] 영향을[性] 받는 기후[氣候]

서안 해양성 기후는 남·북위 40 ~ 60°의 대륙 서안에 나타나는 기후를 말합니다. 서안 해양성 기후는 편서풍과 해류의 영향으로 같은 위도 상에서 대륙동안보다 겨울이 온난한 편입니다. 서안 해양성 기후의 특색은 대체로 기온의 연교차는 작고 강수량의 계절적 분포는 고른 편입니다. 이 기후의 분포 지역은 서부 유럽에서는 넓게 분포하지만, 아메리카에서는 대륙의 서해안을 따라 해안 지역에 좁게 나타납니다.

동안 기후 東岸 氣候

東 동녘 동 岸 기슭 안 氣 기운 기 候 기후 후

대륙 동쪽[東] 기슭의[岸] 기후[氣候]

동안 기후는 대륙의 동안 지방에서 보이는 기후로, 겨울에는 대륙 내부의 한랭 건조한 고기압에, 여름에는 해양의 고온 다습한 바람에 영향을 받습니다. 그래서 기온의 연교차가 큽니다. 서안 기후는 상대적으로 멕시코 만류와 편서풍의 영향으로 연중 온난 습윤하여 기온의 연교차가 적습니다.

서안 기후 西岸 氣候

西 서녘 서 岸 기슭 안 氣 기운 기 候 기후 후

대륙 서쪽[西] 기슭의[岸] 기후[氣候]

북반구 온대 지방 대륙의 서쪽과 동쪽을 비교해 보면, 같은 위도인데도 불구하고 대륙서안이 대륙동안보다 따뜻한 것을 발견할 수 있습니다. 그 원인은 주로 바람의 대순환이나 해류의 영향입니다. 따라서 대륙서안에 발달하는 온화한 해양성 특성을 갖는 기후를 서안기후라고 합니다.

고산 기후 高山 氣候

高 높다 고　山 뫼 산　氣 기운 기　候 기후 후

높은[高] 산에서[山] 발생하는 기후[氣候]

　　고산 기후는 높이에 따라 열대, 온대, 한대기후가 차례로 나타나는 기후입니다. 열대 고산에서는 계절의 변화가 적어 대부분 봄의 기후를 띠며, 멕시코 고원과 안데스 산지는 높이에 따라 다양한 토지이용을 합니다. 우리나라에서는 나타나지 않는 기후입니다.

대륙성 기후 大陸性 氣候

大 큰 대　陸 뭍 륙　性 성질 성　氣 기운 기　候 기후 후

큰[大] 육지의[陸] 성질을[性] 띤 기후[氣候]

　　대륙성 기후는 해양성 기후에 상대되는 기후로, 대륙 내부 지역의 기후를 의미합니다. 대륙성 기후의 특징은 연교차가 크고, 여름철에는 강수량이 많으나 상대적으로 겨울철에는 강수량이 적습니다. 이러한 특징이 나타나는 이유는 육지는 냉각과 가열의 속도가 빠르기 때문입니다.

대륙도 大陸度, Continentality

大 크다 대　陸 뭍 륙　度 법도, 정도 도

큰[大] 육지의[陸] 기온 정도[度]

　　대륙도는 어느 지역이 대륙성 기후인가 또는 해양성 기후인가를 수치로 나타낸 것입니다. 고르친스키(W. Gorczynski)의 대륙도는 기온의 연교차가 기후의 대륙성을 가장 잘 반영함에 착안하여 만든 것입니다.

$$k = 1.7 \frac{A(연교차)}{\sin\theta(위도)} - 20.4$$

일교차 日較差, diurnal range

日 날 일　較 견주다 교　差 어긋나다 차

하루 동안에[日] 최고 기온과 최저 기온을 비교하여[較] 나타나는 차이[差]

　　일교차는 하루의 최저 기온과 최고 기온의 차를 말합니다. 하루의 기온 변화는 **일사량**日射量과 지면 **복사량**輻射量의 변화에 따라 나타나는 것으

로, 여러 조건에 따라 그 폭이 달라집니다. 우리나라의 경우, 일교차는 위도와는 관계없이 해안이냐 내륙이냐에 따라 큰 차이를 보이며 섬에서는 일정하지가 않습니다. 제주는 7.1℃, 여수는 6.5℃, 울릉도는 5.8℃ 정도를 보이고 있습니다. 1월의 경우, 울릉도 등의 섬 지방이 5℃ 내외로 가장 적고, 중강진이 16.5℃로 가장 큽니다. 그러나 최대 값은 18.1℃로서 중강진에서 2월에 나타납니다.

- **日射** 햇빛이 내리쬠. [射 쏘다 사]
- **輻射** 열이나 전자기파電磁氣波가 물체로부터 바퀴살처럼 내쏘는 현상. [輻 바퀴살 복]

연교차 年較差

年 해 년 較 견주다 교 差 어긋나다 차

한 해 동안에[年] 최고 기온과 최저 기온을 비교하여[較] 나타나는 차이[差]

연교차는 1년 중 가장 따뜻한 달과 가장 추운 달의 기온차를 말합니다. 연교차는 일반적으로 저위도에서 고위도로 갈수록, 그리고 같은 위도에서는 해안에서 내륙으로 갈수록 증가하며 섬 지방에서는 작게 나타납니다.

서극 暑極

暑 덥다 서 極 다하다, 매우 극

매우[極] 더운[暑] 곳

서극은 가장 무더운 곳을 의미하며, 일 최고 기온 30℃ 이상의 고온 일수가 50일 이상인 대구는 40°C(1942년 8월 1일)를 기록하여 우리나라의 서극으로 알려져 있습니다.

한극 寒極, cold pole

寒 차다 한 極 다하다, 매우 극

매우[極] 추운[寒] 곳

한극은 가장 추운 곳을 의미하며, 중강진 일대는 우리나라의 한극으로 −43.6°C(1933년 1월 12일)를 기록하였습니다.

열섬 현상 熱섬 現象, Heat island

熱 덥다 열 現 나타나다 현 象 코끼리, 모양 상

열기[熱] 때문에 그 지역만 외딴 섬처럼[섬] 달라지는 현상[現象]

열섬 현상은 도심都心지역의 기온이 변두리 지역의 기온보다 높은 기후 현상을 말합니다. 건물이 밀집되어 있는 대도시의 도심지에 흔히 나타나는 현상입니다. 대기 오염, 건물·자동차·공장 등의 인공열 발생으로 온실효과가 나타나는 도시 지역의 도심지는 기온이 높고 습도, 일사량, 풍속은 감소되는 현상이 나타납니다. 특히 난방 에너지의 사용이 많은 겨울철에 두드러지고, 반면에 여름철에는 공기의 수직적·수평적 이동이 활발하여 적게 나타납니다.

다우지 多雨地 · 소우지 少雨地

多 많다 다·少 적다 소 雨 비 우 地 땅 지

비가[雨] 많이[多] · 적게[少] 내리는 땅[地]

다우지와 소우지는 주변 지역에 비해 연평균 강수량이 많게 혹은 적게 나타나는 지역을 말합니다. 우리나라에서 비가 많이 오는 지역은 저기압이나 전선이 자주 통과하거나, 다습한 기류를 정면으로 받는 지역입니다. 또 적게 오는 지역은 바람을 등지고 있는 지역이나, 산지가 없고 낮고 평탄한 지형적 특징을 가지고 있는 지역 등입니다. 다우지의 대표적인 곳으로는 연 강수량 1,300mm 이상의 청천강 중상류, 한강 중상류, 섬진강 유역 및 남해안 일대, 제주도 등이며, 소우지의 대표적인 곳으로는 개마고원, 영남 내륙 산간분지, 대동강 하구부근, 황해안의 섬 지방 등입니다. 이러한 소우지 지역의 토지이용은 광양만 일대의 염전, 개마고원의 목축, 영남내륙 산간분지의 사과 재배와 양잠이 대표적입니다.

기단 氣團

氣 기운, 공기 기 團 둥글다, 덩어리 단

공기의[氣] 덩어리[團]

기단은 기온·습도 등 성질이 거의 균일한 거대한 공기 덩어리가 수평 방향으로 이어진 것을 말합니다. 발생 장소가 대륙이냐 해양이냐, 또는 저위도냐 고위도냐 등에 따라서 기단의 성질이 다릅니다. 이와 같이 기단의 성질은 대개 발원지에 의해 결정되는데, 대륙기단은 건조하고 해양기단은 습윤한 것이 특징입니다.

 우리나라에 영향을 주는 기단

- ◎ **시베리아 기단** – 겨울 한파, 삼한 사온, 꽃샘 추위.
- ◎ **오호츠크해 기단** – 높새바람, 장마 전선 형성.
- ◎ **북태평양 기단** – 소나기, 장마 전선 형성, 열대야熱帶夜.
- ◎ **양쯔강 기단** – 봄비(저기압), 맑음(고기압).
- ◎ **적도 기단** – 태풍.

적도 기단 赤道 氣團, equatorial airmass

赤 붉다 적 道 길 도 氣 기운, 공기 기 團 둥글다, 덩어리 단

적도에서[赤道] 형성된 공기[氣] 덩어리[團]

적도 기단은 적도 지방에 발달되는 기단으로서, 고온 다습한 성격으로 큰비를 가져오는 경우가 많습니다. 태풍이 불어올 때나 **매우**梅雨의 후반에 우리나라나 일본 등지에 불어와서 폭우를 내리기도 합니다.

❍ 梅雨 '매실이 익어서 떨어질 무렵에 오는 비'라는 뜻으로, 6월 중순부터 7월 초순사이에 오는 장마.

삼한 사온 三寒 四溫

三 석 삼 寒 차다 한 四 넉 사 溫 따뜻하다 온

3일은[三] 춥고[寒] 4일은[四] 따뜻함[溫]

삼한 사온은 우리나라·중국의 동부 및 북부 지방에서 겨울의 기온이 7일간의 주기로 변화하는 현상을 말합니다. 시베리아 바이칼호 부근에서 형성된 북서 계절풍이 북동진할 때에는 약 3일간의 한파寒波로 한랭 건조한 기후가 나타나며, 그 세력이 약화되는 약 4일간은 온난한 대륙성 저기압에 영향을 받아 온난 습윤한 기후가 나타납니다. 이 때에는 많은 눈이 내리기도 합니다.

한파 寒波, cold wave

寒 차다 한 波 물결 파

추워지는[寒] 기류의 흐름[波]

　한파는 매우 낮은 저온의 찬 기단이 저위도 지방으로 몰아 닥쳐 급격한 기온의 하강을 일으키는 현상을 말합니다. 주로 겨울철에 우세한 시베리아의 한랭한 대륙성 고기압이 바이칼 호 부근에 중심을 두고 남동쪽으로 그 세력을 강하게 확장하고 있으며, 또 동해 해상에는 저기압이 발달해 있는 경우에 북서 계절풍이 강하고 한파가 몰아 닥쳐 전국이 영하의 추운 날씨가 되는 경우가 많습니다. 우리나라는 이런 현상이 우세할 경우에 한파주의보를 발표하는데, 그 기준은 최저 기온이 전일보다 10℃가 낮거나 낮을 것이 예상되는 때입니다.

황사 현상 黃砂 現象

黃 누렇다 황 砂 모래 사 現 나타나다 현 象 모양 상

누런[黃] 빛깔의 모래가[砂] 날아오는 현상[現象]

　황사 현상은 봄철에 중국 대륙으로부터 우리나라로 먼지와 같은 가는 입자의 모래가 날아오는 현상을 말합니다. 이 현상은 매년 3월~5월까지 약 3개월 동안에 나타나는데, 황사의 발원지(중국 대륙 내부의 건조 지역)에서 연중 20회 정도 발생하며, 그 중 10%~30%가 우리나라에 영향을 미칩니다.

　황사 현상은 호흡기 질환 · 안眼질환 · 알레르기 등 각종 질환을 유발합니다. 황사의 주성분인 알루미늄은 식물의 성장을 저해하는 요인이 되고 강우의 산성도가 증가하며, 황설黃雪 또는 적설赤雪의 원인이 되기도 합니다. 또한, 미세한 황사가 정밀 기계 및 전자기기에 들어가게 되면 고장의 원인이 되며, 우리의 시야를 흐르게 하고 세탁물 등에도 피해를 줍니다. 최근에 북경 북부의 사막화 현상 확대와 급격한 공업화 추진으로 황사 현상의 기간이 연장되고 있으며, 황사에 납 · 카드뮴 등의 중금속, 발암 물질 등 많은 유해 오염 물질이 포함되어 있습니다.

태풍 颱風

颱 태풍 태 風 바람 풍

큰[颱] 바람[風]

　태풍은 초여름부터 가을까지 경도 180° 선 서쪽의 북 태평양 열대 해양에서 발생하여 우리나라 · 중국 · 일본 · 필리핀 일대에 폭풍우 · 홍수를 가져오는 열대성 저기압을 말합니다.

풍수해 風水害

風 바람 풍 水 물 수 害 해치다 해

바람과[風] 물로[水] 인한 재해[害]

　풍수해는 강한 바람과 큰비가 동시에 일어남에 따라 나타나는 재해를 말합니다. 우리나라에서는 대부분 비로 인한 피해가 크며, 바람을 동반하기 때문에 큰 피해를 입습니다.

전선 前線, front

前 앞 전 線 줄 선

진행하고 있는 다른 두 기단의 가장 앞에[前] 있는 선[線]

　온도와 습도가 다른 두 기단이 서로 접촉하게 되면, 그 곳에서는 바람, 기온, 습도, 이슬점, 구름, 비 등의 변화가 생겨납니다. 성질을 달리하는 두 기단이 이루는 경계면을 불연속면不連續面이라 하며, 이 불연속면은 지표면과 접촉하여 곡선을 이룹니다. 불연속면과 지표면과의 교점을 전선이라고 합니다. 전선에는 한랭 전선, 온난 전선, 정체 전선, **폐색 전선**閉塞前線 등이 있습니다.

❍ **閉塞前線** 온대 저기압이 발달하고 있을 때, 한랭 전선이 온난 전선을 뒤따라, 난기暖氣를 지표로부터 밀어 올림으로써 이루어진 전선.

무상 일수 無霜 日數, frost free period

無 없다 무 霜 서리 상 日 날 일 數 셈 수

서리가[霜] 없는[無] 날의[日] 수[數]

　무상 일수는 봄에 서리가 끝날 때부터 가을에 첫서리가 내릴 때까지, 서리가 내리지 않는 기간을 말합니다. 서리는 농작물의 생육에 방해가 되기 때문에, 무상 일수는 농작물의 생육 기간과 관계가 깊습니다. 예를 들면, 차의 재배는 170일, 보리는 90일, 면화는 210일 이상의 무상일수가 필요합니다. 무상 기간은 위도에 따른 남북 간의 차이가 나타나며, 지형적인 영향에 따라서도 다릅니다. 우리나라의 경우, 제주도는 275일, 개마고원은 120일 내외로 남북 간의 차가 큽니다. 지역적으로는 동해안이 서해안보다 길고, 해안지방이 내륙지방보다 길게 나타납니다.

불쾌 지수 不快 指數, discomfort index

不 아니다 불 快 상쾌하다 쾌 指 가리키다 지 數 셈 수

상쾌하지[快] 않은[不] 정도를 가리키는[指] 숫자[數]

불쾌 지수는 기온이 높고 습기가 많은 기후조건에서는 사람들이 쾌적한 느낌을 가지지 못하게 되는데, 그 정도를 지수로 나타낸 것을 말합니다. '불쾌 지수와 체감과의 관계' 지수를 최초로 사용한 미국 기상국의 기준에 의하면, 70이상에서 일부의 사람이 불쾌, 75이상에서 반수 이상의 사람이 불쾌, 80이상에서는 전원 불쾌, 85를 넘으면 냉방 시설이 없는 건물에 있는 공무원은 집무를 중지하게 허락하도록 되어 있습니다.

❍ DI=0.72(td+tw)+40.6, td=기온(℃), tw=습구 온도(℃)

온량 지수 溫量 指數

溫 따뜻하다 온 量 헤아리다, 정도 량 指 가리키다 지 數 셈 수

따뜻한[溫] 정도를[量] 가리키는[指] 숫자[數]

온량 지수는 월평균 기온 5℃ 이상인 각 달의 평균기온과 5℃와의 차이 값을 1년 간 합산한 수치입니다. 여기서 5℃는 식물 성장에 필요한 최저온도입니다. 온량 지수는 한랭지수와 함께 식물분포의 경계가 될 뿐 아니라 기온의 온난도溫暖度를 나타내기도 합니다.

강수의 형태

전선성 강우 前線性 降雨, frontal rain

前 앞 전 線 줄 선 性 성질 성 降 항복하다 항, 내리다 강 雨 비 우
두 기단이 만났을 때 가장 앞[前] 선에서[線] 일어나는 변화 때문에 [性] 내리는[降] 비[雨]

전선성 강우는 서로 다른 성질의 기단이 만나 나타나는 강우 현상을 말합니다. 한대 기단

과 열대 기단, 대륙 기단과 해양 기단과 같이 온도차가 큰 기단이 서로 만나 전선을 이루면, 전선을 경계로 저기압이 발달하고 강우가 발생합니다. 우리나라의 장마도 오호츠크해 기단(한대 기단)과 북태평양 기단(열대 기단)이 만나 내리는 전선성 강우의 한 예입니다.

대류성 강우 對流性 降雨, Convectional Precipitation

對 대하다 대 流 흐르다 류 性 성질 성 降 항복하다 항, 내리다 강 雨 비 우
공기가 상하로 바뀌어[對] 흐르는[流] 성질 때문에[性] 내리는[降] 비[雨]

  대류성 강우는 맑은 여름날에 대기 하층의 공기가 가열을 받아 높이 상승할 때 내리는 비를 말합니다. 지표면 부근의 공기가 강한 열을 받거나 상층에 냉량(冷涼)한 공기가 유입되면 대기가 불안정하게 되어 대류가 일어납니다. 우리나라 여름철에 내리는 소나기도 대류성 강우의 종류라고 할 수 있습니다. 또, 열대 지방의 스콜(Sqall)도 이에 해당합니다.

지형성 강우 地形性 降雨, orographic rain

地 땅 지 形 모양 형 性 성질 성 降 항복하다 항, 내리다 강 雨 비 우
땅모양의[地形] 성질에[性] 영향을 받아서 내리는[降] 비[雨]

  지형성 강우는 산이나 산맥에서 바람받이가 되는 산의 비스듬한 면에서 나타나는 강우 현상을 말합니다. 습기를 지닌 공기가 산에 부딪치면 산사면을 따라 상승하면서 냉각, 응결되면서 구름이 생기고 비가 내립니다. 우리나라는 비교적 좁은 지역임에도 불구하고 복잡한 지형 때문에 지역적으로 많은 다우지가 형성됩니다.

저기압성 강우 低氣壓性 降雨, cyclonic rainfall

低 낮다 저 氣 공기 기 壓 누르다 압 性 성질 성 降 항복하다 항, 내리다 강 雨 비 우
낮은[低] 공기[氣] 압력의[壓] 성질[性] 때문에 내리는 [降] 비[雨]

  저기압성 강우는 중위도 온대 이동성 저기압이나 열대 이동성 저기압의 중심부에서 상승기류가 발생하면서 내리는 비를 말합니다. 태풍이 몰고 오는 비가 이에 해당합니다. 열대 해상에서 발생하는 이동성 저기압성 강우인 태풍, 허리케인, 사이클론, 윌리윌리 등에 의한 강수는 그 전형적인 예이고, 지중해성 기후 지역에서 동계冬季에 내리는 강우는 온대성 저기압에 해당합니다.

바람

계절풍 季節風, monsoon

季 철 계 節 마디, 절기 절 風 바람 풍
계절에[季節] 따라 부는 바람[風]

  계절풍은 대륙과 해양의 열적인 차이와 상층 대기 대순환의 남북이동과 관련하여 여름과 겨울의 풍향이 거의 반대가 되는 바람입니다. 남부 아시아에서 여름철에 부는 바람을 몬순

이라고도 합니다. 계절풍은 대체로 대륙의 동안에 잘 나타나는데, 특히 동부아시아와 남부 아시아에서 탁월합니다. 겨울철에는 아시아 대륙으로부터 저온 건조한 바람이 불고, 여름 철에는 태평양이나 인도양으로부터 고온 다습한 바람이 불어 많은 비를 가져오기 때문에 벼농사와 밀접한 관련을 갖습니다. 이와 같이 계절풍은 대규모의 유·아시아 대륙과 태평 양 같은 넓은 대륙과 해양 사이에서 폭넓게 나타납니다. 열대 계절풍은 남부 아시아에 탁 월하게 불며 여름 계절풍이 우세하고, 온대 계절풍은 동부 아시아에 탁월하게 불며 겨울 계 절풍이 우세합니다.

탁월풍 卓越風, prevailing wind

卓 높다, 뛰어나다 탁 越 넘다 월 風 바람 풍

월등히[越] 뛰어나게[卓] 자주 부는 바람[風]

탁월풍은 어느 지점에 나타나는 여러 방향의 바람 중 그 풍향이 가장 자주 나타나는 바 람을 말합니다. 지구상의 탁월풍으로는 $30°N·S$ 부근에서 적도를 향하여 부는 남동, 북동 무역풍, $30°N·S$부근에서 $60°N·S$부근으로 부는 편서풍, 극지방에서 $60°N·S$부근으로 부는 극동풍 등이 있습니다.

편서풍 偏西風, Weserlies

偏 치우치다 편 西 서녘 서 風 바람 풍

서쪽으로[西] 치우쳐[偏] 부는 바람[風]

편서풍은 아열대 고압대에서 고위도 저압대(극전선)로 부는 바람을 말합니다. 편서풍은 40 ~60°의 대륙 서안과 해양에 뚜렷이 나타나며, 해양의 온화한 대기를 서안에 옮겨 해양성 기후를 형성합니다. 봄철에 황사 먼지를 운반하는 **제트기류**도 일종의 편서풍입니다.

○ **제트 기류**(Zet Stream) 대류권의 상부나 성층권成層圈에서 수평축에 따라 동쪽으로 흐 르는 강한 공기의 흐름.

지방풍 地方風 local wind

地 땅 지 方 모, 방향 방 風 바람 풍

특수한 지역에만[地方] 부는 바람[風]

지방풍은 특수한 지역에서 특수한 조건에 의해 발생하는 바람을 말합니다. 우리나라의 지 방풍인 **'높새바람'** 이 대표적인 예입니다. 국지풍局地風이라고도 합니다.

○ **높새바람** 영서 지방에 봄철~초여름에 부는 고온 건조한 북동풍으로, 모내기 및 밭작물 의 수확에 많은 영향을 줍니다. 높새란 북동을 의미합니다.

◎ 식생과 토양

식생 植生, Vegetation

植 심다, <u>초목의 총칭</u> 식 生 살다 생

식물의[植] 생태生態[生]

　식생은 지구의 지표 상에 분포한 각종 식물인데, 기온 · 강수량 · 일조량 등의 기후적 조건과 이를 기반으로 하는 토양, 지형 등에 따라 지역적인 특색이 나타납니다. 기후대가 열대, 온대, 냉대, 한대로 변하듯이 식생도 삼림, 사바나, 초지, 사막 등으로 나누어집니다. 삼림대森林帶는 열대림, 온대림, 한대림으로 구분하며, 숲의 특징적인 모습으로는 열대우림熱帶雨林, 활엽수림闊葉樹林, 침엽수림針葉樹林으로 분류됩니다. 세계적인 식생의 분포현상은 기온과 강수량의 영향으로, 기후대에 따라 좁고 긴 띠와 같은 수평분포를 나타내며, 고도高度에 따라 수직적 분포를 나타내기도 합니다.

온대림 溫帶林

溫 따뜻하다 온 帶 띠 대 林 수풀 림

따뜻한[溫] 지대에[帶] 있는 숲[林]

　온대림은 열대림과 냉대림과의 중간으로 볼 수 있는 것으로, 대체로 온대 지역에 성장하는 삼림을 말합니다. 우리나라에서 온대림은 난대림의 북한계선北限界線 이북에 분포하며, 개마 고원을 중심으로 한 북한의 북동부와 그 밖의 고산 지대를 제외한 한반도 전역에 분포하고 있습니다. 자연림 상태에서는 신갈나무 · 상수리나무 등 참나무류의 낙엽 활엽수가 주종을 이루나, 자연림이 파괴된 곳은 소나무 등의 침엽수가 주종을 이루기도 합니다.

열대 우림 熱帶 雨林, Tropical rain fall

熱 뜨겁다 열 帶 띠 대 雨 비 우 林 수풀 림

뜨거운[熱] 지대로[帶] 비가 많이 오는[雨] 숲[林]

　열대 우림은 연중 고온 다우多雨한 열대 우림 기후 지역의 식생으로, 지구상에서 삼림 육성이 가장 활발한 곳입니다. 이 지역은 밀림을 이루며, 나무의 높이는 5 ~ 50m까지로 다양한 종류가 나타납니다. 특히 아마존강 일대의 열대 우림을 셀바스(Selvas)라고 부릅니다. 이 지역의 나무들은 티

이크, 마호가니, 나왕 등이 있고 선박·가구·건축용으로 사용됩니다.

침엽수림 針葉樹林, coniferous forest

針 바늘 침 葉 잎 엽 樹 나무 수 林 수풀 림

잎이[葉] 바늘같이[針] 생긴 나무로[樹] 이루어진 숲[林]

　침엽수는 잎이 가늘어서 저온이나 건조에 대해 **광엽수**廣葉樹보다 강한 **내성**耐性이 있습니다. 침엽수림은 세계 전 삼림면적의 1/3을 차지하고, 그 비율은 유라시아 55%, 북아메리카 40%, 남아메리카 4%, 그 밖의 지역이 1%입니다. 침엽수림의 대표적 나무 종류는 낙엽송, 소나무, 잣나무, 전나무, 가문비나무 등으로 펄프용, 건축용, 토목용으로 유용하게 쓰입니다.

◘ **廣葉樹** 넓고 큰 잎을 가진 나무.
◘ **耐性** 저항성. 병원균 따위가 어떤 약에도 죽지 않고 살아 남는 성질. [耐 견디다]

◎ **토 양의 종 류**

- **성대토양** : 포드졸, 갈색 삼림토, 라테라이트토
- **간대토양** : 현무암 풍화토, 테라로사
- **비성대토양** : 염류성 토양

성대 토양 成帶 土壤, zonal soil

成 이루다 성 帶 띠 대 土 흙 토 壤 땅 양

띠[帶] 모양을 이룬[成] 땅[土壤]

　성대토양은 기후와 식생처럼 위도에 따라서 띠 모양으로 분포하는 요인에 의해 분류한 토양입니다. 예를 들면, 한랭습윤 기후의 **타이가**(Taigar) **지대**에 발달하는 포드졸(podzol)토양은 기후대의 분포와 일치합니다. 성대토양에 속하는 주요한 토양형을 보면, 한랭 지역~열대 지역의 토양대로 툰드라토·포드졸토·갈색 삼림토 및 적색토·라테라이트토 등이 있으며,

건조~반습윤 지역의 토양대로는 사막토 · 회색토 · 밤색토 · 체르노젬 · 프레리토 등이 있습니다.

○ **타이가(Taigar)지대** 침엽수림이 넓게 펼쳐져 있는 시베리아의 기후 지역을 가리키는 러시아 말입니다. 대륙성 기후가 발달하고 기온의 연교차가 가장 큰 지역입니다.

간대 토양 間帶 土壤

間 사이 간 帶 띠 대 土 흙 토 壤 땅 양

띠를[帶] 이루지 않고 사이사이[間] 모여있는 땅[土壤]

간대 토양은 기후나 식생의 인자因子보다도 국지적인 환경 인자의 영향을 받아 띠를 이루지 않는 형태의 토양을 말합니다. 이 토양은 성대 토양대 成帶土壤帶사이에 분포하기 때문에 간대間帶토양이라고 말합니다. 우리나라의 석회암 지대에 분포하는 테라로사(terra rossa)와 제주 지방에 현무암 풍화토도 간대 토양에 속합니다.

염류성 토양 鹽類性 土壤

鹽 소금 염 類 무리 류 性 성질 성 土 흙 토 壤 땅 양

소금[鹽] 같은[類] 성질을[性] 띤 흙[土壤]

염류성 토양은 염분이 섞여 있는 간척지의 토양을 말합니다. 염류성 토양은 염류만 제거하면 상당히 비옥합니다. 간척사업을 한 뒤, 5~10년이 지나야 염분이 완전히 제거되어 농경지로 이용할 수 있습니다.

운적토 運積土, transported soil

運 돌다, 움직이다 운 積 쌓다 적 土 흙 토

운반되어[運] 쌓여진[積] 흙[土]

운적토는 암석의 풍화風化로 형성된 부스러기가 중력, 바람, 물 등의 운반 작용에 의해 다른 장소에 퇴적되고 이것을 모재母材로 하여 발달한 토양을 말합니다. 특히 하천에 의해서 퇴적된 것을 범람원汎濫原의 충적토沖積土라고 하며, 하안 단구河岸段丘의 사력층砂礫層 등을 모재로 하는 것을 하적토河積土라고 부르기도 합니다.

정적토 定積土

定 정하다 정 積 쌓다 적 土 흙 토

정해진[定] 자리에 쌓여진[積] 흙[土]

　정적토는 기반암基盤巖이 그 자리에서 오랜 시일에 걸쳐 풍화되어 형성된 토양을 말합니다. 우리나라의 토양은 대부분 정적토이며 주로 밭으로 이용됩니다.

◎ 지질과 지체구조

내적 영력 內的 營力

內 안 내 的 과녁, ~의 적 營 경영하다 영 力 힘 력

안으로부터[內的] 다스리는[營] 힘[力]

　'營力'은 지형을 변화시키는 힘(=작용과 과정)을 말하는데, 내적 영력과 외적 영력으로 구분합니다. 보통 두 영력이 함께 작용하여 지형을 변화시킵니다. **내적 영력**은 지구 내부로부터의 어떤 활동에 의해 지형을 변화시키는 요인을 말합니다. 지구 내부의 열과 태양의 복사에너지는 지형에 변화를 가져오는 원동력으로 작용합니다. 높은 산지를 형성하는 지각변동(조륙운동, 조산운동), 용암을 쏟아내 화산을 형성하는 화산작용 등은 지구 내부의 열 순환의 일환으로 일어나는데, 이러한 지형의 형성작용을 내적 작용이라고 합니다.

　'영력의 구분'

　　내적 영력(대지형 형성) – 조산 운동(습곡, 요곡, 단층), 조륙 운동(융기, 침강), 화산활동
　　　　　　　　　　　　　(지진)

　　외적 영력(소지형 형성) – 침식, 운반, 퇴적, 풍화

지각 운동 地殼 運動

地 땅 지 殼 껍질 각 運 돌다, 움직이다 운 動 움직이다 동

땅의[地] 껍질에서[殼] 일어나는 움직임[運動]

　지각 운동은 지각 내부에서 오는 작용에 의해 지층의 위치가 바뀌면서,

지형의 내부 조직을 변화시키는 운동입니다. 지각 운동은 융기 · 침강으로 이루어지는 조륙造陸 운동과 단층斷層 · 습곡褶曲 · 요곡撓曲 · 절리節理로 이루어지는 조산造山 운동으로 나누어집니다.

배사 구조 背斜 構造, Antiline structure

背 등지다 배 斜 기울다 사 構 얽히다 구 造 만들다 조

등쪽이[背] 경사면을 이룬[斜] 지층 구조[構造]

배사 구조는 퇴적 당시의 수평지층이 지각변동으로 밀리고 구부러져 아 아치(arch)모양의 구조를 가지게 된 지층구조입니다. 배사 구조가 유전 지대에 있을 경우는 석유가 함유된 지층이 나타나 천연가스 · 석유를 얻을 수 있습니다.

습곡 褶曲, fold

褶 주름 습 曲 굽다 곡

지층이 주름져[褶] 굽은[曲] 것

습곡은 수평으로 퇴적된 지층이 횡압력을 받으면 물결처럼 굴곡된 단면이 나타나는데, 이렇게 휘어진 구조를 말합니다. 습곡작용은 지구내부의 힘에 의한 내적 영력의 하나로, 단층 · 화산작용과 함께 지구의 1차적인 대지형(산맥, 분지, 해구 등)을 형성합니다.

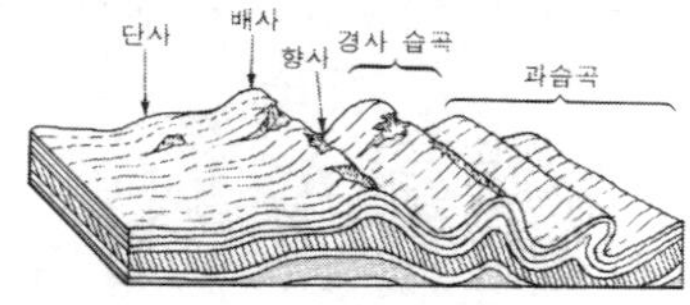

단층 斷層, fault

斷 끊다 단 層 층 층

끊어진[斷] 지층[層]

단층은 지각地殼을 구성하고 있는 지층 · 암석 · 맨틀 구성물질 등이 하나의 면 또는 대帶를 경계로 서로 어긋난 현상을 말합니다. 지층과 암석 등이 어긋난 면을 단층면, 이 면의 상위上位에 있는 지괴를 상반上盤, 그 하

위에 있는 지괴를 하반下盤이라고 합니다.

요곡 撓曲

撓 휘어질 요 曲 굽다 곡

휘어져서[撓] 굽음[曲]

　요곡은 지층이 횡압력에 의해 지표 · 지각이 가볍게 휘어지는 운동입니다. 우리나라의 경우, 황해가 **지향사**地向斜 지대를 이룸으로써 한반도를 축으로 요곡이 생겼는데, 융기축이 동쪽으로 치우쳐 동고서저의 비대칭적인 지형이 만들어졌습니다. 신생대 제3기에 발생한 **경동**성傾動性 요곡 운동으로 태백산맥 · 함경산맥과 같은 한국방향의 산맥이 만들어지게 되었습니다.

● **地向斜** 대륙 가장 자리 부분에 있는 얕은 바다 지역의 지층이 퇴적의 진행과 함께 차차 침강하여 두꺼운 지층을 이룬 퇴적분지堆積盆地. [向 향하다 향 斜 비스듬하다 사]

● **傾動** 기울어져 움직임.

융기 隆起, elevation, upheaval · 침강 沈降, subsidence

隆 크다, 높다 룽 起 일어나다 기 · 沈 가라앉다 침 降 항복하다 항, 내려가다 강

높이 솟아[隆] 올라옴[起] · 가라앉아[沈] 내려감[降]

　융기는 침강沈降의 반대말로, 지각이 넓은 범위에 걸쳐 상승하는 것을 말합니다. 침강은 이와 반대되는 현상입니다. 융기와 침강에 의해 육지면적은 넓어지기도 하고, 좁아지기도 하는데 이를 조륙운동이라고 합니다.

절리 節理, Joint

節 마디 절 理 이치, 결 리

마디마디[節] 결을 따라[理] 생긴 틈

　절리는 암석이 갈라져서 생긴 틈을 말합니다. 즉 **장력**張力이나 비틀림에 의해 형성된 암석을 단절하는 분할선을 말합니다. 형성 요인은 냉각 수축, 풍화 작용에 의한 **박리**剝離, 건조 수축, **조구조 운동**造構造運動 등 다양합니다. 절리는 지표 부근에서 많이 나타나며, 지형의 형성 작용에 직접적인 역할은 크지 않으나, 침식의 모든 영력을 돕고 있어 지형에 대한 간접적인 영향이 매우 크다고 볼 수 있습니다.

張力 길게 늘어나는 힘. 물체가 서로 당기는 힘.

剝離[剝 벗기다 박 **離** 떼놓다 리] 가죽이나 껍질 따위를 벗김.

造構造運動 산지의 주요 구조를 이루는 대규모의 지각의 변형 작용.

지구대 地溝帶

地 땅 지 溝 도랑 구 帶 띠 대

땅이[地] 꺼져서 생긴 도랑[溝] 같은 지대[帶]

지구대는 단층 운동의 결과, 지각의 일부는 융기하고 일부는 하강하여 생긴 길쭉한 요지대凹地帶를 말합니다. 지구대는 **판구조 운동**板構造運動에 의해서 이루어진 대규모의 지구地溝라고 할 수 있습니다. 지구대는 교통로로 이용되거나 농경지로 활용됩니다.

板構造運動 약 15억 년 전까지는 '판게아'라고 불리는 하나의 거대한 대륙 이 존재하였으며, 이 대륙이 맨틀이 움직이는 방향에 따라서 움직이게 되고, 맨틀이 움직이는 방향에 따라서 지각은 여러 개의 판으로 갈라져 움직이게 된다는 운동.

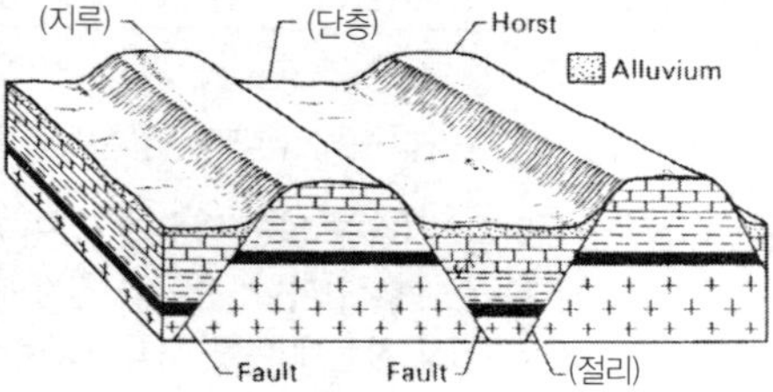

구조선 構造線 tectonic line

構 얽다 구 造 만들다 조 線 줄 선

얽혀서[構] 만들어진[造] 줄[線]

구조선은 지질 구조가 서로 다른 두 지역의 경계선이나 단층선을 말합니다. 지각의 약한 부분은 침식이 진행되면서 **하곡**河谷이 발달하고, 습곡褶曲 · 단층斷層 운동 때는 지각이 쉽게 파열되거나 약해져서 풍화 · 침식을 통해 하천, 산맥의 방향을 결정합니다. 구조선은 대개 직선으로 뻗기 때문에, 하곡도 자연히 곧게 파이는 것이 보통입니다. 이처럼 지질 구조선은 하천의 발달 방향을 유도뿐만 아니라 산맥의 방향도 결정합니다.

● 河谷 하천의 골짜기.

구조곡 構造谷

構 얽다 구 造 만들다 조 谷 골 곡

얽혀서[構] 만들어진[造] 골짜기[谷]

구조곡은 구조 운동의 직접적인 결과에 의해 지표에 생긴 계곡으로, 지질 구조상, 차별 침식에 의해 생긴 경우와 단층에 의해 생긴 경우가 있습니다. 우리나라의 대표적인 구조곡은 서울과 원산을 연결하는 추가령 구조곡으로, 가장 긴 직선상의 골짜기가 약 180km에 달합니다. 지질의 구조상 남한과 북한사이의 구분선을 이루고 있어서, 지질 및 지형적으로 중요하며 경원선 철도가 이 골짜기를 따라 지나갑니다. 이 구조곡은 골짜기 양쪽의 편마암층에 끼여 있는 화강암 지대가 남대천과 임진강의 차별 침식差別侵蝕에 의하여 형성되었습니다.

안정 육괴 安定陸塊, stable land-mass

安 편안하다 안 定 정하다 정 陸 뭍 륙 塊 덩어리 괴

안전하게[安] 자리잡은[定] 땅[陸] 덩어리[塊]

안정 육괴는 선先캄브리아기의 지각 변동이나 **화성작용**化成作用을 받은 후, 고생대에서 현재에 이르기까지 심한 지각 변동을 받지 않은 대륙의 지각을 말합니다. 로렌시아 **순상지**楯狀地 · 발틱 순상지 · 앙가라 순상지 등은 선先캄브리아기의 지각 변동이나 화성 작용을 받은 후, 고생대에서 현재에 이르기까지 심한 지각 변동을 받지 않은 대표적인 안정 육괴입니다.

● 化成作用 마그마가 지각을 뚫고 지표로 올라오는 작용.
● 楯狀地 고대 지질 시대에 지각 운동을 받아 뭉쳐진, 대륙의 중앙부를 형성하는 방패모양의 땅덩이.

풍화작용 風化作用 weathering

風 바람 풍 化 되다 화 作 짓다 작 用 쓰다, 작용 용

바람에[風] 의해 변화를[化] 일으키는[作] 힘[用]

풍화작용은 지표의 암석이 공기 · 물 등의 작용으로 제자리에서 차차 부서져 흙으로 변하는 일련의 과정을 말합니다. 말의 뜻으로 보면, 바람이 중요한 요인으로 작용할 것 같지만 바람은 풍화작용에 직접 관여하지 않습니다. 암석이 부서지면, 물이나 바람에 의해 침식을 받기 쉬워지고 이 때문에 풍화작용은 각종 지형의 발달을 도와주는 역할을 합니다.

◎ 산지와 고원

경동 지형 傾動地形

傾 기울다 경 動 움직이다 동 地 땅 지 形 모양 형

기울며[傾] 움직여[動] 생긴 땅의[地] 모양[形]

경동 지형은 경동 지괴에서 유래되었으며, 경동 지괴는 한쪽이 급경사인 단층애斷層崖로 이루어져 있고, 그 반대쪽은 완만한 경사면을 가지는 비대칭적인 산지를 말합니다. 우리나라의 태백산맥은 양쪽 비스듬한 면이 비대칭을 이루고 있으나, 동쪽 비스듬한 면이 단층애가 아니므로 경동 지괴와 유사하다는 의미에서 경동 지형이라고 합니다. 이러한 구조는 하천에 영향을 주어 동해안 쪽으로는 짧은 하천이, 남 · 서해안쪽으로는 긴 하천이 흐릅니다. 또한, 영동 지방과 영서 지방의 기후 차이, 영동선의 특수철도인 스위치 백(Switch back)철도, 유역 변경식 댐인 강릉댐 건설 등에 영향을 끼쳤습니다.

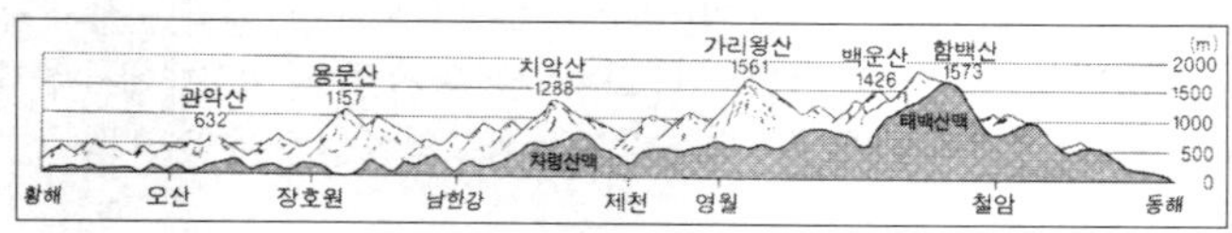

고위 평탄면 高位 平坦面

高 높다 고 位 자리 위 平 평평하다 평 坦 넓다 탄 面 얼굴, 지면 면

높은[高] 자리에[位] 생긴 평평하고[平] 넓은[坦] 지면[面]

　'平坦面'이란 침식에 의하여 낮아진 지형면을 가리키는 것인데, 고위 평탄면은 한반도가 융기하기 이전에 가지고 있던 평탄면 또는 지형면이 신생대 제3기 중신세 이후, 비대칭적 요곡撓曲 작용으로 인하여 융기한 지형을 말합니다. 고위 평탄면은 영서 고원(대관령~오대산), 금오산, 진안 고원 등지에 분포합니다. 중부 지방의 경우 오대산과 태백산에 걸친 지역에는 해발 900m 이상의 고도로 광범위하게 나타나는데, 이를 고위 평탄면이라고 합니다. 이 지역은 여름철의 서늘한 기후와 영동고속도로의 개통으로 고랭지 농업·목축업을, 겨울철에는 스키장 등의 관광지로 활용되고 있습니다.

고원 高原

高 높다 고 原 벌판 원

높은[高] 지대의 벌판[原]

　보통 해발 고도가 600m 이상의 높이를 갖는 지형으로써 고도가 높고 평탄하여 책상이나 식탁 모양인 지형을 고원 또는 대지臺地라고 합니다. 브라질 고원과 같이 과거 순상지가 주변보다 높아진 것이나 개마고원·콜롬비아고원과 같은 용암이 분출하여 형성된 용암대지, 콜로라도 고원과 같은 융기대지 등이 있습니다.

잔구 殘丘

殘 해치다, 남다 잔 丘 언덕 구

계속된 침식으로 깎여서 형체만 남아[殘] 있는 언덕[丘]

　잔구는 준평원 상에 고립하여 돌출 되어있는 산을 말합니다. 잔구는 하천 침식의 종말기에 형성된 지형이며, 우리나라와 같이 오랜 세월에 걸쳐 차별 침식을 받은 곳에서는 잔구의 발달이 많습니다.

산록 완사면 山麓 緩斜面

山 뫼 산 麓 기슭 록 緩 완만하다 완 斜 기울다 사 面 얼굴, 지면 면

산[山] 기슭의[麓] 완만한[緩] 경사를[斜] 이룬 면[面]

산록 완사면은 산의 비스듬한 면이 풍화로 후퇴하고, 여기서 생긴 물질이 중력에 의해 쌓인 면입니다. 또 산의 비스듬한 면을 흐르는 하천이나, 폭우 때 비스듬한 면의 지표면이 유실流失, 퇴적하여 완만한 경사를 이루는 산기슭의 비스듬한 면을 말합니다. 구례 화엄사 · 이천 · 충주 · 대천 · 포천 · 남원 · 임실 · 나주 · 광주 등의 도시

분지 주변에 나타나는 산록 완사면이 우리나라의 대표적인 것들입니다.

하천과 평야 지형

유황 流況

流 흐르다 류 況 하물며, 모양 황

하천 흐름의[流] 상황[況]

유황은 하천의 한 지점에서 일어나는 유량의 연간 변동 상황을 말합니다. 유량의 변화 특성은 그 하천 유역의 기후 · 식생 · 토양 · 지질 · 유역 형상 등과 관계가 있는데, 특히 기후와의 관계가 깊습니다. 우리나라 하천의 경우에는 여름의 장마철 등에는 많은 유량을 보이나, 다른 계절에는 유황이 나빠서 물의 이용(수력 발전, 내륙 수로 등)에 많은 불편을 주고 있습니다.

하상 계수 河狀 係數

河 물 하 狀 모양 상 係 있다 계 數 셈 수

강물의[河] 상태와[狀] 관계된[係] 숫자[數]

하상 계수는 갈수기渴水期의 최소 유량과 홍수기의 최대 유량의 비율을 말합니다. 한강의 하상 계수는 1 : 393, 낙동강은 1 : 372인데 비하여, 양쯔강 1 : 22, 라인강 1 : 8에 불과합니다. 이와 같이 우리나라 하천의 유황이

불안정한 이유는 강수량이 여름철에 집중되어 있고 하천의 유역 면적이 협소하며, 삼림 남벌·감조 하천感潮河川의 영향을 들 수 있습니다. 하천에 유량의 상태를 안정시키기 위해서는, 다목적 댐의 건설과 삼림녹화가 필요합니다.

감입 곡류 하도 嵌入 曲流 河道

嵌 산 깊다, 파다 감 入 들어가다 입 曲 굽다 곡 流 흐르다 류 河 물 하 道 길 도

깊이 파[嵌] 들어가[入] 굽어진[曲] 흐름에[流] 의해 생긴 물[河] 길[道]

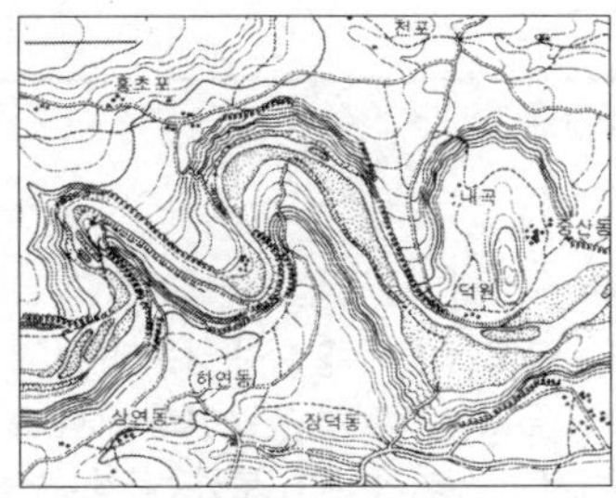

감입 곡류 하도는 신생대 이전에 형성된 자유 곡류 하천이 신생대 제3기의 비대칭적 요곡 운동에 의하여 융기될 때, 원래의 유로를 따라 깊이 하곡을 파서 형성된 하도를 말합니다. 감입 곡류 하도는 구조선, 지반의 융기, 기후 변화 등의 영향을 받아 생성됩니다. 우리나라 태백산맥, 소백산맥의 양쪽 사면에 분포하여 한강, 낙동강, 금강 등 대하천의 상류 지역과 동해 사면斜面으로 흐르는 왕파천, 오십천의 중·상류지역에 많이 나타납니다. 지질적으로 화강암 지역에는 분포가 적고 퇴적암과 편마암 지역에 잘 보존되어 있습니다. 하천의 규모별로는 본류나 큰 지류에서 나타납니다.

감조 하천 感潮 河川

感 느낄 감 潮 바닷물 조 河 물 하 川 내 천

바닷물의[潮] 영향을 받는[感] 하천[河川]

감조 하천은 바닷물의 수위가 주기적으로 상승, 하강할 때 하천의 하구에서 역류 현상이 일어나는 하천을 말합니다. 소규모의 하천에서는 바닷물이 하천의 밑을 파고들어 수위를 높이기 때문에 하구 부근의 충적지에서는 높아진 수위의 담수를 관개灌漑에 이용하기도 합니다. 황해로 흘러드는 하천은 하류의 유역이 평탄한데다가 조차가 커서 하천 부근의 경지에서 염도가 높아져 농작물에 피해를 주기 때문에 하구둑이나 방조제防潮堤를 건설하여 용수의 공급과 경지의 이용도를 높이고 있습니다.

자유 곡류천 自由 曲流川, free meander river

自 스스로 자 由 말미암다 유 曲 굽다 곡 流 흐르다 류 川 내 천

자유롭게[自由] 굽어[曲] 흐르는[流] 강[川]

자유 곡류천은 평야 지역을 흐르는 하천이 유속流速이 감소되어 약간의 장애를 받아도 침식을 하지 못하고, 장애물을 피하면서 굽어 흐르는 하천을 말합니다. 이 곡류가 심하게 되면 유로流路가 절단되어 옛 물길에 우각호牛角湖(=하적호河跡湖)를 형성하게 됩니다.

배후 습지 背後 濕地

背 등, 뒤 배 後 뒤 후 濕 축축하다 습 地 땅 지

제방 뒤의[背後] 축축한[濕] 땅[地]

배후 습지는 자연 제방 뒤에 나타나는 **소택**지沼澤地로, 미세한 점토(clay)로 이루어져 있습니다. 배후 습지는 고도가 낮아 홍수시 침수가 잘 되고 물이 잘 빠지지 않습니다. 창녕 지방의 우포는 낙동강 범람원의 배후 습지성 호소湖沼로 우리나라에서 가장 큰 자연 늪지입니다. 또한, 한강부근 뚝섬 배후에 위치한 중랑천 하류의 충적지(장안평)는 배후 습지에 해당합니다. 현재 대부분의 배후 습지는 **직강 공사**直江工事로 물이 범람하지 않아서 개간되어 논으로 이용하고 있습니다.

- 沼澤 늪과 못.
- 直江工事 홍수 방지를 위해 하천의 유로를 직선으로 하여 인공 제방을 쌓는 공사를 말합니다.

피수대 避水臺

避 피하다 피 水 물 수 臺 돈대 대

물의 범람을[水] 피하기[避] 위한 돈대[臺]

피수대는 범람원汎濫原에서 홍수 때의 침수 피해를 막기 위해 주변보다 높게 만들어 놓은 **돈대**墩臺모양의 터를 말합니다.

- 墩臺 조금 높직하고 평평한 땅.

호소 湖沼, Lake · Pond

湖 호수 호 沼 늪 소

호수와[湖] 늪[沼]

　호소는 사방 육지로 둘러싸인 凹지에 고여 있는 물을 말합니다. 호소는 **호**湖 · **소**沼 · 소택沼澤 · **습원**濕原 등으로 구분됩니다. 소는 호수보다 얕아 침수浸水 식물이 도처에 번식하며, 가장 깊은 곳은 5m이하, 보통 1~3m인 것이 많습니다. 소택은 소보다 더욱 얕아서 **정수식물**挺水植物이 도처에 번식하며, 가장 깊은 곳이 1m이하입니다. 호소는 용수 · 기온조절 · 수력발전 · 교통 · 수산 · 관광 등 인간생활과 밀접한 관계를 갖고 있습니다.

- ◐ 湖 호수의 준말.
- ◐ 沼 늪. 호수보다 물이 얕고 진흙이 많으며 침수 식물이 무성한 곳.
- ◐ 濕原 축축한 벌판.
- ◐ 挺水植物 연꽃 · 갈대와 같이 뿌리를 물 속의 땅에 박고 사는 식물.

우각호 牛角湖, oxotic lake

牛 소 우 角 뿔 각 湖 호수 호

소[牛] 뿔[角] 모양의 호수[湖]

　우각호는 자유곡류하천의 물길이 변경될 때, 종전 물길의 일부가 그대로 남아서 형성된 쇠뿔 모양의 호수를 말합니다. 강이 굽어 흐르다 홍수 등으로 물길이 변경되면 원래의 굴곡부분이 고립되어 초승달 모양의 호수로 남게 됩니다.

대체로 우각호는 수심이 낮기 때문에 간척되어 경지로 이용되고 있습니다. 하적호河跡湖라고도 부릅니다.

하중도 河中島

河 물 하 中 가운데 중 島 섬 도

하천[河] 가운데에[中] 있는 섬[島]

　하중도는 자유 곡류 하천 주변의 퇴적지가 물길 변경으로 하천 가운데가 절단됨으로써 형성된 퇴적 지형을 말합니다. 하중도는 대하천의 하류에서 볼 수 있으며, 서울의 여의도 · 중지도와 같이 하천 가운데에 있는 섬으로 홍수의 위험이 커서 **윤중제**輪中堤를 쌓아 주로 이용합니다. 한강의 여의도는 윤중제를 쌓아 새로운 시가지로 변모하였습니다.

◐ **輪中堤** 하천 가운데 있는 섬의 둘레를 둘러쳐서 쌓은 제방.

천정천 天井川, Ceiling river

天 하늘 천 井 우물 정 川 내 천

천정처럼[天井] 높아진 하천[川]

'天井'이라는 말은 '하늘의 우물'이라는 뜻처럼 '높은 곳에 위치한 작은 하천'을 의미를 합니다. 천정천은 여름철 집중 호우로 인하여 하천에 토사가 쌓여 하천 밑바닥이 주변의 평야보다 높아진 하천을 말합니다. 보통 산지에서 평지로 나오는 소규모 하천에 홍수를 예방하기 위해 인공제방을 쌓아서 형성된 경우가 많습니다. 또는 넓은 충적지를 흐르는 소규모의 하천에서 형성되기도 합니다. 천정천은 최근 경지 정리 과정에서 대부분 사라졌습니다.

하안 단구 河岸 段丘, river terrace

河 물 하 岸 언덕 안 段 구분, 계단 단 丘 언덕 구

하천[河] 양쪽 언덕에[岸] 이루어진 계단처럼[段] 높아진 언덕[丘]

하안 단구는 하천 중 · 상류의 양 언덕 약간 높은 곳에 나타나는 평탄한 지형을 말합니다. 하안 단구는 강바닥의 융기 또는 지형의 융기와 기후 변화 등의 복합적 작용에 의하여 형성됩니다. 하천 양안의 단구면은 대체로 평탄하여 논 · 밭 등의 경지나 교통로 · 취락으로 이용되고 있습니다. 일반적으로, 하안 단구는 홍수 시에 침수 피해를 입지 않고 특히 우리나라의 영서 지방과 같이 산지가 많은 곳에서는 하안 단구면이 주민들의 중요한 생활 터전이 되고 있습니다.

하구언 河口堰, river-mouth weir

河 물 하 口 입 구 堰 방죽 언

바다로 들어가는 강물[河] 어귀에[口] 만든 둑[堰]

　　하구언은 하구 가까운 곳의 제방을 말합니다. 보통 하구언은 하구에 제방을 설치하여, 바다로 흘러 들어가는 물을 막아 저장하여 이 물을 이용하기 위해 하구에 쌓은 제방을 말합니다. 하구언의 용도는 **염해**鹽害의 피해를 방지하고, 관개 용수를 공급하며, 제방의 교통로 이용 등입니다. 우리나라에서는 1974년에 완공된 진위천 하구의 아산만 방조제牙山灣防潮堤가 가장 대규모로 완성된 것이고, 이 외에 영산강·금강·낙동강 하구언 등이 있습니다.

◗ **鹽害** 소금기가 있는 바닷물에 의한 피해.

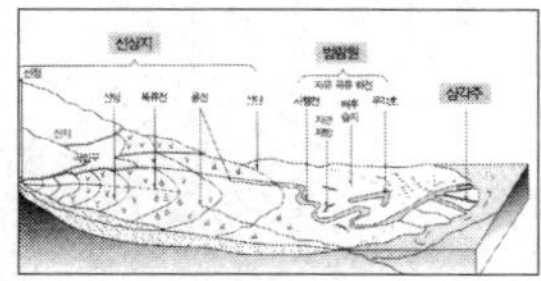

하천의 퇴적 지형

선상지 扇狀地, fan, alluvial fan

扇 부채 선 狀 모양 상 地 땅 지

부채꼴[扇] 모양의[狀] 땅[地]

　　선상지는 산지에서 평지로 나오는 경사 급변점인 골짜기의 입구를 중심으로 하천이 운반한 토사土砂가 쌓여 형성된 부채꼴 모양의 퇴적 지형을 말합니다. 우리나라의 경우, 석왕사·불국사·사천선상지 등이 있습니다. 일반적으로 우리나라의 지형은 노년기 지형이기 때문에 경사가 급변하는 지점이 적어서 선상지의 발달이 미약한 편입니다. 선상지는 자갈·모래 등 입자가

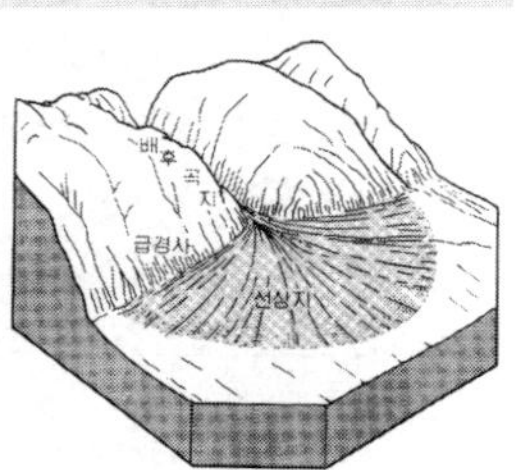

굵은 물질로 구성되어 있어 주로 과수, 밭으로 이용되어 왔으나 관개 수리시설이 완비됨에 따라 선단扇端은 논, 취락이 분포합니다.

범람원 汎濫原, flood plain

汎 뜨다 범 濫 넘치다 람 原 벌판 원

물에 뜨거나[汎] 넘치는[濫] 가운데 퇴적되어 생겨난 벌판[原]

　　범람원은 하천유역의 충적평야沖積平野로, 자연제방·배후습지·우각호 등의 지형으로 구성되어 있습니다. 범람원의 자연제방과 배후습지의 고도차이를 야외에서 육안으로 식별하기는 어렵습니다. 다만 토지 이용, 자연 식생, 지하수위, 홍수시의 침수 등을 통하여 간접

적인 판별이 가능할 뿐입니다. 예를 들면, 한강의 뚝섬은 자연제방, 뚝섬 배후에 위치한 중랑천 하류부의 충적지는 배후습지에 해당합니다. 지금도 한강에 홍수가 발생하면 한강의 역류 현상으로 장안평은 침수됩니다.

〈범람원〉

삼각주 三角洲, Delta

三 셋 삼 角 뿔 각 洲 섬 주
삼각형으로[三角] 이루어진 섬[洲]

삼각주는 하천이 바다로 유입할 때, 유속이 감소함에 따라 운반물질이 퇴적되어 이루어진 지형을 말합니다. 삼각주에도 자연제방이나 습지가 곳곳에 형성되어 있어 홍수 시에 침수 위험이 높으나, 토질이 비옥하여 도시가 형성되어 인구조밀지역을 이룹니다. 삼각주라는 말은 헤로도투스(Herodotus, 그리이스인으로 역사의 아버지로 불림)가 이집트를 방문하였을 때, 나일강에 존재하는 섬들이 삼각형을 이루는데 착안하여 붙여진 것입니다.

〈낙동강, 김해평야 삼각주〉

삼각주의 종류

· **원호상**圓弧狀[圓 동그라미 원 弧 활 호 狀 모양 상] – 원의 일부분 모양

· **조족상**鳥足狀[鳥 새 조 足 발 족] – 새의 발 모양

· **첨각상**尖角狀[尖 뾰족하다 첨 角 뿔 각] – 뾰족한 뿔 모양

· **만입상**灣入狀[灣 물굽이, 활등처럼 쑥 들어온 모양 만 入 들어오다 입] – 활을 당긴 형태처럼 휘어 들어온 모양

삼각강 三角江 estuary

三 석 삼 角 뿔 각 江 강 강

삼각[三角] 모양의 강[江]

삼각강은 하천이 침수沈水되어 형성된 바다 쪽으로 열린 나팔 모양의 하구河口를 말합니다. 우리나라의 대표적인 삼각강인 대동강 하구는 나팔 모양을 이루며 밀물과 썰물의 영향도 커서 항구 발달에 유리합니다.

충적 평야 沖積 平野, alluvial plains

沖 비다, 깊다 충 積 쌓다 적 平 평평하다 평 野 들 야

깊게[沖] 쌓여[積] 이루어진 평야[平野]

충적 평야는 하천의 퇴적 작용으로 형성된 평야 지형을 말합니다. 충적 평야의 주요한 형태로는 상류의 선상지, 중ㆍ하류의 범람원, 하구河口의 삼각주 등이 있으며, 대체로 유기물을 풍부하게 함유하고 있어 비옥합니다. 외적 영력外的 營力과 관련하여 보면, 선상지는 건조 지역에 잘 발달하고, 삼각주는 대규모 하천 하구 지역에 잘 발달합니다.

침식 평야 浸蝕 平野, plain of erosion

浸 스며들다, 점점 침 蝕 좀먹다 식 平 평평하다 평 野 들 야

점점[浸] 먹어 들어가[蝕] 평평해진[平] 들[野]

침식 평야는 장기간의 침식 작용에 의해서 낮아진 파도 형태의 평야를 말합니다. 높고 험한 산지를 갖는 지표라도 오랜 동안 침식작용을 받으면 차차 낮아지고 기복이 적은 저지低地를 이룹니다.

침식 분지 浸蝕 盆地, basin of erosion

浸 스며들다, 점점 침 蝕 좀먹다 식 盆 동이 분 地 땅 지

점점[浸] 먹어 들어가[蝕] 물동이[盆] 모양으로 생긴 땅[地]

침식 분지는 화강암의 국지적局地的 분포 지역이나 하천의 합류 지점에서 암석의 차별 침식으로 형성된 凹 모양의 지형을 말합니다. 분지는 상류로 갈수록 고도가 높습니다. 우리나라는 낮고 평평한 구릉성 침식 평야가 넓게 형성되어 있습니다. 오랜 침식의 결과 산지가 평야에 가까운 평탄지

를 형성하나, 충적지보다는 지면의 고도가 약간 높고 기복이 미약한 파도 모양의 형태로 나타나는 것이 보통입니다.

우리나라의 하천 중·상류에는 크고 작은 분지가 많이 있습니다. 침식 분지가 내륙 지방의 중심도시로 발달한 경우가 많고, 기온역전 시에는 냉해와 안개가 발생하기도 합니다. 강원도 양구군 해안면에는 凹 모양의 침식 분지가 있는데, 일명 '펀치볼'이라 불리며 6.25 당시의 격전지로도 유명합니다.

◎ 특수 지형(카르스트 지형과 화산 지형)

석회암 石灰巖, limestone

石 돌 석 灰 재 회 巖 바위 암

석회로[石灰] 이루어진 바위[巖]

석회암은 순백 또는 회灰백색의 암석으로 퇴적암의 일종입니다. 대부분의 석회암은 화학적 **침전**沈澱이나 유기적有機的 작용 또는 이 두 종류가 복합되어 만들어집니다.

❍ 沈澱[沈 가라앉다 침 澱 앙금 전] 액체 속에 섞여 있는 작은 고체개[澱] 밑바닥에 가라앉음[沈].

용식 溶蝕, corrosion

溶 질펀히 흐르다, 녹이다 용 蝕 좀먹다 식

녹여[溶] 침식함[蝕]

용식은 탄산칼슘($CaCO_3$)과 같은 **가용성 광물**可溶性鑛物이 화학적으로 **용해**溶解되고, 흐르는 물에 의하여 제거되는 현상을 말합니다. 특히 석회암 지방에서는 탄산가스가 포함된 물이 석회암을 용해시켜 카르스트(Karst)지형을 이룹니다. 용식은 일반적으로 지하수면地下水面에 이르면 정지하게 됩니다.

❍ **可溶性鑛物** 물에 잘 녹는 광물.
❍ **溶解** 녹거나 녹임. 물질이 액체 속에서 녹아 균일한 액체가 되는 현상.

석회 동굴 石灰 洞窟, Limestone Cave

石 돌 석 灰 재 회 洞 동굴 동 窟 굴 굴

석회로[石灰] 이루어진 굴[洞窟]

　석회 동굴은 카르스트 지하수계에 의하여 형성된 동굴을 말합니다. 석회 동굴은 수m ~ 100㎞이상에 달하는 것이 있는가 하면, 수직으로 1,000m 의 깊이를 갖고 있는 경우도 있습니다. 석회 동굴의 발달 장소는 높은 대지 에서는 수직적으로, 낮은 대지에서는 수평적으로 발달하는 경향이 있습니다. 석회 동굴의 내부 구조는 다양한 석실石室과 복잡한 통로로 구성되어 있습니다. 석회 동굴의 내부가 습하고 하천이 흐르는 것은 활동하는 동굴 (active river cave)이라고 하는데, 이러한 동굴은 현재에는 확장되는 과정 에 있습니다. 반대로 완전히 말라버린 것을 죽은 동굴(dead cave)이라고 합니다.

석회화 단구 石灰華 段丘, calcareous sinter terrace, tufa terrace

石 돌 석 灰 재 회 華 꽃 화 段 구분, 계단 단 丘 언덕 구

석회가[石灰] 만든 화려한[華] 계단[段] 언덕[丘]

　석회화 단구는 석회암 지방에서 솟아 나오는 온천의 압력이 감소되고 온 도가 내려가면서 물 대신 탄산칼슘이 집적集積되어 계단식 논처럼 형성되 는 지형을 말합니다. 석회동굴속에서 생성된 석회화는 그의 형태에 따라 종유석, 석순, 석주, 석회화 단구 등 여러 가지 형태를 이룹니다.

종유석 鍾乳石, stalactite

鍾 술잔, 종 종 乳 젖 유 石 돌 석

종[鍾] 및 젖[乳] 모양처럼 생긴 석회석[石]

　종유석은 석회동굴 속 천장에서부터 아래로 드리워져 있는 젖모양의 돌 을 말합니다. 이 돌은 석회암을 용해시킨 지하수가 아래로 떨어지는 사이 에 **탄산석회**炭酸石灰를 침전시켜서 만든 것입니다. 종유석과 바닥에서 자 란 석순이 하나로 연결된 것을 석주石柱라고 합니다. 종유석은 돌고드름이 라고도 부릅니다.

◆ **炭酸石灰** 석회암의 주성분인 탄산칼슘(CaCO₃)은 물에 쉽게 녹는 성질이 있어 습윤 지 역에서는 쉽게 침식됨. =탄산칼슘.

석순 石筍, Stalagmite

石 돌 석 筍 죽순 순

죽순[筍] 모양의 석회석[石]

석순은 석회동굴 속에 생기는 탄산칼슘($CaCO_3$)의 침전물입니다. 석회동굴의 종유석을 용해溶解시킨 물방울이 동굴 밑바닥으로 떨어지면 물방울 속의 탄산칼슘이 침전하고, 이것이 점차 자라서 죽순모양으로 형성됩니다.

석주 石柱, Speleothem

石 돌 석 柱 기둥 주

기둥 모양의[柱] 석회석[石]

석주는 석회동굴 천장이나 벽면을 타고 흘러내리는 탄산칼슘이 침전 혹은 쌓여 발달된 것입니다. 또 종유석과 석순이 붙으면 석주가 됩니다.

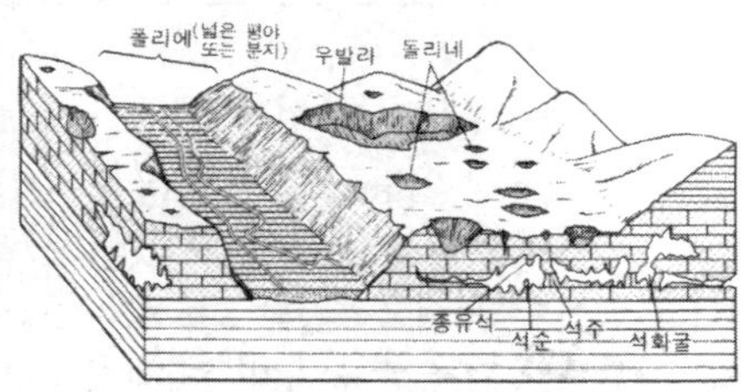

〈종유석 · 석순 · 석주〉

열하 분출 裂罅 噴出, fissure eruption

裂 찢다 열 罅 틈 하 噴 뿜다 분 出 나오다 출

지각이 갈라지고 찢어진[裂] 틈으로[罅] 용암을 뿜어[噴] 냄[出]

지각운동의 결과로 생긴 지각의 좁고 가느다란 틈을 따라 유동성流動性이 큰 현무암질 용암이 분출하는 것을 열하 분출(fissure eruption)이라고 합니다. 크게 2가지로 구분하기도 합니다. 먼저 온도가 높고 유동성이 매우 큰 현무암질 용암은 압력이 낮아도 잘 분출하여 멀리까지 흘러가는데, 이를 **일출식 분출**溢出式噴出이라 합니다. 그리고 온도가 낮고 유동성이 작은 용암이 분출할 때 화도火道 내의 가스압이 증대되어 폭발 현상을 일으키며 공중으로 방출되는데, 이를 폭발식 분출暴發式噴出이라고 합니다.

● **溢出** 물이나 용암 등이 넘쳐서 흐름.[溢 넘치다 일]

종상 화산 鐘狀 火山, Tholoide

鐘 종 종 狀 모양 상 火 불 화 山 뫼 산

종[鐘] 모양의[狀] 화산[火山]

종상 화산은 단 한번 분출된 용암의 **응적**凝積만으로 만들어진 화산을 말합니다. 종상 화산은 전체가 1개의 큰 용암 덩어리로 이루어졌으며, 대개 화구

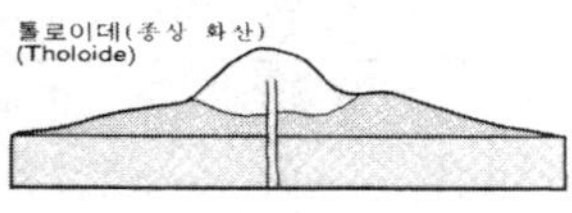

火口가 없는 것이 특징입니다. 산의 경사는 급경사 형태이고, 산 전체가 같은 암석으로 형성되었습니다. 제주도의 산방산(395m)은 전형적인 종상 화산으로, 조면암질粗面岩質의 용암으로 이루어졌습니다.

● **凝積** 엉기어 쌓임.

鐘과 鍾

흔히 '종'을 뜻하는 한자는 종각鐘閣, 경종警鐘에서처럼 鐘(쇠북 종)을 씁니다. 그래서 종상 화산鐘狀火山도 鐘을 씁니다. 그러나 '종 및 젖 모양의 돌'이란 뜻의 종유석鍾乳石은 鍾(술잔 종)을 씁니다. 鍾은 '술잔'을 대표 뜻으로 하고 있지만, 鐘과 함께 '종'이라는 뜻으로도 자주 쓰므로, 혼동해서는 안 됩니다.

순상 화산 楯狀 火山, Aspite, shield volcao

楯 방패 순 狀 모양 상 火 불 화 山 뫼 산

방패[楯] 모양의[狀] 완만한 경사면을 가진 화산[火山]

순상 화산은 유동성이 큰 **염기성 용암**鹽基性鎔巖이 분출하여 형성되며, 경사가 완만한 화산을 말합니다. 순상

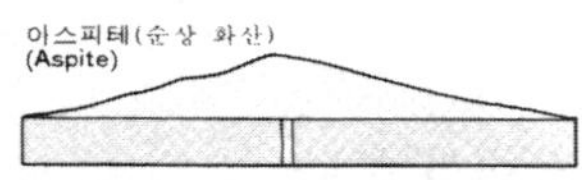

화산의 예로는 한라산, 하와이의 마우나로아(Mauna Loa)가 대표적입니다. 순상 화산은 대체로 화산의 규모가 크고, 높이에 비해 밑바닥이 넓으며, 경사가 완만한 것이 특징입니다. 제4기 홍적세洪績世에 현무암의 분출에 의하여 형성된 한라산의 산기슭 경사는 극히 완만하며, 특히 해안부근에서는 2~3°에 지나지 않습니다.

○ **鹽基性鎔巖** 화성암火成巖의 종류. 광물조성에 있어서 SiO_2의 함량이 52%이하인 것으로 현무암·휘록암·반려암 등을 말함.

🖋 방패의 뜻을 가진 한자는 흔히 알려진 모순矛盾의 盾이 있습니다. 순상 화산楯狀 火山에서의 楯 역시 방패의 뜻이지만 한자가 다름에 유의해야합니다.

용암 대지 鎔巖 臺地, lava plateau

鎔 녹이다 용 巖 바위 암 臺 돈대 대 地 땅 지

용암[鎔巖]에 의해 이루어진 높고 평평한[臺] 곳[地]

'臺地'는 주변의 지형보다 높고 평평한 땅입니다. 용암 대지는 유동성이 큰 현무암질 용암이 땅이 갈라진 틈을

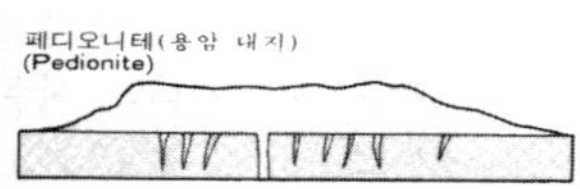

따라 분출하여 형성된 높고 평탄한 고원의 지형을 말합니다. 대표적인 용암대지는 백두산 주변의 개마고원과 철원·평강·신계·곡산 일대에서 볼 수 있습니다. 용암 대지는 현무암의 **주상 절리**柱狀節理와 관련된 수직 절벽의 좁고 깊은 골짜기에서 위를 쳐다보면, 대지로 보입니다. 철원 일대의 용암 대지는 신생대 제4기에 추가령 구조곡을 따라 분출한 현무암질 용암이 당시의 곡지谷地 및 분지盆地를 메워서 형성되었습니다.

○ **柱狀節理**[柱 기둥 주 狀 모양 상 節 마디 절 理 이치, 결 리] 현무암이 식을 때, 수축하면서 5각형 내지 6각형의 기둥 모양으로 갈라져서 마디마디 결을 따라 생긴 틈.

溶 鎔

용식溶蝕, 용해溶解, 용액溶液의 溶은 부수가 水(氵)이므로 액체液體와 관련되어 녹는 현상에 쓰고, 용암 대지鎔巖臺地, 용광로鎔鑛爐, 용접鎔接의 鎔은 부수가 金이므로 고체固體가 녹는 현상에 쓰는 한자입니다.

기생화산 寄生火山

寄 맡기다 기 生 나다 생 火 불 화 山 뫼 산

화산에 의지하여[寄] 생긴[生] 조그만 화산[火山]

기생화산은 **성층화산**成層火山이나 순상화산 등 대규모 화산체의 산 비스듬한 면이나 기슭에 생기는 소규모의 화산으로, 2차적인 화구火口로부

터 분출한 화산의 부스러기로 생성됩니다. 기생화산은 주主 화산체 형성의 말기에 발달하는 것이 특색입니다. 측화산側火山이라고도 부릅니다. 제주도에는 360여 개의 기생화산이 분포합니다.

○ **成層火山** 분출 용암 · 화산탄火山炭 · 화산회火山灰가 분화구의 주위에 퇴적되어 층을 이룬 원추형圓錐形의 화산. 층상화산層狀火山.

화구호 火口湖, crater lake

火 불 화 口 입, 구멍 구 湖 호수 호

화산의[火] 구멍에[口] 이루어진 호수[湖]

화구호는 화산의 분화구에 물이 고여서 형성된 호수를 말합니다. 화구호는 분화구가 함몰되어 이루어진 칼데라호와 화구의 크기로 구별됩니다. 한라산의 백록담은 화구호의 좋은 예입니다.

용천 湧泉, artesian spring

湧 샘솟다 용 泉 샘 천

솟아오르는[湧] 샘[泉]

용천은 빗물이 지하로 스며들었다가 해안 지역에서 인위적인 힘에 의존하지 않고 지표로 솟아 나오는 샘(spring)을 말합니다. 제주도 해안지역을 따라 나타나는 용천 지역을 용천대湧泉帶라고 합니다.

주상 절리 柱狀 節理

柱 기둥 주 狀 모양 상 節 마디 절 理 이치, 결 리

기둥[柱] 모양의[狀] 마디마디[節] 결을 따라[理] 생긴 틈

현무암 지대에는 현무암이 냉각 · 수축하면서 5각형 내지 6각형 기둥모양의 수직 틈이 만들어지는데, 이것을 주상 절리라고 합니다. 제주도의 해안 지대에서는 주상 절리 때문에 정방正房, 천지연天地淵, 천제연天帝淵 등의 폭포瀑布가 발달했습니다.

◎ 해안과 도서

리아스식 해안 Rias 式 海岸

Rias 式 법 식 海 바다 해 岸 언덕, 기슭 안

리아스 방식의[式] 바닷가[海岸]

　리아스(Rias)는 에스파냐 북서부 비스케이만灣에는 톱니 모양으로 굴곡이 심한 해안이 많은데, 이 지방에서 이를 리아(rias)라고 부르는 데서 연유했습니다. 그래서 굴곡이 심한 해안을 리아스식해안이라고 한다.
　리아스식 해안은 대표적인 침수 해안으로 기복이 많은 장년기 산지의 테두리가 지반 침하, 단층 운동, 해면 상승 등에 의해 밑으로 침수하면 산봉우리는 섬으로, 산줄기는 반도로, 산기슭은 곶으로, 골짜기는 만입灣入을 이루어 들쭉날쭉한 해안을 형성합니다. 우리나라의 황해안과 남해안은 전형적인 리아스식 해안입니다.

침수 해안 沈水 海岸, coast of subsidence

沈 가라앉다 침 水 물 수 海 바다 해 岸 언덕, 기슭 안

물에[水] 잠기는[沈] 바닷가[海岸]

　침수 해안은 지반이 침강하거나 해수면이 높아져 육지가 해수면 아래로 잠겨서 이루어진 해안을 말합니다. 이러한 해안에 돌출한 산지는 반도나 섬으로 변하고, 골짜기는 내륙으로 깊숙이 들어온 만灣으로 변하여 해안선의 굴곡이 매우 복잡합니다. 침강 해안이라고도 부릅니다. 우리나라의 경우, 낭림·태백에서 빗살모양으로 뻗어 나온 여러 산맥들의 끝이 황해 및 남해와 만나면서 해안선의 형태가 복잡해졌습니다.

이수 해안 離水 海岸, shoreline of emergence

離 떠나다 리 水 물 수 海 바다 해 岸 언덕, 기슭 안

물에서[水] 멀리 떨어진[離] 바닷가[海岸]

　이수해안은 지반이 융기하거나 해수면이 낮아진 해안을 말합니다. 융기해안은 일반적으로 해안선이 단조롭고 섬·만·반도가 적습니다. 융기해안이라고도 부릅니다. 우리나라의 경우, 동해안의 융기와 더불어 태백·함경산맥이 나란히 뻗으면서 해안선의 형태가 비교적 단조롭게 형성되었습니다.

방풍림 防風林, Windbreak forest

防 막다 방 風 바람 풍 林 수풀 림

바람을[風] 막아주는[防] 숲[林]

  방풍림은 경지, 가옥 등을 폭풍·탁월풍卓越風의 풍해風害로부터 보호하기 위하여 심은 인공보안림을 말합니다. 방풍림은 바람을 약화시키고 냉풍冷風의 경우에는 기온저하의 방지에 유리합니다. 이와 같은 원리로 우크라이나 곡창지대를 보호하기 위한 대 방풍림, 택지 보호를 위한 방풍림, **사구**砂丘의 발달을 저지하기 위해 해안 방풍림 등이 있습니다.

❍ **砂丘** 사막이나 해안 지대에 강풍에 의해 휘몰아 쌓여 만들어진 모래언덕.

사빈 砂濱(沙濱), sand beach

砂, 沙 모래 사 濱 물가 빈

모래로[砂] 이루어진 바닷가[濱]

  사빈은 해안에 모래가 쌓여서 형성된 해안 퇴적 지형입니다. 사빈은 해수욕장으로 사용되며, 육지 쪽으로는 모래가 바람에 날려 퇴적된 해안 사구砂丘가 잘 만들어집니다. 이러한 해안사구에는 방풍림이 심어진 곳이 많습니다. 우리나라의 동해안은 하천의 길이가 짧고 경사가 급해 입자가 굵은 모래를 다량 공급하며, 파도의 작용이 활발하여 사빈이 잘 발달합니다. 이에 비해 황·남해안에서는 조차潮差가 크고 섬이 많아 파도의 작용이 약해 사빈의 발달이 빈약합니다.

사주 砂洲(沙洲), sand bar

砂, 沙 모래 사 洲 섬 주

모래가[砂] 쌓여서 이루어진 모래톱[洲]

  사주는 **파식**波蝕에 의해 생긴 작은 자갈이나 하천에 의해 운반된 모래가 곶이나 해안의 돌출부에서 바다 쪽으로 가늘고 길게 돌출한 지형입니다. 다르게는 사취가 더욱 연장되어 다른 쪽의 해안에 거의 연결된 것이라고도 표현합니다. 만 입구灣口의 한쪽에서 시작한 사취가 더욱 뻗어나가 다른 쪽 육지에 맞닿아 만 입구를 가로막은 모래제방沙堤 안에는 석호가 형성됩니다.

◑ 波蝕[蝕 좀먹다 식] 물결이 육지를 침식함.

사취 砂嘴(沙嘴), sand spit

砂, 沙 모래 사 嘴 부리 취

모래가[砂] 쌓여 새의 부리 모양으로[嘴] 돌출한 곳

사취는 **연안류**沿岸流에 의해서 운반된 모래가 만 입구의 한쪽 육지에서 제방이 되어 길게 돌출한 사주沙洲를 말합니다. 사취의 경사는 바깥쪽이 급하고, 안쪽이 완만한 것이 

특징입니다. 끝이 만 안쪽으로 새의 부리처럼 구부러져 있는 사취를 **만곡**彎曲상 사취라고 합니다.

◑ **沿岸流** 해안을 따라 흐르는 바닷물의 흐름.
◑ **彎曲** 활처럼 굽음.

석호 潟湖, lagoon

潟 개펄 석 湖 호수 호

개펄로[潟] 이루어진 호수[湖]

사취 또는 사주가 발달하면서 만灣의 입구를 막을 수가 있는데, 이때 만이 바다에서 분리되면서 생긴 호소湖沼를 석호라고 합니다. 우리나라의 동해안에는 경포호 · 청초호 · 영랑호 · 화진포호 등 많은 석호가 발달해 왔으며, 관광지나 철새의 도래지로 이용되었습니다. 그러나 최근 환경 오염으로 인하여 본래의 모습이 많이 훼손되었습니다. 석호는 황해안에도 발달하고 있지만 대부분 경지나 염전 등으로 간척되어 본래의 모습을 찾아보기가 쉽지 않습니다.

육계 사주 陸繫 砂洲, land-tied bar

陸 뭍 륙 繫 매다 계 砂 모래 사 洲 섬 주

육지와[陸] 연결된[繫] 모래땅[砂洲]

육계 사주는 육지로부터 돌출 성장하여 가까운 섬에 연결된 사주입니다.

육계 사주가 만들어지는 원인은 두 가지가 있습니다. 먼저 파도가 육지 쪽으로 진행되어 올 때 섬이나 암초 등과 같은 장애물이 있으면 파도는 구부러집니다. 이 때 섬 뒤에 해당되는 부분은 그 힘이 약해지는데 그 곳에 퇴적이 일어나면서 육계 사주가 형성됩니다. 또 해안을 따라 흐르는 바닷물에 의하여 운반된 토사가 퇴적되면서 발달하는 경우가 있습니다.

육계도 陸繫島, land-tied island

陸 뭍 륙 繫 매다 계 島 섬 도

육지와[陸] 연결된[繫] 섬[島]

육계도는 해안의 가까운 섬이 육계사주陸繫砂洲에 의하여 육지와 연결된 섬입니다. 육계도는 **연안류**沿岸流에 의한 모래와 흙의 퇴적으로 육지와 섬 사이의 얕은 곳에 만들어집니다. 우리나라에서는 제주도의 성산 일출봉, 강원도 양양군 시변리 부근의 죽도, 함경남도의 호도 반도와 갈마 반도 등 여러 곳에서 볼 수 있습니다. 우리나라에서는 부산의 태종대·거제의 해금강에 발달한 해식애가 대표적인 예입니다.

❍ **沿岸流** 해안을 따라 흐르는 바닷물의 흐름.

해식애 海蝕崖, sea cliff

海 바다 해 蝕 좀먹다 식 崖 벼랑 애

바닷물에[海] 의해 깎인[蝕] 벼랑[崖]

산지와 바다가 접한 암석 해안에는 파도의 침식 작용으로 인하여 암석 절벽이 생기는데, 이를 해식애라 말합니다.

파식대 波蝕臺, wave-cut terrace

波 물결 파 蝕 좀먹다 식 臺 평평한 곳 대

물결에[波] 의해 깎여[蝕] 이루어진 평평한 곳[臺]

파식대는 해식애海蝕崖 밑에 형성되는 기반암의 평평한 침식면을 말합니다. 파식대는 동해안보다 서해안에 많이 그리고 넓게 발달되어 있으며, 황해안의 파식대는 조수차가 커서 썰물 때 수면 위로 드러나지만, 동해안에서는 항상 바다에 잠겨 있습니다. 해식애는 파식대를 끼고 있지 않을 수 없습니다. 변산 반도 채석강의 파식대와 해식애는 경치가 훌륭합니다. 넓은 파식대는 구릉지의 전면에 발달되어 있으며, 태안 반도와 안면도에서는 너비가 200m 내외에 이르는 것들도 있습니다.

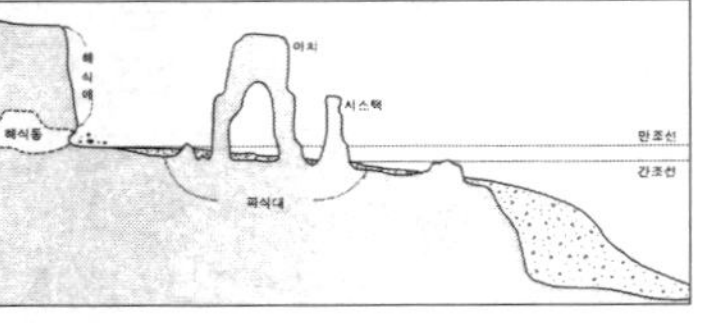

〈해식애 · 파식대〉

해안 단구 海岸 段丘, coastal terrace

海 바다 해 岸 언덕, 기슭 안 段 구분, 계단 단 丘 언덕 구

바닷가를[海岸] 따라 계단처럼[段] 높아진 언덕[丘]

해안 단구는 **해식대**海蝕臺의 바닥면이나 **천해저**淺海底가 융기하여 해안선을 따라 계단상으로 분포되어 있는 지형을 말합니다. 지각운동과 **해면운동**海面運動의 복합 작용으로 파도가 바닥 바위를 깎아 형성한 파식대가 단구로 나타나면 침식 지형이고, 토사가 쌓여 이루어진 해안 지형이 단구로 나타나면 퇴적 지형입니다. 경북 감포읍의 해안 단구 중에는 해안 퇴적 물질로 이루어진 것이 많습니다.

- ◑ **海蝕臺** 파도의 침식 작용에 의해 형성된 암석 해안의 평탄한 침식면.
- ◑ **淺海底** 얕은 바다의 밑바닥.
- ◑ **海面運動** 신생대 제4기 기후의 변화로 인하여 빙기와 간빙기가 반복됨에 따라 바다의 해수면이 내려가고 올라오는 반복적인 해수면 변동을 가져왔던 운동.

간석지 干潟地

干 방패, 물을 빼다 간 潟 개펄 석 地 땅 지

썰물이 빠져나가면[干] 개펄이 되는[潟] 땅[地]

간석지는 밀물과 썰물의 차가 크고, 섬으로 가로막힌 잔잔한 해안이나 만灣의 안쪽에 조류의 운반 물질이 쌓여 이루어지는 평탄한 퇴적 지형을 말합니다. 밀물 때에는 바닷물에 잠기고 썰물 때에는 물위로 노출됩니다. 흔히 갯벌이라 부릅니다. 간석지는 황해안의 경기만, 충남 남부, 전남 해안 지역에 넓게 발달해 있습니다. 이 지역들은 조차潮差가 크고 해안선이 복잡하며 앞에 섬들이 있습니다. 그래서 홍수가 나면 큰 하천으로부터 대량의 토사를 공급받아 간석지가 잘 발달합니다. 갯벌에 미립微粒 물질의 퇴적량이 많아지면 간석지가 침수되는 시간이 줄어들고 **염생 식물**鹽生植物이 성장하여 간척하기에 유리해 집니다.

◑ **鹽生植物** 염분이 많은 곳에서 자라는 큰 보리대가리, 해안메꽃 따위의 식물. 세포 속에 염분이 많이 들어 있으며, 물을 잘 흡수함.

간척 干拓

干 방패, 물을 빼다 간 拓 넓히다 척

바다 따위를 막고 물을 빼어[干] 넓힘[拓]

간척은 개간開墾의 일종으로, 해면海面 간척과 호소湖沼 · 습지濕地 간척으로 구분합니다. 수면 밑에 침수된 땅을 개간해야 하므로 물의 침투를 방지하기 위한 제방을 쌓고, 제방 안의 물을 배수排水 · 증발蒸發 · 매립埋立 등을 이용하여 제거합니다. 간척 사업에는 조석간만의 차가 커서 넓은 개펄이 발달되고 해안선의 굴곡이 심하며, **방조제**防潮堤 앞면에 연안사주沿岸沙洲 또는 섬이 있을 경우에 유리합니다.

◑ **防潮堤** 육지로 밀려드는 조수를 막기 위하여 바닷가에 쌓은 둑.

◎ 해양

연안류 沿岸流, long-shore current

沿 물을 따라 내려가다 연 岸 언덕 안 流 흐르다 류

해안을[岸] 따라[沿]흐르는 해류[流]

연안류는 해류 중에서 물가를 따라 흐르는 해류를 말합니다. 연안류에는 해류, 풍파風波, 하천의 유수流水, **조석**潮汐에 의한 것 등이 있습니다. 이것에 의하여 사주沙洲가 변하여 사취沙嘴가 형성되고, 이로 인하여 육계도陸繫島·석호潟湖가 형성되기도 합니다. 또한 항만의 깊이를 얕게 하기도 합니다.

○ 潮汐 밀물과 썰물에 의하여 일어나는 바닷물의 흐름. 潮水는 아침에 밀려 들어왔다가 나가는 바닷물이고, 석수汐水는 저녁에 밀려 들어왔다가 나가는 바닷물.

조경 수역 潮境 水域, boundary of water masses

潮 조수 조 境 지경 경 水 물 수 域 지경 역

조수가[潮] 갈리는 경계에[境] 있는 물의[水] 일정한 구역[域]

조경 수역은 난류와 한류가 교류하는 수역을 말합니다. 난류인 동한 해류와 한류인 북한 해류가 교류하는 동해에는 플랑크톤이 풍부하기 때문에, 명태·오징어·꽁치 등의 다양한 어종魚種이 모여들어 좋은 어장이 형성됩니다.

조차 潮差

潮 조수 조 差 어긋나다 차

조수의[潮] 차이[差]

조차는 밀물 때의 해수면 수위와 썰물 때의 해수면 수위의 수직적인 높이 차이를 말합니다. 조차의 이등분 수위가 평균 해면입니다. 예를 들면, 인천만의 평균 조차는 약 8m이므로 밀물 때의 평균 해수면은 +4 m, 썰물 때의 평균 해수면은 −4 m입니다.

대륙붕 大陸棚 continental shelf

大 크다 대 陸 뭍 륙 棚 시렁 붕

바닷속에 큰[大] 육지로[陸] 시렁처럼[棚] 넓게 펼쳐져 있는 곳.

대륙붕은 대륙 주변을 둘러싸고 있는 수심 약 200m까지의 해저 지형을 말합니다. 1954년 미국의 트루먼 선언 이후 대륙붕의 영유권을 주장하는 국가를 많아지고 있으며 자원의 보전·영해의 확장·어업 규제 등의 문제가 속출하고 있습니다. 우리나라 황·남해에도 넓은 대륙붕이 있으며 석유·천연 가스의 개발 가능성이 활발합니다.

해분 海盆, ocean basin

海 바다 해 盆 동이 분

바다[海] 속의 물동이같이[盆] 생긴 곳

해분은 해저 지형의 일종으로 주위에 **해령**海嶺으로 둘러싸여 있으며 수심 3,000~5,000m에 위치하는 원형 또는 타원형의 지형을 말합니다. 우리나라 동해의 동쪽 반은 커다란 해분에 해당합니다. 해분 바닥의 퇴적물 두께는 얇고, 지각 구조는 대륙과 본질적으로 다릅니다.

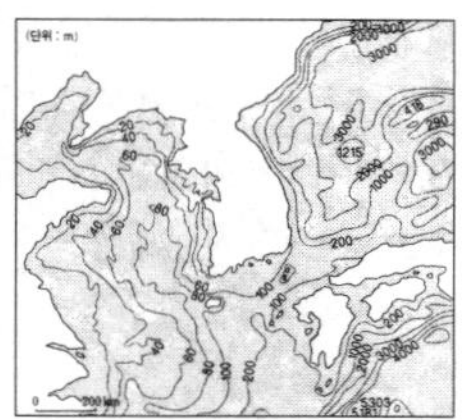

○ **海嶺** 바다 밑에 산맥 모양으로 솟은 지형.

대륙사면 大陸斜面, Continental Slope

大 크다 대 陸 뭍 륙 斜 기울다 사 面 얼굴, 지면 면

바닷속에 대륙이[大陸] 경사를[斜] 이룬 평면[面].

대륙사면은 대륙붕 끝에서부터 해저海底로 급하게 경사진 지형입니다. 대륙사면의 깊이는 대략 200-3000m 정도까지이며 지구전체에는 약 4,600만㎢를 차지합니다. 대륙판大陸坂이라고도 부릅니다.

해구 海溝, trench

海 바다 해 溝 도랑 구

바다[海] 속 깊은 골짜기[溝]

해구는 큰 바다의 바닥에 발달한 좁고 긴, 길이 6000km 이상의 움푹 패인 곳을 말합니다. 해구는 대륙 주변부의 해안 산맥과 호상열도弧狀列島에 평행해서 발달하고 있습니다. 특히 태평양의 서쪽과 동쪽에서 많이 발견됩니다. 일본 해구, 통가 해구, 메리애나 해구 등이 유명합니다.

○ **弧狀列島**[弧 활 호 狀 형상 상] 큰 바다 가운데 호 모양으로 배열된 섬의 집합체.

해령 海嶺, ridge

海 바다 해 嶺 재, 산맥 령

바다[海] 속 산맥[嶺]

해령은 해저 산맥을 말합니다. 해령은 그 규모는 매우 장대하게 펼쳐 있으나 폭이 좁고 기복이 많은 것이 특징입니다. 대서양의 중앙 해령은 평균 폭이 대서양의 1/3이나 되는 1,000~3,000㎞의 산지가 대서양 중앙을 남북으로 뻗고 있습니다.

해연 海淵, deep

海 바다 해 淵 못, 깊다 연

바다[海] 속 연못처럼 깊이 들어간 곳[淵]

해연은 깊이 6,000m를 넘는 해저에서 가장 깊은 지점을 말합니다. 세계에서 가장 깊은 곳은 마리아나 해구의 비티아즈 해연으로 11,034m이며, 이 부근의 챌린저 해연은 10,863m입니다.

우리나라의 기후 · 도시 특색을 이용한 퍼즐게임

[가로열쇠]

1. 시베리아기단. 한랭 건조한 성격의 기단. 삼한사온. 한파.

3. 조선 후기, 동국여지승람을 기초로 만든 지리서. 백두산을 한국 영토로 명시.

4. 인간이 경제 활동을 하기 위하여 선택되는 장소. 농업○○, 공업○○ 등.

5. 기온의 역전 현상. 복사무와 매연의 결합. 건물 및 자동차가 주범 등으로 인하여 나타나는 도시의 문제를 말함.

7. 서울 지역의 환경 오염이 심한 공업을 분산할 목적으로 만든 계획 도시. 직교방사형.

9. 지역이 가지고 있는 독특한 성질. 지역의 개성.

12. 도시화와 산업화로 농촌 인구가 도시 지역으로 이동하는 현상.

13. 신생대 제3기 ○○○○의 지층으로, 석유나 천연가스 등이 매장되어 있음.

15. 습곡 · 단층 · 요곡 · 절리 등이 발달하여 복잡한 지질 구조가 형성. 지각 운동.
17. 신라 시대의 연회 장소. 큰 연못.
18. 선진국의 반대말. 소득이 적은 개발 도상국.
20. 풍수 지리설. 사원, 촌락, 도읍지를 결정함.
22. 공업 지역이 과도한 집적으로 인하여 불이익이 발생할 때 나타남.
24. 우리나라의 강수 형태로 산이나 산맥의 영향을 받음. 집중호우.
26. 베버의 농업 입지론. 전제 조건에서 평야 지역에 있는 하나의 도시.

[세로열쇠]

1. 김정호가 1861년에 제작한 1 : 162,000의 실측도. 22개의 첩본으로 분철식 지도.
2. 지층 · 암석 등이 하나의 면(面) 또는 대(帶)를 경계로 상대적으로 어긋난 현상.
6. 편서풍과 해양의 영향을 받는 기후. 낙농업과 혼합 농업 중심. 겨울이 온난하고 강수량이 풍부한 기후.
8. 가공 과정에서 제품의 무게 · 부피가 증가하거나 제품이 쉽게 변질, 소비자의 잦은 접촉을 필요로 하는 공업을 ○○○○ 입지형 공업이라고 함. 예를 들면, 맥주, 인쇄 · 출판, 제빵, 가구 공업 등이 있음.
10. U-turn 현상. 이도 향촌離都向村. 인구가 도시로 집중되던 상태에서 다시 인구가 농촌 지역으로 분산되는 상태로의 변화.
11. 지역과 지역 사이에 위치한 지역. 예를 들면, 논밭 혼합 농업 지역, 2년 3작 지역.
14. 선진국으로 갈수록, 도시화와 공업화가 확산되어 인구의 ○○○○ 변화로 1차 산업 인구의 비중은 줄어들고 2 · 3차 산업 인구는 점점 증가함.
16. 대륙의 동안 지방에서 보이는 기후. 대륙성 기후와 몬순의 영향으로 연교차 큼.
19. 이중환이 저술한 우리나라의 최초 현대적 의미의 인문 지리서. 가거지可居地의 4요소-지리, 산수, 생리, 인심.
21. 남한의 최대 철광석 생산지.
22. 우리가 사는 지표 공간의 일정한 관계. 지도상에 나타난 점 · 선 · 면 등으로 파악함. 예를 들면, 공장의 입지, 도시의 분포 등의 질서를 설명할 수 있음.
23. 침식○○. 차별 침식이나 하천의 합류점에 형성. 산지로 둘러싸인 평평한 지역.
25. 소뿔 모양의 호수. 하적호河跡湖. 유로의 일부가 그대로 남아서 형

성된 호수.
26. 기온이 낮은 고지대에서 행하는 농업. 대관령. 감자, 옥수수, 홉 (hop) 등의 작물.

정답

[가로]
1. 대륙성 기단 3. 여지도서 4. 입지 5. 도시 공해 7. 안산 9. 지역성 12. 이촌향도 13. 배사구조 15. 조산운동 17. 안압지 18. 후진국 20. 양택 22. 공업 분산 24. 지형성 강우 26. 고립국 이론

[세로]
1. 대동여지도 2. 단층 6. 서안 해양성 8. 시장 지향 10. 역도시화 11. 점이 지대 14.산업구조 16. 동안기후 19. 택리지 21. 양양 22. 공간 구조 23. 분지 25. 우각호 26. 고랭지 농업

Ⅲ. 생활 공간의 변화

◎ 생활 공간의 형성

집촌 集村, agglomerated settlement

集 모으다 집 村 마을 촌

많은 집들이 모인[集] 마을[村]

집촌은 많은 가옥이 한 곳에 밀집하여 이루어진 촌락으로, 대개 공동작업·관개용수의 이용관계·음료수·방어·씨족간의 공동생활 등의 원인으로 집촌을 이루게 됩니다.

집촌의 종류

괴촌 塊村

塊 덩어리 괴 村 마을 촌

덩어리처럼[塊] 무리를 이룬 마을[村]

괴촌은 가옥이 불규칙적으로 무질서하게 모여있는 집단 형태의 촌락을 말합니다. 괴촌은 지형·수리水利 등의 제약이 적은 평야에서 자연 발생된 취락에서 많이 볼 수 있으며, 집합의 형태나 경지 배치가 불규칙한 것이 특징입니다. 우리나라의 농촌은 대부분 이런 형태의 동족촌同族村이 많았으며, 협동 작업이 필요했기 때문에 괴촌을 많이 형성하였습니다.

가촌 街村

街 거리 가 村 마을 촌

길거리에[街] 이루어진 마을[村]

가촌은 지형적 제한이 크거나 교통로에 대한 의존도가 큰 지역에서 볼 수 있는 열촌列村의 일종으로, 특히 도로 의존도가 크며 가옥이 밀집하여 시가지에 가까운 상태의 취락 형태를 말합니다. 노촌이 기능상 농촌적인 성격이 강한 것에 비해, 가촌은 상업적 취락의 성격이 강합니다.

노촌 路村

路 길 로 村 마을 촌

길을[路] 따라 이루어진 마을[村]

가로街路를 따라 양쪽 또는 한쪽에 가옥이 늘어서 있는 마을을 노촌이라고 합니다. 가촌(街村)에 상대되는 것으로 비교적 가옥이 덜 밀집되어 있고, 생활 면에서도 도로 의존도가 그리 높지 않으며 주민의 생업生業이 주로 농업인 마을을 말합니다.

열촌 列村

列 벌이다 렬 村 마을 촌

줄 서듯이 들어선[列] 마을[村]

열촌은 자연 제방, 해안 단구 등의 지형 조건이나 제주도 해안지역의 **용천**湧泉, 선상지 **선단**扇斷 등의 용수用水 조건에 따라 가옥이 열을 지어 나타나는 촌락의 형태를 말합니다.

- **湧泉** 물이 솟아 나오는[湧] 샘[泉].
- **扇斷** 하천 상류의 부채꼴모양[扇]으로 퇴적된 지형에 가장 아래쪽의 끝부분[斷].

산촌 散村, dispersed settlement

散 흩어지다 산 村 마을 촌

집들이 여기저기 흩어져[散] 있는 마을[村]

산촌은 가옥이 한곳에 모여 있지 않고 한집씩 떨어져 있는 촌락을 말합니다. 산촌은 대체로 **구릉지**丘陵地나 산악지山岳地와 같이 경지가 드문드문 산재한 지역, 새로운 개척지, 인구가 희박하고 개별 경영이 행하여지는 지역 등에 형성됩니다. 우리나라의 산촌은 개마고원이나 태백산지 등의 산간지방, 태안반도 일대의 신 개척 지역, 제주·대구 부근의 과수지대, 서해안의 간척지역 등에 분포합니다. 대체로 산촌은 지형·수리水利와 농업경영 방식 및 민족성 등의 원인에 의해 형성됩니다.

- **丘陵地**[丘 언덕 구 陵 언덕 릉 地 땅 지] 높이 300m 미만의 완만한 경사면과 골짜기가 있는 지역.

근교촌 近郊村

近 가깝다 근 郊 성밖 교 村 마을 촌

도시 밖[郊] 가까이에[近] 있는 마을[村]

근교촌은 대도시 주변에서 채소, 화초, 과일, 낙농업 등을 공급할 목적으로 형성된 상업적 농촌을 말합니다. 대도시에 상품작물의 수요가 증가하면서 집약적으로 농·목축업을 경영하고, 또한 겸업의 비중이 높으며, 도시적 성격의 농촌을 말합니다.

산지촌 山地村

山 뫼 산 地 땅 지 村 마을 촌

산이[山] 많은 곳에[地] 이루어진 마을[村]

산지촌은 농업적 생산 기반이 취약하고 접근성이 낮은 산간지역에 입지하는 산촌散村입니다. 산지촌은 농업이나 임업·목축업 등을 겸하는 경우가 많습니다. 일반적으로 산지촌의 생활수단은 산의 비스듬한 면에서의 잡곡 재배나 임산물 채취입니다. 최근 교통이 발달하면서 도시로의 접근성이 양호해진 일부 산지촌에서는 기후조건을 이용한 고랭지 농업과 목축업, 완만한 경사지를 이용한 스키장 및 관광 휴양지 등이 발달하고 있습니다.

광산촌 鑛山村

鑛 쇳돌 광 山 뫼 산 村 마을 촌

광산에[鑛山] 있는 마을[村]

광산촌은 광산에 종사하는 사람들의 거주지로 이루어진 마을을 말합니다. 우리나라의 태백시가 대표적인 예입니다. 이런 마을은 일시적으로 많은 인구가 모였다가 흩어지는 경향이 있는데, 이 촌락을 Boom Town이라고 합니다. 광산촌의 쇠퇴 원인은 자원의 생산과 밀접한 관련이 있습니다.

산성 취락 山城 聚落

山 뫼 산 城 성 성 聚 모이다, 마을 취 落 떨어지다, 마을 락

산성에[山城] 모여[聚] 사는 마을[落]

산성취락은 산성을 중심으로 발달된 취락을 말합니다. 산성은 산꼭대기에서 계곡을 따라 성벽을 쌓은 것인데, 주로 돌로 쌓았고 절벽을 많이 이용합니다. 산성의 기능은 방어를 목적으로 하나, 방어기능이 소멸한 산성취락은 현재 남한산성처럼 관광지로서의 기능이 나타나기도 합니다.

사하촌 寺下村

寺 절 사 下 아래 하 村 마을 촌

절[寺] 아래에[下] 있는 마을[村]

사하촌은 절에 참배하러 오는 사람을 상대로 하는 상가 · 휴게소 · 여관 등이 모여 이루어진 촌락을 말합니다. 조선시대의 억불정책抑佛政策으로 절의 세력도 약화되었고, 따라서 사하촌도 쇠퇴했습니다. 현재 국립공원내의 절을 중심으로 신앙 · 관광 · 유람기능 등의 기능이 되살아나 지리산의 화엄사, 가야산의 해인사, 속리산의 법주사, 설악산의 신흥사, 양산의 통도사 등에 사하촌이 형성되어 있습니다.

도진 취락 渡津 聚落 ford settlement

渡 건너다, 나루 도 津 나루 진 聚 모이다, 마을 취 落 떨어지다, 마을 락

나루에[渡津] 형성된 마을[聚落]

도진 취락은 육로陸路와 수로水路가 교차하는 경우에 수로의 나루터를 중심으로 하여 발달하는 취락을 말합니다. 도진 취락에는 대부분 삼랑진 · 노량진 등의 진津, 마포 · 구포 · 제물포 등의 포浦, 벽란도 · 삼전도 등의 도渡와 같은 지명이 붙습니다.

역원 취락 驛院 聚落

驛 역참 역 院 집 원 聚 모이다, 마을 취 落 떨어지다, 마을 락

역원에[驛院] 의해 형성된 마을[聚落]

역원 취락은 주요 역로驛路를 따라서 분포하던 취락을 말합니다. 역은 공문서의 전달, 관리의 이동, 관물官物의 수송 등을 주로 담당했습니다. 원은 관리나 민간인 여행객에 숙박의 편의를 제공했습니다. 음식은 여행객이 직접 휴대한 곡식으로 만들어 먹어야 했습니다.

역삼동 · 역촌동은 예전에 역이 있었다는 뜻이고, 이태원 · 퇴계원 · 장호원 · 조치원 · 신례원 등엔 원이 있었다는 뜻입니다. 또한, 여행객이 늘어남에 따라 교통의 요지에는 대금을 받고 숙박을 제공하는 주막촌이 등장하게 되었습니다. 말죽거리 · 떡점거리(병점餠店) · 주막거리 · 삼거리(천안) 등의 지명은 이러한 주막촌과 관련이 있습니다.

하안 취락 河岸 聚落

河 물 하 岸 언덕 안 聚 모이다, 마을 취 落 떨어지다, 마을 락

하천[河] 언덕에[岸] 형성된 마을[聚落]

하안 취락은 강이 수운 교통로水運交通路로 이용될 때, 여객과 화물을 싣고 내리는 곳에 발달한 취락을 말합니다. 도로와 교차하는 강에 위치하는 나루터, 본류와 지류의 합류점, **소강종점**溯江終點 등에 발달하였으나, 육상 교통의 발달로 물을 통한 운송이 쇠퇴함에 따라 하안 취락도 쇠퇴하였습니다. 주요 하안 취락으로는 남한강의 가흥(충북 충주시), 금강의 부강(충북 청원군), 강경(충남의 논산군) 등을 들 수 있습니다.

○ 溯江終點 강을 거슬러 올라가면 있는 마지막 도착점.[溯 거슬러 올라가다 소]

영하 취락 嶺下 聚落

嶺 산 고개 령 下 아래 하 聚 모이다, 마을 취 落 떨어지다, 마을 락

고개 [嶺] 아래에[下] 형성된 마을[村落]

영하 취락은 교통량이 많은 고개의 양쪽 산록에 발달한 취락으로, 교통·생산·방위의 세 가지 기능을 담당하고 있습니다. 태백산맥의 철령, 대간령, 대관령, 소백산맥의 죽령, 조령(새재), 육십령, 팔량치, 낭림 산맥의 황초령, 부전령, 금패령 등의 양측 경사면에는 주막, 음식점과 안내인이 거주하는 영하취락이 발달하였습니다.

진촌 鎭村

鎭 진압하다, 전략상 중요한 곳 진 村 마을 촌

전략상의 중요한[鎭] 마을[村]

진촌은 군사상의 목적인 방어를 위한 촌락을 말합니다. 신라시대에는 북진北鎭·청해진靑海鎭(완도)·당성진唐城鎭(남양)·혈구진穴口鎭(강화) 등이 있고, 고려 시대에는 북쪽의 국경 지대에 집중적으로 설치되었습니다. 조선 세종 때에는 두만강·압록강 유역의 4군郡6진鎭을 설치하여 적극적인 북방정책을 취하였습니다. 오늘날 대부분의 진촌은 방어 기능을 잃어 지명에서 사라졌으나, 두만강·압록강 연안의 국경 취락에 아직도 진鎭이 붙은 취락이 많습니다. 진鎭이 들어간 지명은 혜산진·신갈파진·중강진·만포진 등이 그 예입니다. 또한 경상남도 진해시鎭海市가 있는데, 이

곳은 현재 한국 해군의 근거지인 군항도시軍港都市이며 벚꽃놀이 등 관광 · 휴양도시로도 잘 알려져 있습니다.

동족촌 同族村

同 같다 동 族 겨레 족 村 마을 촌

같은[同] 혈통의 친족끼리[族] 사는 마을[村]

동족촌은 동성동본同姓同本의 씨족氏族들이 한 지역에 모여 상부상조하면서 생활을 영위해 가는 촌락을 말합니다. 동족촌은 삼국시대부터 형성되어 조선시대의 봉건사회에서 더욱 발달하였습니다. 농업 사회에서의 경제적 상호협동, 문벌 중시사상, 유교의 영향으로 인한 선조의 묘지수호와 제사의 존중 등에 힘입어 크게 발달했습니다. 그래서 동족촌은 일반 촌락보다 단결심이 강하고 규모가 크며, **종가**宗家를 중심으로 그 주위에 밀집되어 있습니다. 동족촌은 20세기 초까지만 하더라도 약1,700여 개에 달했으나, 자본주의 경제발달, 도시부근과 교통이 편리한 곳에 이성異姓의 입주, 농촌 인구의 감소 및 도시로의 이주 등에 의해 그 촌락의 기능이 약화되고 거의 해체되었습니다.

◉ **宗家** 성과 본관이 같은 가까운 한 집안에 장손으로만[宗] 이어 온 큰집[家].

너와집 너瓦집

瓦 기와 와

나무판자[너] 기와[瓦] 지붕으로 지은 집

지붕의 재료를 사용함에 있어 나무가 많은 산간 지방에서는 지붕을 이는데 기와나 돌 대신 보통 너와라는 판자 쪽을 사용합니다. 이렇게 너와로 지붕을 이은 집을 너와집이라 합니다. 너와는 꼭 판자 쪽 만이 아니고 굴피 나무와 같이 두꺼운 나무껍질을 반듯하게 자른 것도 있습니다. 대개 강풍에 날아가지 않게 넓적한 돌로 그 위를 눌러 놓습니다. 개마 고원 및 그 주변 산간 지방, 태백산맥, 소백산맥, 울릉도 등에 분포하여 있으며, 최근 강원도 지역의 너와집은 화전 정리 사업(1970-1974년)으로 거의 사라지고, 현재는 삼척시 도계읍 신리 마을의 민속 보전 지구에만 남아 있습니다.

◎ 도시

관문 도시 關門 都市, gateway city

關 빗장, 관문 관 門 문 문 都 도읍 도 市 시장 시

관문[關門] 역할을 하는 도시[都市]

'關門'은 '국경을 통과할 때 지나야 하는 문'이란 뜻입니다. 관문 도시란 국경이나 적을 방어하기에 좋은 도시를 말합니다. 보통 초기의 도시는 관문 도시처럼 외부와 연결이 좋은 곳에 자리 잡는 경향이 있습니다.

약령시 藥令市

藥 약 약 令 명령, 시장 령 市 시장 시

약을[藥] 거래하는[令] 시장[市]

약령시는 조선 효종 때부터 한약재를 거래하던 시장입니다. 봄과 가을에 개장되었는데, 대구와 의주의 약령시가 유명합니다. 약령시는 그 도道의 감사가 관리하였는데, 처음 시장이 열리면 우선 청나라에 바칠 **조공**朝貢용과 **관수**官需용을 사들이고 난 다음에, 일반의 거래가 시작되었습니다. 현재도 대구에는 약재 점포가 많이 남아 있습니다.

◑ **朝貢** 작은 나라가 큰 나라에 물건을 바치던 일.
◑ **官需** 관청의 수요.

이심 현상 離心 現象

離 떠나다 리 心 마음, 중심 심 現 나타나다 현 象 코끼리, 모양 상

중심에서[心] 벗어나는[離] 현상[現象]

이심 현상은 집심 현상集心現象의 반대현상으로 도시의 시설물이나 인간 활동이 중심 지점에서 덜 복잡한 도시의 외부지역으로 분산되는 현상을 말합니다. 이심성離心性은 도시기능 상 접근성과 지대地代(토지를 사용하고 내는 임대료)가 낮은 외곽에 입지하려는 경향을 말하는 것으로, 분산적 도시화를 가져옵니다. 그 결과, 도시의 기능 중 주택, 학교, 공장 등은 도시 외곽으로 이동하게 되었습니다.

집심 현상 集心 現象

集 모이다 집 心 마음, 중심 심 現 나타나다 현 象 코끼리, 모양 상

중심으로[心] 모이는[集] 현상[現象]

집심 현상은 도시 기능 상 접근성과 지대地代(토지를 사용하고 내는 임대료)가 높은 도심 지역에 입지하려는 현상을 말합니다. 도심 지역에는 관공서, 전문 상가, 은행, 회사 등의 기능이 집적集積하면서 건물의 고층화가 나타나며, 교통의 체증과 지가地價 상승에 따라 주거 지역의 교외화로 도심 인구의 감소(인구의 공동화 현상)가 나타납니다.

도시의 평면 형태(가로망에 따른 분류)

미로형 迷路型

迷 헤매다 미 路 길 로 型 본보기 형

헤매는[迷] 길의[路] 형태[型]

미로형은 자연 발생적이고 역사가 오래된 도시에서 발달한 불규칙적인 도시의 형태를 말합니다. 조선시대에 형성된 서울의 도심 지역이 미로형이지만, 현재는 도시 재개발로 도로의 형태가 직교형으로 변하고 있습니다.

방사형 放射型

放 놓다, 널리 펴다 방 射 쏘다 사 型 본보기 형

널리[放] 퍼져나가는[射] 형태[型]

방사형은 각 도로가 원형이나 **환상環狀**으로 나타나는 도시의 형태를 말합니다. 방사형의 도시 형태는 도심 지역으로 접근하기가 쉽고 도시 경관이 아름답지만, 도심 지역의 과밀화와 교통 체증을 발생할 수 있습니다. 우리나라에는 진해, 의정부 등의 도시처럼 방어 기능을 가진 군사도시가 이에 해당합니다.

❍ **環狀** 고리처럼 둥글게 생긴 형상.

직교형 直交型

直 곧다 직 交 사귀다 교 型 본보기 형

곧게[直] 엇갈리는[交] 형태[型]

직교형은 각 도로가 직교하는 도시의 형태를 말합니다. 직교형의 도시는 중국의 고대도시(베이징)와 현대의 계획도시(뉴욕 · 시카고)에서 볼 수 있습니다. 우리나라에서는 일제 강점기 때, 지방의 철도교통 발달로 신의주, 대전, 익산, 군산 등의 직교형의 도시가 형성되었고, 서울은 1970년대, 강남지역에 지역 개발로 직교형의 도로망이 나타났습니다.

직교 방사형 直交 放射型

直 곧다 직 交 사귀다 교 放 놓다, 널리 펴다 방 射 쏘다 사 型 본보기 형
곧게[直] 엇갈리면서도[交] 널리[放] 퍼져나가는[射] 형태[型]

　직교 방사형은 직교형과 방사형이 결합된 가로망을 가진 도시의 평면형태를 말합니다. 우리나라의 계획도시인 안산, 창원 등이 이에 해당합니다. 직교의 가로망이 있는 지역은 주로 공단을 조성하고, 방사 구조의 지역은 주거 지역이 형성됩니다.

도시의 내부 구조 이론

다핵심 구조론 多核心 構造論, Multiple nuclei Theory

多 많다 다 核 씨, 중심 핵 心 마음, 중심 심 構 얽다 구 造 만들다 조 論 말하다 론
여러 개의[多] 핵심으로[核心] 도시가 만들어진다는[構造] 이론[論]

　다핵심 구조론은 울만(E. L. Ullman)과 해리스(C. D.Harriss)가 말한 것으로, 도시의 다양한 기능 지역이 서로 다른 중심지나 핵으로부터 발전한다는 이론(1945년 발표)입니다. 다핵심 구조론은 몇 개의 핵심을 중심으로 도시가 형성된다고 하는 점이 특색입니다. 이들은, 현대도시들은 모든 기능이 하나의 중심 핵에 집중할 수 없으며, 실제로 도시 기능을 분리시키고 핵심 지역을 분화시키는 4가지 요인(특정 입지를 필요로 하는 특정 산업, 유사 업종 간의 집중성, 다른 업종간의 분리성, 업종별 지대의 지불 능력 차이)에 의하여 도시 내부 구조가 다핵화된다고 보았습니다.

동심원 구조론 同心圓 構造論, Concentric zone structure Theory

同 같다 동 心 마음, 중심 심 圓 둥글다 원 構 얽다 구 造 만들다 조 論 말하다 론
중심이[心] 같은[同] 둘 이상의 원으로[圓] 도시가 만들어진다는[構造] 이론[論]

　동심원 구조론은 버제스(E. W. Burgess)가 말한 것으로, 도시가 확대되는 과정에서 도심 지역의 주민이 사회·경제적 지위를 향상시키면서 기동력을 얻어 외곽으로 이주함으로써 동심원적 구조가 형성된다는 이론입니다. 버제스는 도시 내부의 사회 계층 분화에 따라 5개의 동심원상으로 공간구조가 확대된다고 설명하였습니다. 제1지대는 중심 업무 지구(CBD)이고, 제2지대는 중심 업무 지구에서 이전된 업무 시설이나 공업 시설이 주거지와 혼재되어 나타나는 점이漸移 지역이며, 또한 슬럼(Slum)이 형성되는 지역입니다. 제3지대는 노동자 지대, 제4지대는 중산층 지대, 제5지대는 통근자 지대로 형성된다고 보았습니다. 각 지대의 거주자들은 주거 환경이 더욱 좋은 지대로 이주하려는 경향을 가지며, 그로 인해 동심원의 형태로 도시 내부 구조가 확대됩니다.

선형 구조론 扇形 構造論, Sector Theory

扇 부채 선 形 모양 형 構 얽다 구 造 만들다 조 論 말하다 론

도시의 내부 구조가 부채[扇] 꼴로[形] 만들어진다는[構造] 이론[論]

선형 구조론은 호이트(H. Hoyt)가 말한 것으로, 1939년 미국의 142개 도시를 대상으로 집세(Rent)의 분포를 분석하여, 고급·중급·저급 주택지가 도심都心을 중심으로 방사상의 주요 교통로를 따라 선형으로 분포하고 있다고 주장하였습니다. 즉, 기능 지역의 배치에 있어서, 교통로의 방향을 따라서 일정한 방향으로 유사한 토지 이용이 선형으로 간다는 이론입니다. 그는 도심으로부터 교통축을 따라 접근성이 달라지며, 그 결과 지가地價가 달라지고, 그로 인해 주택 지대地代는 지가(임대료)가 비슷한 교통축을 따라 선형으로 나타난다고 주장하였습니다.

◎ 인구

이촌 향도 離村 向都

離 떠나다 리 村 마을 촌 向 향하다 향 都 도읍 도

농·어촌의 마을을[村] 떠나[離] 도시로[都] 향함[向]

이촌 향도는 산업화와 도시화로 농촌 인구가 도시 지역으로 이동하는 현상을 말합니다. 이촌 향도 현상이 가속화되면 인구의 도시집중 현상이 일어납니다. 1960년대 이후, 우리나라는 공업화·도시화로 농촌인구가 대거 대도시와 공업도시로 이동하였습니다. 이런 인구 이동에는 배출 요인과 흡인 요인이 있습니다. 농촌의 배출 요인으로는 토지 제도에 의한 빈농, 농업의 기계화에 의한 필요 노동력의 감소, 산업간의 소득격차 심화, 농업의 저소득 등이 원인이 되었고, 도시의 흡인 요인으로는 도시의 높은 소득과 생활 수준 향상, 고용기회의 확대, 교육기회의 증대 등이 원인이 되었습니다.

인구 공동화 현상 人口 空洞化 現象, doughnut 현상

人 사람 인 口 입 구 空 비다 공 洞 골, 비다 동 化 되다 화 現 나타나다 현 象 코끼리, 모양 상

도심 지역의 사람이[人口] 비는[空洞化] 현상[現象]

대도시의 중심부(CBD)는 상업·사무·행정 등의 업무기능이 모여 있어 지가를 상승시키는 요인이 작용하게 됨에 따라, 높은 지대를 지불할 능력이 없는 일반주택은 도시외곽으로 이전하게 됩니다. 이로 인하여 도시의

중심부(CBD)에서는 주간 인구에 비해 야간인구는 감소하게 되었는데, 이러한 현상을 인구 공동화 현상이라고 합니다.

인구 부양력 人口 浮揚力, population buoyancy

人 사람 인 口 입 구 浮 뜨다 부 揚 오르다, 쳐들다 양 力 힘 력

사람 수를[人口] 떠[浮] 받칠[揚] 수 있는 힘[力]

인구 부양력은 어느 지역에 얼마만큼의 인구를 수용할 능력을 가지고 있는가를 나타낸 것입니다. 어느 지역의 인구수가 인구 지지력支持力보다 많게 되면, 과잉인구로 인하여 인구압人口壓을 느끼게 됩니다. 인구 부양력은 지역의 기술진보, 소비 패턴, 가치 구조 등에 따라 다르게 나타나기 때문에 인구압은 상대적인 의미를 갖습니다. 인구 지지력人口支持力이라고도 합니다.

Ⅳ. 경제 활동의 지역 구조

◎ 농·임·수산업

관개 灌漑

灌 물대다 관 漑 물대다 개

논밭을 경작하는 데 필요한 물을 끌어댐[灌漑]

관개는 농산물 생육의 안전과 농업 경영의 합리화를 위하여 조직적으로 경지에 물을 공급하는 것을 말합니다.

근교 농업 近郊 農業

近 가깝다 근 郊 교외 교 農 농사 농 業 일 업

도시 밖[郊] 가까운[近] 곳의 농업[農業]

근교 농업은 대도시 주변에서 채소·화초·과수 등을 집약적으로 재배하거나 양계養鷄·양돈養豚·낙농酪農 등의 상품 생산을 목적으로 하는 상업적 농업을 말합니다. 요즘에는 비닐하우스, 온실 등에서 출하 시기를 조절하는 촉성促成 재배 또는 억제 재배가 널리 행해집니다. 보통 경지 이용률이 높아서 5모작·6모작毛作이 이루어지고 있으며, 서울을 비롯한 대도시 주변 지역에서 이루어지고 있습니다.

원교 농업 遠郊 農業

遠 멀다 원 郊 교외 교 農 농사 농 業 일 업

도시 밖[郊] 먼[遠] 곳의 농업[農業]

원교 농업은 근교 농업의 상대어로, 대도시에서 멀리 떨어진 곳의 기후 조건과 교통을 적절하게 이용하여 채소·과일·화초 등을 재배하는 농업을 말합니다. 최근에는 겨울철 김장용 채소 재배 산지로 김해, 진주 등의 남해안 지역과 귤 산지의 제주 지역, 여름철 채소 재배 산지로 대관령을 비롯한 태백산 고랭지 지역 등으로 확산되고 있습니다.

고랭지 농업 高冷地 農業

高 높다 고 冷 차다 랭 地 땅 지 農 농사 농 業 일 업

위치는 높고[高] 온도는 낮은[冷] 곳의[地] 농업[農業]

　　고랭지 농업은 기온이 낮은 고지대에서 행해지는 농업으로, 600 ～ 1,000 m의 고지대에서 이루어집니다. 고랭지는 일반적으로 기온이 낮고 적설 시간이 길지만 일조시간이 길기 때문에 재배법을 개선하고 품종을 개량하면 유리한 원교 농업의 형태를 이룰 수 있습니다. 고랭지 농업에 알맞은 작물로는 감자, 옥수수, 메밀, 양파 등을 들 수 있으며, 우리나라의 대관령에는 홉(hop), 배추, 여름 무 등의 작물이 재배되고 있습니다.

이모작 二毛作, double crop

二 둘 이 毛 털, 식물 모 作 짓다 작

곡식을[毛] 일년에 두 번[二] 경작함[作]

　　이모작은 한 경지에서 농작물을 수확한 후 다른 농작물을 계속하여 경작하는 농경형태를 말합니다. 그루갈이라고도 말합니다. 우리나라의 중부이남 지역에서 가을에 벼를 수확한 후, 늦가을에 밀 · 보리류 및 채소 등을 심어서 이듬해 늦봄 · 초여름에 수확하는 것도 그루갈이의 좋은 예입니다. 이모작은 땅의 비옥한 정도가 약화되고 농가가 매우 바쁜 것이 특징이며, 단작單作에 비교하여 토지의 이용률이 높기 때문에 경지가 적은 땅에서 유리합니다. 그러나 지형과 입지 조건에 따라 이모작을 실시할 수 없는 지방이 있습니다. 또 동일한 경작지에 있어서 동同 일년 一年 중에 세 번 재배할 수 있는 삼모작三毛作이 있는데, 이는 기후가 대단히 온난한 곳이 아니면 불가능합니다.

윤작 輪作, rotation of crop

輪 돌다 륜 作 짓다 작

번갈아[輪] 짓는[作] 것

　　윤작은 한 경지에서 성장시기가 다른 작물을 일정한 순서에 따라 규칙적으로 반복해 돌려짓는 것을 말합니다. 돌려짓기의 대표적인 방법은 2년3작법입니다. 돌려짓기의 효과로는 노동분배, 지력地力 유지, 사료의 자급 등을 들 수 있고 주로 평안남도 · 황해도 · 함경남도 등지에서 실시하고 있습니다.

양잠업 養蠶業

養 기르다 양 蠶 누에 잠 業 일 업

누에를[蠶] 기르는[養] 일[業]

양잠업은 뽕나무를 재배하여 누에를 치고, 고치를 생산하는 일입니다. 양잠업은 뽕나무를 재배할 수 있는 기후조건과 누에가 자라기에 적당한 18 ~ 25℃의 온도와 65% 내외의 습도를 필요로 합니다. 또한 누에를 치는 데는 많은 노동력이 필요합니다. 양잠은 농촌 부녀자들의 부업으로 소백 · 태백 · 차령산맥 등의 산록지대 및 각 하천 중 · 상류의 경사지에서 널리 행해져 왔습니다. 특히 1960년대 후반부터 1970년대 중반까지는 수출산업으로서 양잠업이 활기를 띠면서, 농가 소득의 증대에 크게 기여하였습니다. 특히 산간 내륙 지방인 예천, 상주, 거창, 함양 등지가 중심이 되었습니다. 그러나 현재는 노동력의 감소와 값싼 중국산에 밀려 생사 생산량이 급격히 감소되었고, 제사 공장의 가동률 역시 1970년대에 비하여 1/3이하로 낮아져 국내 수요에도 미치지 못하고 있습니다.

특용 작물 特用 作物

特 특별하다 특 用 쓰다 용 作 짓다 작 物 사물 물

특별한[特] 용도로[用] 이용되는 농작물[作物]

특용 작물은 식용食用 이외의 특별한 용도에 이용할 목적으로 재배하는 작물을 말합니다. 우리나라에서 재배되는 특용 작물은 목화 · 삼 · 저마 등의 섬유 작물과 인삼 등의 약용 작물, 담배 · 차 등의 **기호 작물**嗜好作物과 깨 · 유채 등의 **유지 작물**油脂作物 등이 있습니다. 특용 작물의 예로는 인삼, 정부의 전매專賣물로 재배되는 담배, 1960년대 후반부터 1970년대 중반까지 농촌의 소득 증대에 기여했던 양잠, 고온 다습한 기후에서 전통적으로 재배되어왔던 차, 전통 섬유작물인 모시, 고랭지 작물인 홉(hop) 등이 있습니다.

❍ **嗜好作物** 입에 즐거움을 주고 식욕을 좋아지게 하는 작물.

❍ **油脂作物** 기름을 짜기 위하여 심는 작물.

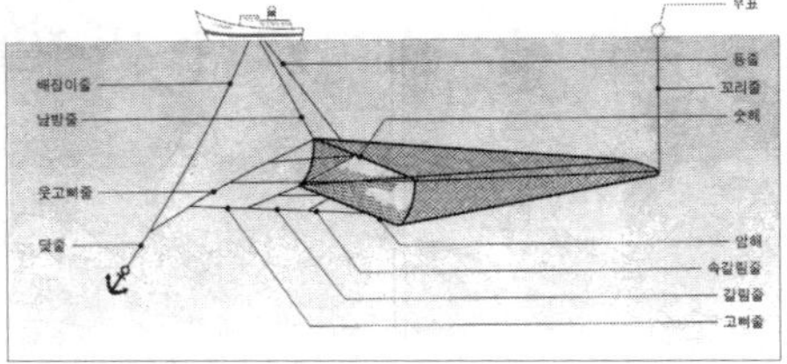

내수면 어업 內水面 漁業, inland fisihery

內 안 내 水 물 수 面 얼굴, 지면 면 漁 고기 잡다 어 業 일 업

바다를 제외한 나라 안[內] 물[水] 지역에서의[面] 어업[漁業]

내수면 어업이란 내륙에 있는 하천·호소湖沼·습지 등에서 행하여지는 어업의 총칭으로, 해면어업海面漁業에 대하여 쓰는 용어입니다.

내수면 어업은 대부분 담수어淡水魚를 어획하는 수산업으로, 하천 어업河川漁業·호소어업 등의 종류가 있습니다. 최근 우리나라에서는 정부의 적극적인 지원으로 잉어·뱀장어·연어 등의 양식이 점차 활기를 띠고 있습니다.

연해 어업 沿海 漁業

沿 따르다 연 海 바다 해 漁 고기 잡다 어 業 일 업

육지에 가까운[沿] 바다에서의[海] 어업[漁業]

연해 어업은 해안에 인접한 해역에서 행하여지는 어업을 말합니다. 연해 어업의 범위는 영세 어민의 가족적 경영, 공동경영으로 보통 하루에 귀항할 수 있는 범위로 해역을 정하고 있습니다. 연해 어업은 적은 자본과 노력으로 할 수 있으며, 주로 **정치망**定置網 어업·양식養殖 어업·해조海藻 채취어업 등이 이에 속합니다.

❍ **定置網** 일정한 위치에 그물을 고정시켜 놓고 고기떼가 지나다가 걸리도록 되어 있는 그물.

안강망 어업 鮟鱇網 漁業

鮟 아귀 안 鱇 아귀 강 網 그물 망 漁 고기 잡다 어 業 일 업

아귀[鮟鱇] 잡는 그물을[網] 쓰는 어업[漁業]

안강망 어업은 아귀를 잡는 데 쓰는, 눈이 굵은 그물로 고기를 잡는 일을 말합니다.

원양 어업 遠洋 漁業 deep sea fishery

遠 멀다 원 洋 큰바다 양 漁 고기 잡다 어 業 일 업

먼[遠] 바다에서의[洋] 어업[漁業]

　원양 어업은 고향을 떠나 멀리 대양에서 고기를 잡는 일을 말합니다. 우리나라에서는 1957년 인도양의 시험 조업에서 시작하여 현재 태평양과 베링 해, 대서양, 인도양, 카리브 해, 남극해 등으로 진출하여 외화 획득과 국위 선양에 기여하고 있습니다. 최근 국제 해양법 조약에 따라, 각 국이 200 해리 경제 수역을 선포하여 어장 확보에 어려움을 겪고 있습니다.

양식업 養殖業

養 기르다 양 殖 번성하다 식 業 일 업

길러서[養] 번성시키는[殖] 일[業]

　양식업은 바다를 농경지와 같이 이용하여 어패류를 기르는 어업입니다. 이는 잡는 어업에서 기르는 어업으로의 전환을 의미하며, 수산업의 근대화를 이룩하는데 중요한 역할을 하였습니다. 최근 수산업에서 많은 비중을 차지하며, **해조류**海藻類와 고급 어종의 양식을 많이 하고 있습니다.

❍ **海藻類**[藻 수초水草 조] 바다에서 나는 식물의 총칭으로 해초海草의 바닷말.

파시 波市

波 물결 파 市 시장 시

바다에서[波] 열리는 시장[市]

　파시는 성어기盛魚期에 어획물을 해상에서 직접 판매하는 어시장을 말합니다. 초여름에 흑산도 · 위도 · 연평도에 조기 파시가 유명합니다. 파시가 열리게 되면, 어부, 상인, 관계 공무원들이 모두 배를 타고 모이는데, 이러한 파시의 풍경을 파시풍波市風이라고 부릅니다. 최근 흑산도의 조기 파시는 점차 쇠퇴되어 가고 있는데, 그 원인은 어족魚族의 감소, 어망漁網의 사고 등에 의한 것으로 분석되고 있습니다.

어업 전진 기지 漁業 前進 基地

漁 고기 잡다 어 業 일 업 前 앞 전 進 나아가다 진 基 터 기 地 땅 지

어업을[漁業] 더 멀리 나가서[前進] 할 수 있는 기반이[基] 되는 곳[地]

　어업 전진 기지는 어민들이 육지로부터 더 멀리 나아가 어업을 할 수 있도록 도움을 주는 장소를 말합니다. 우리나라 섬들은 대부분이 물을 구하기 어렵고, 평지가 좁기 때문에 인간생활에 부적합한 곳이 많아 전체 도서의 75% 정도가 무인도입니다. 그러나 이들 도서의 일부는 어업전진기지로 이용됨으로써, 우리나라 어민들의 생활영역을 넓혀주고 있습니다.

어업 전관 수역 漁業專管水域, fishing zone

漁 고기 잡다 어 業 일 업 專 오로지, 홀로 전 管 피리, 맡다 관 水 물 수 域 지경 역

어업을[漁業] 오로지[專] 관리할 수 있는[管] 물의[水] 경계[域]

　어업 전관 수역은 어업권이 인정되는 연안국沿岸國의 수역水域으로, 해양법 국제회의에서 가장 논의가 많았던 영해領海의 폭에 관련하여 나온 문제입니다. 대체적으로 12해리가 인정되고 있으며, 한일 어업 협정에서도 12해리로 정하고 있습니다.

천일 제염 天日 製鹽

天 하늘 천 日 날, 해 일 製 만들다 제 鹽 소금 염

하늘의[天] 해를[日] 이용해 소금을[鹽] 만듦[製]

　천일 제염은 오직 햇빛과 바람에 의하여 바닷물을 증발시켜 소금을 수확하는 방법을 말합니다. 천일 제염은 조차潮差가 큰 얕은 바다라는 지형적 조건을 갖추어야 하며, 기온이 높고 공기가 건조하며, 비가 적은 것 등의 기후조건도 필요하므로, 대체로 습기가 많은 지역에서는 불가능합니다. 천일 제염의 작업장은 ①바닷물을 끌어넣어 저장하는 저수지 ②바닷물을 증발·농축시키는 증발지 ③짙어진 소금물로부터 식염을 결정結晶시키는 결정지의 3개소로 나누어져 있습니다. 각각의 시설을 통과하는 사이에 바닷물이 좋아들면서 소금의 결정을 이루게 됩니다. 우리나라·중국·이집트·이탈리아·스페인·포르투갈·프랑스·미국 등지에서 주로 행하여집니다.

◎ 에너지 자원과 지하 자원

개발 도상국 開發 途上國

開 열다 개 發 피다 발 途 길 도 上 위 상 國 나라 국

개발되어[開發] 가는 길[途] 위에[上] 있는 나라[國]

　개발 도상국은 생산 기술이나 지식 및 제도가 선진국에 비하여 뒤떨어져 있으며, 선진국의 상태를 뒤따라서 발전해 가고 있는 나라를 말합니다.
　개발 도상국은 산업구조가 1차 산업에 편중되어 있는 국가(J.Viner), 1인당 국민 소득이 100달러 미만인 국가(B.Higgins)등으로 정의하기도 합니다. 라이벤시타인(H.Leibenstein)은 개발 도상국가의 경제적 특성을 ① 농업 부문의 과잉인구(총 인구의 70~90%) ②일반 대중의 실질적인 무 저축 ③가용자본加用資本의 희소, 즉 저소득 ④식량 등 생활 필수품에 대한 지출의 과중 ⑤원료 생산품의 수출국 등으로 열거하고 있습니다. 주로 아시아 · 아프리카 · 라틴아메리카 대부분의 국가가 이에 해당됩니다.

가채 년수 可採 年數

可 옳다, ~할 수 있다 가 採 캐다 채 年 해 년 數 셈 수

채굴[採] 가능한[可] 기간[年數]

　광물의 매장량에는 추정 매장량, 확인 매장량, 가채 매장량이 있는데, 가채 매장량(확인 매장량의 80%정도)을 현재의 산출 수준으로 채굴할 경우 소요되는 년수年數를 가채 년수라 말합니다. 주요 자원의 가채 년수를 보면, 석회석은 3182년, 텅스텐은 75년, 구리는 66년, 석탄은 30년입니다.

조력 발전 潮力 發電, tidal power generation

潮 조수 조 力 힘 력 發 피다 발 電 번개, 전기 전

조수의[潮] 힘을[力] 이용하여 전기를[電] 일으킴[發]

　조력 발전은 조석간만潮汐干滿의 차이를 이용하여 행하는 발전 양식을 말합니다. 조력 발전의 발전 형태는 만灣이나 강 어구를 이용하여 해수의 저수지를 만들고, 간조나 만조 때 저수지에 출입하는 물로 발전發電합니다. 우리나라의 아산만, 천수만은 조석간만의 차가 가장 커 좋은 입지조건을 가지고 있으나, 막대한 건설비용 때문에 발전 사업이 실행되지 못하고 있습니다.

수력의 발전 양식

수로식 발전 水路式 發電

水 물 수 路 길 로 式 법 식 發 피다 발 電 번개, 전기 전
물길을[水路] 이용한 방식의[式] 발전[發電]

수로식 발전은 수력 발전의 한 양식으로, 낙차를 크게 얻기 위해 댐의 물을 수로를 통해 하류로 유도하여 발전하는 방식입니다. 곡류曲流하는 지점에 저수지를 만들고, **취수구取水口**에서 발전소로 물을 끌어 수압관을 통하여 물을 낙하시켜서 발전하는 것으로 비교적 장거리의 수로를 사용합니다.

❍ **取水口** 강이나 저수지 따위에 물을[水] 끌어들이기[取] 위한 구멍[口].

양수식 발전 揚水式 發電

揚 오르다, 끌다 양 水 물 수 式 법 식 發 일으키다 발 電 번개, 전기 전
물을[水] 끌어올리는[揚] 방식의[式] 발전[發電]

양수식 발전은 낮에 발전에 이용한 물을 하부의 보조 댐에 저장하였다가 야간에 잉여전력을 이용하여 다시 상부의 본 댐에 끌어올림으로써, 전력소모가 많은 피크타임(peak time)에 발전량을 증대시키는 발전양식입니다. 우리나라에는 안동 댐, 청평 댐, 삼랑진 댐, 무주 댐 등에 양수식 발전소가 건설되었습니다.

유역 변경식 발전 流域 變更式 發電

流 흐르다 류 域 지경 역 變 변하다 변 更 고치다 경 式 법 식 發 일으키다 발 電 번개, 전기 전
물이 흐르는[流] 경계를[域] 바꾸는[變更] 방식의[式] 발전[發電]

유역 변경식 발전은 하천의 유로流路를 막아 큰 낙차를 얻을 수 있는 곳으로 유로를 변경시켜 발전하는 양식입니다. 우리나라에는 경동지형傾動地形에 해당하는 태백산맥의 강릉 댐, 함경산맥의 부전강 댐 · 장진강 댐 · 허천강 댐 등에 있습니다. 강수량이 적은 개마고원 지방에 1929년 말 부전강 발전소가 최초의 유역 변경식 발전소로 완성됨으로써 우리나라 동력자원에 큰 변혁을 가져왔다.

저낙차식 발전 低落差式 發電

低 낮다 저 落 떨어지다 락 差 어긋나다 차 式 법 식 發 피다 발 電 번개, 전기 전
낮은[低] 낙차를[落差] 이용한 방식의[式] 발전[發電]

저낙차식 발전은 지형의 낙차가 작은 댐으로, 낙차가 작아 수력 터빈의 회전이 어려울 때 발전기를 댐 아래에 설치하고 유량의 압력에 의해 발전하는 양식을 말합니다. 우리나라에는 팔당댐이 있습니다.

탄전 炭田, coal field

炭 숯 탄 田 밭 전

석탄이[炭] 묻혀 있는 땅[田]

　탄전은 지표地表 또는 지표에 가까운 곳에 석탄층石炭層이 있는 지대를 말합니다. 우리나라의 탄전은 지질적으로 고생대의 페름기와 중생대의 트라이아스기에 걸쳐 퇴적된 평안계平安系 지층에서 주로 산출되며, 강동·사동 중심의 평남 남부 탄전, 개천 중심의 평남 북부 탄전, 삼척·영월·정선 중심의 태백 탄전 등이 무연탄 탄전으로 알려져 있습니다.

◎ 공업

입지 인자 立地 因子, locational factor

立 서다 립 地 땅 지 因 원인 인 子 아들, 씨 자

땅을[地] 정하는[立] 데에 요인이[因] 되는 것[子]

　공업의 생산비 중 수송비나 노동비, 집적이익처럼 입지의 결정에 직접 작용하는 것을 입지 인자라고 합니다. 베버(A.Weber)의 공업 입지론에서, 입지 인자는 각종 생산비중에서 운송비와 노동비를 공업의 일반적 인자로 집적과 분산을 국지적局地的 인자로 규정하고, 이들 입지 인자 중에서 운송비가 가장 중요하다고 하였습니다.

집적 이익 集積 利益

集 모이다 집 積 쌓다 적 利 이롭다 리 益 더하다 익

모으고[集] 쌓는 데서[積] 생기는 이익[利益]

　'集積'이란 특정 장소에 집중하는 현상을 말합니다. 공업에서도 동일 업종이나 관련 업종이 한 장소에 모이는 경우가 많습니다. 같은 종류 또는 여러 종류가 같은 장소에 모이면 사회 간접 자본의 이용·원료의 공동 구입·제품의 판매·기술 정보의 교류, 노동력 확보 등에 있어서 유리한 경우가 많습니다. 이와 같이 집적으로 인하여 발생하는 이익을 집적 이익이라 합니다.

재래 공업 在來 工業

在 있다 재 來 오다 래 工 장인 공 業 일 업

그 전부터 있었고[在] 지금까지 전해오는[來] 공업[工業]

재래 공업은 옛날부터 해 오던 원시적인 공업을 말합니다. 경영 규모가 영세하여 산업 혁명 후 점차 쇠퇴되고 있습니다. 전통 공업이라고도 부릅니다. 우리나라에서는 모시·삼베 등을 짜는 섬유 공업 및 도자기·칠기·화문석·죽제품 등의 공예품으로 이루어지는 경우가 많습니다.

첨단 산업 尖端 産業

尖 뾰족하다 첨 端 끝 단 産 낳다 산 業 일 업

가장 앞선[尖端] 산업[産業]

'尖端' 첨단은 '사물의 뾰족한[尖] 끝[端]' 이란 뜻입니다. 첨단 산업은 부가가치가 높은 기술 집약 공업을 말합니다. 첨단 산업의 입지는 전문 인력 기술이 집중되어 있고 쾌적한 작업 환경을 가지고 있습니다. 주요 산업은 전자, 반도체, 컴퓨터, 생명 공학 등입니다.

임해 공업 臨海 工業, coastal industry

臨 임하다 림 海 바다 해 工 장인 공 業 일 업

바다에[海] 임한[臨] 곳에서 이루어지는 공업[工業]

임해 공업은 해안선에 형성된 공업을 말합니다. 이 공업은 대량의 원료를 필요로 하는 제철·정유·제분·제당 등의 장치산업에 유리하고 특히 외국에 원료를 의존하는 공업에서 잘 발달됩니다. 임해공업은 운송비의 절감과 원료수입의 유리함 때문에 대규모의 공업 단지로 이루어져 있습니다. 문제점은 대기오염 및 해수오염, 소음 등 공해를 발생하는 경우가 많다는 것입니다. 1960년대 이후, 우리나라는 울산·포항·진해·마산·여수 등지의 남동 임해 공업지역을 건설하여 제품 생산비의 절감을 가져왔고, 국가 경제 발전에 많은 정책적 이점利點을 주었습니다.

수송 적환지 輸送 積換地

輸 나르다 수 送 보내다 송 積 쌓다 적 換 바꾸다 환 地 땅 지

수송할 때에[輸送] 물건을 쌓아두었다가[積] 수송수단을 바꾸는[換] 곳[地]

　수송 적환지는 화물을 운송할 때 운송수단이 바뀌는 곳을 의미합니다. 운송수단을 바꾸어 다른 곳으로 옮기면 화물을 내리고 운반하는 비용이 추가됩니다. 그러나 수송 적환지에서 바로 제조하는 제품은 운송비를 줄일 수 있습니다. 따라서 이런 곳은 공업이 발달할 수 있는 유리한 조건을 가집니다. 우리나라의 남동 임해 공업 지역도 수송 적환지에 발달한 공업지역입니다. 서울의 상권은 우리나라 거의 전 지역을 포함하고 있으며, 부산·대구·광주도 지역 상권의 핵심 역할을 하고 있습니다. 특히, 교통·통신의 발달은 주요 도시들의 상권을 더욱 확장시켰습니다.

◎ 상업과 서비스업

상권 商圈, commercial sphere

商 장사 상 圈 우리, 한정된 범위 권

장사하는[商] 범위[圈]

　상권은 어떤 도시나 시장의 상업기능이 영향을 미치는 지역적 범위를 말합니다. 상권은 각 도시의 세력권을 나타내므로 도시계층을 구분하는 중요한 지표가 됩니다.

시전 市廛

市 시장 시 廛 가게 전

시장의[市] 가게[廛]

　시전은 조선초기 태종12년(1412년)때, 도성의 4대문을 통하는 주요 간선도로에 건립한 상가로서, 국가에서 상가를 짓고 상인을 유치하여 관아 및 일반 시민들의 수요를 충당할 수 있도록 하면서 생겨났습니다. 시전가운데에 가장 규모가 큰 것이 육의전입니다.

육의전 六矣廛

六 여섯 륙 矣 어조사 의 廛 가게 전

여섯 가지의 물품만[六矣] 국가에 공급하는 가게[廛]

　육의전은 조선시대에 서울 종로에 있었던 여섯 종류의 어용 상점御用商店을 말합니다. 육의전은 시전市廛의 일종으로, 시전 중에서 물량 규모가 큰 명주, 베, 모시, 무명, 종이, 건어물 등을 판매하였습니다. 육의전은 정부에 대하여 커다란 국역國役의 의무를 가졌으므로 각각의 품목에 대해서는 전매권을 가지고 전국의 상권을 장악하였습니다. 정부에서도 국역 부담의 대상으로 그들의 보호 · 육성하려는 노력을 기울였습니다.

보부상 褓負商, traveller merchant

褓 포대기 보 負 등에 짐을 지다 부 商 장사 상

봇짐과[褓] 등짐[負] 장수[商], 또는 보자기에[褓] 싸고 등에 짊어지는 [負] 장사꾼[商]

　보부상은 봇짐장사와 등짐장사의 병칭竝稱입니다. 보상은 직물 · 금 · 은 · 화장품 · 각종 세공품 등의 잡화를 보에 싸 가지고 다니며, 부상은 도기陶器 · 가구 · 소금 · 담배 · 어류 · 해조류 등을 지게에 지고 다닙니다.

역원제 驛院制

驛 역참 역 院 집 원 制 만들다 제

역과[驛] 원을[院] 두는 제도[制]

　역원제는 근대적인 자동차 및 철도교통이 등장하기 전에 실시되어온 중요한 교통 및 통신제도를 말합니다. 역驛은 공문서의 전달, 관물官物의 수송, 관리의 교통편의를 돕기 위한 기관으로 신라시대부터 시작되었습니다. 원院은 고려 및 조선시대 때 관리나 공무 여행자에게 숙식의 편의를 제공하기 위하여 설치하였습니다.

파발 擺撥

擺 열다 파 撥 다스리다 발

급한 공문서를 신속히 전달하기 위해 말이나 도보의 길을 열어[擺] 다스리는[撥] 곳

　파발은 조선시대에 공문을 급히 보내기 위해 설치한 역말을 갈아타던 곳을 말합니다. 역 체제는 신라시대부터 있었는데, 이 체제는 통신과 수송의 기능을 겸하였습니다.

수운 水運, Water Transport

水 물 수 運 돌다, 운반하다 운

물을[水] 이용한 운송[運]

　수상교통. 수운은 하천에 배를 띄우는 내륙 수로 교통(하천 교통)과 해상 교통으로 구분됩니다. 하천교통은 과거에는 **조운**漕運과 같이 화물 수송에 중요한 역할을 하였으나 철도 · 자동차 교통이 발달하면서 쇠퇴하였습니다. 우리나라의 근대적인 해상 교통은 1876년 강화도 조약의 체결로 부산, 원산, 인천이 개항되면서 시작하였습니다. 현재, 경제 개발에 따른 무역신장으로 급속히 발달하여 화물 수송량의 60%이상을 차지하고 있습니다.

�‣ **漕運**[漕 배로 실어나르다 조] 배로 물건을 실어 나름.

종착지 비용 終着地 費用

終 마치다 종 着 붙다 착 地 땅 지 費 쓰다 비 用 쓰다 용

마지막으로[終] 닿는[着] 곳에서[地] 쓰이는 돈[費用]

　종착지 비용은 물자를 싣고 내리는데 드는 비용 및 창고비 · 사무실 운영비 등 종착지에서 드는 모든 비용을 합친 비용입니다. 이는 거리와 관계는 없으며 단위 수송량이 클수록 비용이 증가하므로, 교통 기관의 종류에 따라 선박>기차>자동차 순으로 나타납니다.

V. 국토 사랑

◎ 국토 개발과 환경 보전

부영양화 富營養化

富 넉넉하다 부 營 경영하다 영 養 기르다 양 化 되다 화

영양 염류營養鹽類의[營養] 농도가 높아지는[富] 현상[化]

　부영양화는 하천·호수·바다 등의 수중에 영양 염류營養鹽類의 농도가 높아져 플랑크톤을 비롯한 수중식물의 번식을 돕는 현상으로, 이로 인해 바닷물의 산소는 부족해지는 결과를 초래합니다. 도시의 생활하수, 농축산 폐수, 산업폐수 등에는 중금속류·유해색소·각종 병원균 등의 물질이 있어 인체에 해로울 뿐만 아니라 하천이나 저수지에 부영양화를 촉진시켜 용존 산소溶存酸素를 감소시킵니다. 낙동강 페놀 오염사건은 그 대표적인 예입니다.

❍ **營養鹽類** 바닷물 속의 규소·인·질소 등의 염류를 간단히 영양염이라고도 합니다. 식물플랑크톤이나 바닷말[해조海藻]의 몸체를 구성하며, 그 증식의 요인이 됩니다. 바다에서 영양염류는 육상의 논·밭의 비료와 같은 역할을 합니다.

용존 산소량 溶存 酸素量, Dissolved Oxygen

溶 녹다 용 存 있다 존 酸 시다, 원소이름 산 素 희다 소 量 헤아리다 량

물 속에 녹아[溶] 있는[存] 산소의[酸素] 양[量]

　DO. 용존 산소량은 물 1L속에 녹아 용해되어 있는 산소의 양을 ppm으로 나타낸 값입니다. 오염된 물일수록 DO 값이 작습니다. 물 속에서 생활하는 어패류나 **호기성**好氣性 미생물은 용존 산소로 호흡합니다. 물 속에 있는 유기물은 용존 산소에 의해서 분해되기 때문에, 용존 산소의 부족은 단지 어패류의 생존뿐만 아니라 유기물 등이 잔류하여 수질 오염을 가져오게 됩니다.

❍ **好氣性** 세균 따위가 산소를 좋아하여 공기 중에서 잘 자라는 성질.

적조 현상 赤潮 現象

赤 붉다 적 潮 조수 조 現 나타나다 현 象 모양 상

붉은[赤] 조류가[潮] 나타나는 모습[現象]

적조 현상은 바다 속의 플랑크톤이 비정상적으로 증식하여 바닷물이 붉게 되는 현상을 말합니다. 적조를 일으키는 생물로는 편모충류鞭毛蟲類 · 규조류硅藻類 · 남조류藍藻類가 주종을 이룹니다. 적조의 색깔은 적조 현상을 일으키는 원인 생물의 종류와 수에 따라 다르며, 특히 황적조류 중 고니오락스가 물의 빛깔을 붉게 합니다. 물의 **정체**停滯 · 일사량日射量의 증대 · 수온의 상승 등도 적조 현상을 유발할 수 있습니다. 우리나라 서 · 남해안 일대의 얕은 만에서 적조 현상이 일어나 양식업에 많은 피해를 주고 있습니다.

❿ **停滯**[停 머무르다 정 滯 막히다 체] 이동하지 않고 그대로 있음.

청정 수역 淸淨 水域 blue belt

淸 맑다 청 淨 맑다 정 水 물 수 域 지경 역

맑은[淸淨] 물의[水] 경계[域]

청정 수역은 1974년 한 · 미 위생 협정에 따라 해수오염의 방지를 목적으로 설정된 수역입니다. 해수의 오염은 수중 영양 염류의 증가와 해수 온도를 상승시켜서 플랑크톤의 이상 번식을 일으키게 되며, 수중 산소의 결핍 현상으로 연안 어업이나 양식업에 큰 타격을 주게 됩니다. 청정 수역은 거제도~통영~한산도에 이르는 수역으로 해수 오염 방지와 굴 양식업을 보호하고 있습니다. 이 지역에서는 유조선의 통행이나 오염을 일으키는 공단 조성을 금지하고 있습니다.

환경영향 평가제도 環境影響 評價制度

環 고리, 둘러싸다 환 境 지경 경 影 그림자 영 響 울림 향 評 평하다 평 價 값 가 制 만들다 제 度 법도 도

환경의[環境] 영향을[影響] 평가하는[評價] 제도[制度]

환경 영향 평가제도는 환경을 보전하기 위해서 개발 사업(대규모의 공업 지구 · 발전기지 · 고속 도로 · 철도 및 공항 건설)이 주민의 생업이나 생활 환경에 미치는 영향의 내용 및 정도를 미리 예측 · 평가하여, 그 환경 변화

와 피해를 줄이거나 방지할 수 있는 대책을 마련하는 제도를 말합니다. 미국에서는 1960년대 말에 법제화되었고, 스웨덴·오스트레일리아·프랑스 등도 1960년대에 이 제도를 확립하였습니다. 우리나라도 1980년대부터 각종 개발 사업에는 반드시 환경 영향 평가를 실시하도록 하였습니다.

◎ 각 지역의 생활

갑문식 독 閘門式 dock

閘 문을 여닫다 갑 門 문 문 式 법 식

문을[門] 여닫는[閘] 방식의[式] 독[dock]

갑문식 독은 조석간만潮汐干滿의 차이가 큰 항구에 만들어진 부두시설을 말합니다. 이 시설은 부두 외각에 독(dock)을 쌓아 수문을 설치하고 밀물이 되면 수문을 열고, 썰물이 되면 수문을 닫아 항상 배가 부두에 안정적으로 정박하게 할 수 있게 한 시설입니다. 우리나라에는 인천항에 이 시설이 1918년에 건설되었으며, 현재는 5개의 수문이 설치되어 있습니다.

새만금 간척 사업 새萬金 干拓 事業

萬 일만 만 金 쇠 금 干 막다 간 拓 넓히다 척 事 일 사 業 일 업

바다를 간척하여[干拓] 새로 만금을[萬金] 얻는 사업[事業]

새만금 간척 사업은 '간척 사업을 통해서 만금萬金을 얻을 수 있다' 는 말을 사용할 정도로 넓은 간척지를 만들고자하는 계획입니다. 새만금 간척 사업은 비응도~고군산 군도~변산 반도에 이르는 길이 약 33㎞의 방조제를 쌓아 약 420㎢의 농경지·공업 용지, 주거지와 담수호를 만들고자하는 우리나라 최대 규모의 간척 사업입니다. 그러나 시화호와 같이 환경 문제가 심각한 사회 문제로 부각되어 개발 계획이 개발론자와 환경론자간의 난항을 겪고 있습니다.

정주 생활권 定住 生活圈

定 정하다 정 住 살다 주 生 나다 생 活 살다 활 圈 우리, <u>한정된 범위</u> 권

정해진[定] 곳에서 사는[住] 생활의[生活] 범위[圈]

정주 생활권은 하나의 중심 도시와 그 배후 지역을 이루는 농촌의 군 지역을 단위로 하는 농촌 주민들의 일상 생활권을 말합니다. 이 생활권은 농촌 지역을 효율적으로 개발하기 위한 지역 단위의 하나입니다.

화전 火田, fire field

火 불 화 田 밭 전

산림을 불태워[火] 개간한 밭[田]

화전은 평지 또는 임야지 등에 방화放火하여, 나뭇잎·풀 등을 태워서 얻어진 재[회灰]를 비료로 이용하여, 그 지역에 농작물을 다른 비료 없이 경작하는 농경지를 말합니다. 지력이 소모되고 재배가 불가능하면 그 토지에서 경작을 포기하고 다른 지역으로 이동합니다.

교과서에 나오는 한글용어 *

◎ **너와집** : 나무가 많은 산간 지역에서 통나무를 잘라 기와나 돌 대신에 지붕을 이은 집.

◎ **높새바람** : 동해 쪽에서 태백산맥을 넘어 영서 지방으로 불어오는 고온 건조한 북동풍.

◎ **고팡** : 제주도 지역의 온돌 설비가 없는 공간으로 주로 곡류, 두류, 유채 등을 담는 항아리와 농기구를 보관하는 공간.

◎ **귀틀집** : 통나무집. 큰 통나무를 井자 모양으로 층층이 맞추어 얹고 그 틈을 흙으로 메워 지은 집.

◎ **꽃샘추위** : 봄에 약화되어 후퇴했던 시베리아 기단이 일시적으로 그 세력을 확장하여 겨울 날씨 못지 않은 추위가 형성될 때, 즉 꽃이 피는 것을 시샘하는 추위를 말함.

◎ **그루갈이** : 한 해 동안에 같은 토지에 두 번 농사를 짓는 것.

◎ **겹집** : 田자형 가옥. 북동부 산간 지역에 대들보 아래에 방들이 두 줄 이상으로 배열된 가옥.

◎ **홑집** : ㄱ·ㅡ자형 가옥. 서·남부의 평야 지역에 대들보 아래에 방들이 한 줄로 배열된 가옥.

◎ **우데기** : 울릉도 나리분지에 있는 방설벽으로, 벽은 주로 싸리나 옥수수대를 재료로 하고 많은 눈이 내릴 경우에 가족들의 옥내 활동을 마련하기 위한 공간.

◎ **장마** : 여름철에 계속해서 많이 내리는 비.

◎ **가뭄** : 가물. 한발. 오래도록 비가 오지 아니하는 날씨.

교과서에 나오는 외래 용어 *

◎ **karst** 카르스트 지형 : 석회암 지형.

◎ **doline** 돌리네 : 석회암 지형에서 물의 용식 작용에 의하여 형성된 원추형의 凹지.

◎ **kar** 카르 : 권곡. 빙하의 골짜기.

◎ **caldera lake** 칼데라 호 : 화산의 중심부에 생긴 분화구에 물이 고여서 생긴 호수.

◎ **korea town** 코리아 타운 : 해외에 있는 한국인 거주 지역.

◎ **blue belt** 블루 벨트 : 청정 수역.

◎ **Green belt** 그린 벨트 : 차단 녹지대. 개발 제한 구역.

◎ **doughnut** 도너츠 현상 : 인구의 공동화 현상.

◎ **Typhoon** 태풍 : 북태평양 남서부에서 발생하여 동북아시아 내륙으로 불어닥치는 열대 이동성 저기압으로 최대 풍속이 17m/sec 이상이 됨.

◎ **megalopolis** 메갈로폴리스 : 거대 대상(帶狀) 도시.

◎ **smog** 스모그 : smoke + fog의 합성어. 대기 오염의 주요인.

◎ **podzol** 포드졸토 : 냉대 지방의 회백색 토양.

◎ **Laterite** 라테라이트토 : 열대 지방의 적색 토양.

◎ **green round** 그린 라운드 : 지구 환경 보전과 무역 규제에 관한 새로운 국제 규범을 제정하려는 활동을 총칭하는 용어.

◎ **U-turn** 유턴 현상 : 인구의 역도시화 현상.

◎ **Zet stream** 제트기류 : 대기 상층부의 편서풍.

◎ **Fohn** 푄 : 알프스를 넘어가는 고온 건조한 지방풍. 우리나라의 높새바람과 비슷함.

◎ **bank** 뱅크 : 자연 제방, 대륙붕에 빙하성의 해저 퇴적물이 쌓여 있는 천해(淺海).

◎ **sprawl** 스프로올 현상 : 대도시에서 무질서하게 주거 지역이 확대되는 현상.

◎ **Geographic Information System** 지리 정보 시스템 : 지표상에 나타난 지리적 자료를 저장, 처리하는 컴퓨터 시스템.

우리나라와 관련 있는 국제 기구 *

◎ 동남아시아 국가연합 東南Asia 國家聯合(ASEAN, Association of Southeast Asian Nations) : 1967년 8월 결성된 기구로서 경제 · 문화 · 과학 기술 · 행정면에서의 협력, 천연 자원의 무역, 통신의 공동 연구 등을 목적으로 하고 있다. 회원국은 9개국.

◎ 세계 무역 기구 世界 貿易 機構(WTO, World Trade Organization) : 관세 및 무역에 관한 일반 협정(GATT)이 사법권의 부재로 인해 구속력이 없는 한계를 극복하기 위하여 설립된 기구. 125개국의 우루과이 라운드 무역 협정이 1993년에 타결됨에 따라 1995년 출범하게 됨. WTO체제가 발족됨으로 인해 세계 경제는 무역의 장벽이 무너지고 하나의 지구촌을 형성할 것이다. 각국 기업들은 경쟁을 벌여야 하며 비교 우위에 따른 국제 분업의 이익은 증대될 것이다.

◎ 아시아 · 태평양 경제 협력체 Asia · 太平洋 經濟 協力體(APEC, Asia-Pacific Economic Cooperation) : 세계 경제의 지역주의와 보호주의에 대응하고 다자간 무역 협상에서 공동이익을 추구하기 위해 1989년 12개국이 참가함으로써 발족된 기구로서 환태평양을 중심으로 그 연안에 위치한 국가들의 상호 무역을 통한 정치 · 경제적 교류의 강화를 도모함. 회원국은 18개국.

◎ 유럽 연합 Europe 聯合(EU, European Union) : 유럽 경제 공동체(EEC)에서 출발하였으나, 유럽 연합으로 바꾸어 유럽 통합 추진, 유로 단일 화폐의 사용과 미국, 일본 등의 강대국에 대비할 수 있는 강력한 유럽 국가의 창설을 목적으로 하고 있다.

◎ 북미 자유무역 협정 北美 自由貿易 協定(NAFTA, North American Free Trade Agreement) : 미국의 자본과 기술 · 캐나다의 자원 · 멕시코의 노동력을 결합하고 무관세 협정으로 자유로운 무역거래가 이루어지는 경제 공동체로 유럽의 EU와 일본의 경제력을 능가하는 단일 시장을 형성하였다.

◎ 국제 원자력 기구 國際 原子力 機構(IAEA, International Atomic Energy Agency) : 원자력의 평화적 이용과 군사 목적으로의 전환 방지를 목적으로 설립된 기구. 회원국은 114개국.

◎ 경제 협력 개발 기구 經濟 協力 開發 機構(OECD, Organization for Economic Cooperation and Development) : 1961년 창립. 경제적인 선진국들의 모임으로 세계의 경제적 질서와 개발 도상국에 대한 국제적인 책임과 원조를 목적으로 설립된 기구.

 교과서에 나온 용어 퍼즐 놀이

[가로열쇠]

1. 시베리아기단. 한랭 건조한 성격의 기단. 삼한사온. 한파.

3. 조선 후기, 동국여지승람을 기초로 만든 지리서. 백두산을 한국 영토로 명시.

4. 인간이 경제 활동을 하기 위하여 선택되는 장소. 농업○○, 공업○○ 등.

5. 기온의 역전 현상. 복사무와 매연의 결합. 건물 및 자동차가 주범 등으로 인하여 나타나는 도시의 문제를 말함.

7. 서울지역의 환경오염이 심한 공업을 분산할 목적으로 만든 계획도시. 직교방사형.

9. 지역이 가지고 있는 독특한 성질. 지역의 개성.

12. 도시화와 산업화로 농촌 인구가 도시 지역으로 이동하는 현상.

13. 신생대 제3기 ○○○○의 지층으로, 석유나 천연가스 등이 매장되어 있음.

15. 습곡 · 단층 · 요곡 · 절리 등이 발달하여 복잡한 지질 구조가 형성. 지각 운동.
17. 신라 시대의 연회 장소. 큰 연못.
18. 선진국의 반대말. 소득이 적은 개발 도상국.
20. 풍수 지리설. 사원, 촌락, 도읍지를 결정함.
22. 공업 지역이 과도한 집적으로 인하여 불이익이 발생할 때 나타남.
24. 우리나라의 강수 형태로 산이나 산맥의 영향을 받음. 집중호우.
26. 베버의 농업입지론. 전제조건에서 평야 지역에 있는 하나의 도시.

[세로열쇠]
1. 김정호가 1861년에 제작한 1 : 162,000의 실측도. 22개의 첩본으로 분철식 지도.
2. 지층 · 암석 등이 하나의 면(面) 또는 대(帶)를 경계로 상대적으로 어긋난 현상.
6. 편서풍과 해양의 영향을 받는 기후. 낙농업과 혼합 농업 중심. 겨울이 온난하고 강수량이 풍부한 기후.
8. 가공과정에서 제품의 무게 · 부피가 증가하거나 제품이 쉽게 변질, 소비자의 잦은 접촉을 필요로 하는 공업을 ○○○○ 입지형 공업이라고 함. 예를 들면, 맥주, 인쇄 · 출판, 제빙, 가구 공업 등이 있음.
10. U-turn 현상. 이도 향촌離都向村. 인구가 도시로 집중되던 상태에서 다시 인구가 농촌 지역으로 분산되는 상태로의 변화.
11. 지역과 지역 사이에 위치한 지역. 예를 들면, 논밭 혼합 농업지역, 2년3작 지역.
14. 선진국으로 갈수록, 도시화와 공업화가 확산되어 인구의 ○○○○ 변화로 1차 산업 인구의 비중은 줄어들고 2 · 3차 산업인구는 점점 증가함.
16. 대륙의 동안 지방에서 보이는 기후. 대륙성 기후와 몬순의 영향으로 연교차 큼.
19. 이중환이 저술한 우리나라의 최초 현대적 의미의 인문 지리서. 가거지可居地의 4요소-지리, 산수, 생리, 인심.
21. 남한의 최대 철광석 생산지.
22. 우리가 사는 지표 공간의 일정한 관계. 지도상에 나타난 점 · 선 · 면 등으로 파악함. 예를 들면, 공장의 입지, 도시의 분포 등의 질서를 설명할 수 있음.
23. 침식○○. 차별 침식이나 하천의 합류점에 형성. 산지로 둘러싸인 평평한 지역.
25. 소뿔 모양의 호수. 하적호河跡湖. 유로의 일부가 그대로 남아서 형

성된 호수.
26. 기온이 낮은 고지대에서 행하는 농업. 대관령. 감자, 옥수수, 홉 (hop) 등의 작물.

정답

[가로]
1. 대륙성 기단 3. 여지도서 4. 입지 5. 도시 공해 7. 안산 9. 지역성 12. 이촌향도 13. 배사구조 15. 조산운동 17. 안압지 18. 후진국 20. 양택 22. 공업 분산 24. 지형성 강우 26. 고립국 이론

[세로]
1. 대동여지도 2. 단층 6. 서안 해양성 8. 시장 지향 10. 역도시화 11. 점이 지대 14. 산업구조 16. 동안기후 19. 택리지 21. 양양 22. 공간 구조 23. 분지 25. 우각호 26. 고랭지 농업

현대 사회는 다양한 인간관계의 집단들과 사회구조로 인하여 매우 빠르게
변화하고 있다. 이 과정에서 집단간의 이해와 가치 갈등, 변동에 대한
부적응 및 여러 문화간의 부조화같은 사회문제들도 증가하고 있는 추세이다.
이러한 급속한 변화와 더불어 나타나는 문제들 속에서
사회과목은 통합적인 시각으로 변화에 적응하고
개인적, 사회적인 문제 해결에 필요한
의사결정력과 참여의지를 갖춘
민주시민을 가르치는 것을 목표로
하고 있다.

인간은 사회적 동물이다. 이 말은
사회를 떠나서는 인간다운 생활을
할 수가 없다는 것이다. 따라서
우리는 피할 수 없이 그 사회의 여러
문제에 직면하며 살아야 하고 그 문제들에
대하여 나름대로의 관점을 가지고 사회현상에
대하여 판단을 해야한다.

그래서 여기에서는 '왜? 어떻게?'라는 문제의식을 가지고 사회현상에
대하여 올바른 가치판단을 내리는 데에 도움을 주고자 우리가 흔히 접할 수
있는 한자어로 된 사회용어에 대하여 한자어풀이를 해놓았다. 용어에 대한
정확한 이해는 사유와 판단의 큰 관건이기 때문이다.

1. 용어의 풀이는 문화, 법률, 정치, 경제 관련 용어 순으로 하였다.

2. 용어의 선정은 교과서뿐만 아니라 신문이나 뉴스 등에서 흔히 접할 수 있는 문화에 관련된 용어, 법률 관련 용어, 정치 관련 용어, 경제 관련 용어들 중 여기서는 한자로 표현되고 한자풀이를 통해 이해하기 쉬운 용어들을 선정하였다.

3. 용어는 일단 한자어의 직역풀이를 해놓았는데, 어원을 분석하기보다는 이해도를 높이기 위한 편의상의 해석을 하였다.

4. 풀이한 용어 중 영어로 이해했을 때 도움이 될만한 것은 영어번역을 실어놓았다.

◎ 문화

계 契

契 맺다 계

예전부터 전해져 내려오는 민간의 협동 조직

'契' 란 두레나 품앗이보다도 훨씬 널리 퍼져 있는 자발적인 민간 협동 조직으로 어려운 일을 서로 도와주거나, 친목을 다지기 위하여 만들어졌습니다. 계원은 몇몇 특별한 모임을 제외하고는 참여하고 싶은 사람들이 참여하는 것이고 강제성은 없습니다.

처음에 계는 노동력 부조가 중심이었는데, 다음에는 물건, 그 다음은 현금을 모으는 쪽으로 변하여 갔습니다. 계와 비슷한 것으로 보寶라는 것이 있는데 보는 계보다 자본의 공급을 주로 하는 것으로 계와는 다른 성격을 지닙니다.

공동체 共同體, community

共 한가지, 함께 공 同 한가지 동 體 몸 체

함께[共] 하나처럼[同] 생활하는 집단[體]

'共同' 은 '여러 사람이 함께[共] 하나처럼[同] 행동하는 것' 을 의미합니다.

'體' 는 본래 '몸, 모양, 형상, 격식' 등의 뜻으로, 안의 내용물보다는 밖에서 내용물을 지켜주는 '형상, 테두리' 를 뜻합니다. 그러므로 공동체共同體는 '여럿이 함께 통일된 생활 방식이나 생각으로 존재하는 집단, 즉 생활과 운명을 같이하는 조직체' 라고 할 수 있습니다.

귀속지위 歸屬地位

歸 돌아가다 귀 屬 속하다 속 地 땅, 지위 지 位 자리 위

자신이 태어날 때부터 속한[屬] 무리에 귀착되는[歸] 지위[地位]

〈예제〉다음 중 노력하여 얻을 수 있는 지위를 있는 대로 고르시오.
① 한국사람 ② 여자 ③ 교사 ④ 둘째 아들 ⑤ 황인종 ⑥ 사장
답은 ③번과 ⑥번입니다.

위의 한국사람, 여자, 황인종처럼 개인의 능력이나 노력과는 상관없이 태어날 때부터 자연적으로 얻어지는 지위 또는 아내, 남편, 아버지, 어머니처럼 살아가면서 자연적으로 얻어지는 지위를 귀속지위歸屬地位라 하고 교사나 변호사처럼 능력과 노력에 따라 자신이 성취하여 얻을 수 있는 지위를 성취지위成就地位라 합니다.

동제 洞祭

洞 마을 동 祭 제사 제

마을에서[洞] 지내는 제사[祭]

동제란 '한 마을에서 수호신을 정하여 마을 사람들의 행복과 풍요를 기원하며 드리는 제사 의식'을 이릅니다. 마을[洞] 전체의 제사[祭]인 동제를 지내는 날에는 수호신 앞에 모여 음식을 차려 놓고 제사를 지냈는데, 제사를 주도하는 사람은 마을에서 덕망이 있고 부정한 일이 없는 깨끗한 사람으로 정하였습니다.

몰가치적 沒價値的

沒 빠지다, 없다 몰 價 값 가 値 값 치 的 ~하는 적

가치[價値]가 없는[沒的]

일상에서 흔히 사용하는 '가치가 있다, 가치가 없다'라고 할 때의 가치는 넓은 의미에서 '좋다'라는 뜻으로 사용이 되고 있습니다. 따라서 '몰가치적'이라고 하면 상식 선에서 좋지 않다는 뜻입니다. 무엇이 좋은지에 대해서는 대상에 따라 달리 말할 수 있는데, 먹고 싶고, 보고 싶고, 자고 싶고 하는 등의 욕구대상에 대한 가치와 '사람들이 많은 곳에서는 질서를 지켜야 한다'와 같은 도덕적인 규범으로서의 가치, 어떤 목적을 달성하기 위해 도움이 되는 수단으로서의 가치가 있습니다. 특히 욕구대상에 대한 가치와 수단으로서의 가치 등은 개인적으로 가치판단이 크게 달라질 수 있습니다.

다가치 多價値 사회

요즘은 어떤 지배적인 가치가 사회를 이끄는 것이 아니고, 개별화되고 차별화된 작은 가치들이 모두 인정이 되는 다가치多價値 사회라고 합니다. 그것들 중에는 대중 매체에 의해 조작된 가치도 많기 때문에 다양화된 가치 속에서 과연 무엇에 가치를 두고 살아야 하는가가 중요한 문제라 할 수 있습니다.

무속신앙 巫俗信仰

巫 무당 무 俗 풍습 속 信 믿다 신 仰 우러러보다 앙

무당을[巫] 중심으로 민간의 풍속으로[俗] 전해지는 신앙[信仰]

무속신앙이란 민간에서 주로 무당을 중심으로 신앙처럼 전해지는 것을 말합니다.

무당은 직접 신내림을 받아서 되기고 하고 대대로 집안의 전통을 이어받아 되기도 합니다. 앞의 것을 **강신무**降神巫, 뒤의 것을 **세습무**世襲巫라고 합니다. 굿을 진행하는 무당은 아무나 될 수 없는 것이고, 신과 통할 수 있는 신령스러운 사람이라는 인식이 있는 것입니다. 무당은 굿을 하면서 병을 치료하기도 하고, 보통 점을 친다고 하는 예언적인 역할도 하며, 마을의 기우제 등을 지내기도 하고, 또 죽은 사람을 위하여 살풀이를 하기도 합니다.

➲ **降神**[降 내리다 강 神 귀신 신] 신을 내리게 하다.
➲ **世襲**[世 세상, 세대 세 襲 물려받다 습] 대를 이어 물려주다.

문화접변 文化接變, acculturation

文 글월 문 化 되다 화 接 접하다 접 變 변하다 변

서로 다른 문화가[文化] 접하여[接] 변함[變]

문화접변이란 '서로 다른 문화와[文化] 전통을 가진 여러 사회가 접촉을[接] 할 때 일어나는 변화[變] 및 그 결과'를 뜻합니다.

자연적인 만남으로 이루어진 두 문화는 두 문화 요소들간의 자유로운 차용과 수정을 통하여 서서히 사람들 속에 새로운 문화로 자리잡게 됩니다. 그런데 정치적 군사적 지배 하에서의 문화접변은 침략국의 문화가 억지로 개입을 하여 변화를 이루어 내게 됩니다. 이때 기술적인 분야에서의 변화

는 나름대로 받아들이지만 종교 등의 변화에는 깊은 거부감이 생겨 충돌이 있게 됩니다. 예를 들면 중국과 접해있는 우리나라는 예로부터 중국과 교류하면서 많은 문화 수용을 하였지만, 일제시대 일본이 우리 민족의 민족성을 말살시키기 위하여 일본 천황을 모시는 신사참배를 강요하였을 때 우리 민족은 모진 탄압 속에서도 이를 거부하였습니다.

문화지체 文化遲滯, cultural lag

文 글월 문 化 되다 화 遲 더디다 지 滯 막히다 체

문화가[文化] 변하는 것이 더디고[遲] 막힘[滯]

문화지체란 '변화하는 문화 내용이 골고루 함께 변화하지 못하고 어떤 측면에서는 빠른 변화를 보이고 다른 측면에서는 그 속도에 따라가지 못하고 더디고[遲] 늦게[滯] 변화하는 것'을 이릅니다.

모든 사람이 문화의 변화에 한꺼번에 함께 적응할 수는 없습니다. 몇몇 사람들이 새로운 문화를 수용하여 받아들이면 보통 사람들은 그것을 바탕으로 변화하는 내용에 점차 적응을 하게 되는데, 보통 변화된 문화가 보편화되기 전까지는 배타성을 지니게 됩니다. 생활의 편리함 때문에 물질적 측면에서의 변화는 그래도 빠르게 전파되지만, 가치관이나 사회 조직 등 정신적 측면의 변화는 물질적 변화의 빠르기를 따라가지 못하여 혼돈을 겪게 됩니다

사대주의 事大主義

事 일, 섬기다 사 大 크다 대 主 주로하다 주 義 옳다, 의견 의

큰 나라를[大] 섬기는[事] 주의[主義]

사대주의란 말 그대로 '큰 것을[大] 섬기는[事] 주의[主義]'라는 뜻입니다.

우리나라는 예로부터 큰 나라 중국을 섬기고 왜나 여진 등의 이웃 나라와는 친하게 지내자는 **사대교린**事大交隣 정책을 펴왔습니다. 이는 국익을 도모하고 국가의 안정을 꾀하기 위하여 어쩔 수 없는 것이었는데, 중국은 동양 최대의 강국이며 또 오래 전부터 문화적으로 가장 발달한 문명국이었기 때문입니다. 그래서 항상 자신은 문화적으로 우월하다고 생각하고 주변의 민족들은 미개한 오랑캐로 보아 남쪽을 남만南蠻, 서쪽을 서융西戎, 북

쪽을 북적北狄, 동쪽을 동이東夷라고 불렀습니다. 우리나라를 예로부터 동이東夷라고 부른 이유가 여기에 있습니다. 그리고 우리나라를 포함한 주위의 나라들은 모두 강대국인 중국을 섬겨야 했습니다. 이것이 바로 사대주의입니다.

○ **事大交隣** 큰 나라인 중국은 섬기고 왜나 여진 등의 이웃 종족과는 잘 사귀어 탈 없이 지내자던 주의.[交 사귀다 교 隣 이웃 린]

문화적 사대주의 文化的 事大主義

일본이 우리나라를 침략하고 난 후 그 정당성을 찾기 위하여 친일 역사학자들로 하여금 일본은 조선보다 문화적으로 우월하기 때문에 조선이 일본을 섬겨야한다는 뜻으로 쓰이기도 했습니다. 우리나라 역사를 항상 외세 의존적인 역사로 만들어 자신들의 침략을 정당화시키려 했던 것입니다.

산신각 山神閣

山 뫼 산 神 귀신 신 閣 집 각

산신을[山神] 모시기 위해 지어놓은 집[閣]

지금도 산에 올라가 보면 그 '산을 지키는 신[山神]을 모셔놓은 집[閣]'이 있는데 이것을 바로 산신각이라고 합니다. 우리 나라에서는 불교가 민간 신앙과 합쳐져 정착하였기 때문에 산신각도 대부분 절 옆에 위치하고 있습니다.

산신각에서는 대부분 호랑이나 신령을 모시는데, 남성 신과 여성 신이 있어서 남성 신에게 산신제를 지낼 때는 처녀를 산신각에서 하룻밤 묵게 하거나 여자의 치마를 벗어서 산신령을 위로하기도 하였습니다. 평소 산신각에는 제사를 지낼 때 쓰이는 제구를 보관하는데, 대부분 마을에서 산신제를 집단으로 지내며 마을 사람들의 건강과 복을 빌었습니다.

삼신 三神

三 셋 삼 神 귀신 신

세 가지의[三] 신[神]

삼신이라고 하면 해·달·별을 가리키기도 하지만 보통 민속신앙에서 '집안에 아기가 태어나거나 그렇지 않음, 또 그 수의 많고 적음, 딸 아들 등을 점지하여 주는 신' 이 있다고 믿고, 이 신을 삼신 또는 삼신할머니라 하였습니다. 뿐만 아니라 일단 태어난 아기가 건강하게 자라는 것도 삼신의 덕택이라고 생각하여 산모가 있는 집안에서는 바가지에 쌀을 담아 한지로 덮고 실로 고정시켜 한쪽에 놓아두기도 했고, 아기가 태어난 날로부터 21일 동안은 미역국과 밥을 지어 삼신께 먼저 정성을 올린 후에 산모가 먹었다고도 합니다.

소외 疏外, alienation

疏 멀다 소 外 밖, 외대다 외

멀리하고[疏] 멀리함[外]

'疏' 는 疎라고도 쓰는데 '멀리하다, 소홀히 하다' 란 뜻입니다. '外' 는 내 內의 반대 개념으로 밖이란 뜻으로 많이 쓰이지만, 여기서는 '외대다, 멀리하다' 의 뜻입니다. 그러므로 소외疏外란 사람들 사이에 서로서로 '멀리하고 멀리한다', 즉 사귐이 멀어진 상태를 뜻합니다.

일탈행동 逸脫行動, deviant behavior

逸 편안하다, 빗나가다 일 脫 벗어나다 탈 行 행하다 행 動 움직이다 동

어떠한 테두리에서 빗나가고[逸] 벗어난[脫] 행동[行動]

어느 사회에서나 나름대로 지켜야 할 규칙이나 규범이 있어서 사람들은 그것을 지키며 살아갑니다. 이때 그 규범이나 규칙은 일부러 고민하면서 어렵게 지키는 것이 아니라, 사회 속에서 생활하면서 사회화의 과정을 통하여 저절로 습득이 됩니다. 즉 대부분의 사람들은 사회가 인정하는 방향으로 행동하면서 규칙에 따라 살아가는 것이지요. 그러나 '그 사회의 정해진 테두리 즉 규범이나 규칙에서 빗나가고[逸] 벗어난[脫] 행동을 하는 사람들이 있는데, 이러한 행동' 을 바로 일탈행동이라고 합니다. 자신의 목표를 달성하기 위하여 도둑질이나 강도처럼 비합법적인 방법을 쓴다거나, 또 공공장소에 침을 뱉거나하여 남에게 피해를 주는 행동, 각종 정신 질환이나 알콜 중독, 청소년 비행 등이 일탈행동들입니다. 일탈행동이냐 아니냐의 판단은, 한 개인이 무엇을 했는가가 아니라 어떤 상황에서 어떻게 행동

을 했고, 또 그것을 어떠한 시각으로 바라보느냐에 따라서 달라집니다.

재사회화 再社會化, resocialization

再 다시 재 社 모이다 사 會 모이다 회 化 되다 화

사회화의[社會化] 과정을 다시[再] 받음

오늘날에는 어려서 익힌 생활 방식만으로는 계속 생활해 나갈 수 없습니다. 빠르게 변화하는 사회에서 뒤떨어지지 않고 능동적으로 살아가려면 '생활 환경 변화에 따른 새로운 교육'이 필요한데 이러한 과정을 바로 재사회화라고 합니다. 즉 유년기나 청소년기에 익힌 것만으로는 변화하는 사회에 불충분하기 때문에 새로운 재학습이 필요하다는 것입니다. 노인대학이나 평생교육원, 각종 연수원 등도 이러한 재사회화 기관의 하나라고 할 수 있으며, 대중 매체 또한 재사회화하는데 중요한 역할을 한다고 할 수 있습니다.

사회화 社會化

한 사회의 성원이 그 사회가 사용하는 언어, 사고, 감정, 행동 등의 여러 가지 사회적인 생활 양식들을 그 사회 성원들로부터 의식적, 무의식적으로 받아들여 그 사회에 맞는 생활을 할 수 있게끔 되는 과정을 이릅니다.

정체성 正體性

正 바르다, 근본 정 體 몸 체 性 성질 성

본래의[正] 형체가[體] 지니고 있는 성질[性]

'正'은 '바르다, 바로잡다'의 뜻으로 많이 쓰이지만 여기서는 '근본적인, 본래의'의 뜻으로 쓰입니다. 정체성이란 '본래의[正] 형체가[體] 지닌 성질[性]'이란 뜻입니다.

정체성이라는 말은 홀로 쓰이기보다는 자아정체성自我正體性이라든가 문화정체성文化正體性 등 다른 말과 연결되어 쓰이면서 그 의미가 더 분명해집니다.

정체성은 보통 다름이나 차이를 인식하는 과정 속에서 형성됩니다.

제일성 齊一性

齊 가지런하다 제 一 하나, 같다 일 性 성품 성

인간이면 누구에게나 보편적으로 있는 균일한[齊一] 성질[性]

　'齊'는 '가지런하다, 같다, 균일하다'란 뜻이고, '一'은 '한결같이 같다' 란 의미입니다. 그래서 '齊一'이란 미나리와 같은 채소를 다듬을 때 어느 하나 뾰족이 튀어나온 것 없이 가지런하게 하듯 모두 '그 길이를 동일하게 하는 것'을 말합니다. 따라서 제일성이란 '인간에게서 보여지는 비슷한 공통적인 성향'을 뜻합니다.

　논어論語에 이런 구절이 나옵니다. "性相近 習相遠(성상근 습상원, 천성은 서로 같으나 습관에 따라 서로 달라진다)." 인간의 성품은 서로 비슷한데 환경에 적응하면서 살아온 습관에는 차이가 있다는 것입니다.

조왕신 竈王神

竈 부엌 조 王 임금 왕 神 신령 신

부엌을[竈] 다스리는[王] 신[神]

　우리의 조상들은 부엌에 집안을 지켜주는 신이 있다고 생각하였습니다. 이를 조왕신竈王神 또는 조신竈神, 조왕竈王이라고 하는데, 불씨를 귀중히 여기는 마음에서 유래된 것이라고 추측합니다.

　중국과 일본에서도 조왕신을 섬기는 풍습이 남아 있어서, 중국에서는 조왕신이 한해동안 가족들의 행동을 관찰하여 하늘에 있는 옥황상제에게 고하면 옥황상제는 이에 따라 그 사람에게 화와 복을 내려 준다고 생각하였고, 일본에서는 조왕신이 가정을 지켜주는 수호신 역할을 한다고 생각하였습니다. 우리나라에서는 객지에 나가있는 가족들의 건강을 지켜준다고 생각하였습니다.

준거집단 準據集團, reference group

準 법도, 기준 준 據 의거하다 거 集 모이다 집 團 모이다 단

한 개인이 생각하고 행동할 때 기준을[準] 두고 의지하는[據] 집단[集團]

　'準'이란 본래 어떤 건물을 지을 때 토대를 다진 다음 바닥이 되는 부분을 만들고 이 부분이 수평인지 아닌지를 측정하는 기구였습니다. 바닥이 수

평이 되고 난 다음에야 벽을 쌓고 기둥도 세우고 하였는데, 가장 기초라고 할 수 있는 바닥이 수평이 되지 않으면 집 모양새가 전체적으로 기울기 때문입니다. 그리하여 '準' 자는 후대에 내려오면서 기울어지지 않는, 치우치지 않는 어떤 법, 기준, 규범 등을 의미하는 글자로 쓰이게 되었습니다.

'據' 는 '믿고 의지한다' 는 뜻입니다. 그러므로 준거는 '기준으로 생각하고 믿고 의지하다' 란 말로, 준거집단準據集團은 '한 개인이 생각하고 행동할 때 기준이 되는 의지하는 집단' 을 말합니다.

칠성각 七星閣

七 일곱 칠 星 별 성 閣 집 각

북두칠성을[七星] 모셔놓은 각[閣]

'七星' 은 여기서는 28개 별자리 중의 하나로 칠성신입니다. 이 신은 예로부터 인간의 수명과 부귀를 관장한다고 하는데, 옛날 어머님들이 장독대에 정화수를 떠놓고 기원 드린 신이 칠성신입니다.

그러므로 칠성각이란 '칠성신을 모셔놓고 자신의 소원, 즉 무병장수나 평안무사를 기원하는 집' 이란 뜻입니다.

칠성각은 보통 마을과 떨어져 신령하다고 생각되는 곳에 위치하고 있기도 하지만, 산신각山神閣과 더불어 절에 위치한 것이 많습니다.

칠성각에서는 보통 음력 칠월 칠석 날 제사를 드립니다.

칠월 칠석이란?

한국, 중국, 일본 등에서 은하수 양쪽에 있는 견우성牽牛星과 직녀성織女星이 만난다는 전설에 따라 음력 7월 7일 날 저녁에 별에 제사를 지내는 날입니다.

옛날 견우와 직녀가 사랑을 하다가 옥황상제의 노여움을 사서 1년에 한 번 칠월 칠석 전날 까치와 까마귀가 놓는 오작교烏鵲橋를 통하여 만났다고 하는데, 이때는 호박이 흔한 계절이기 때문에 민간에서는 호박 부침을 하여 먹었다고 합니다.

殿閣樓亭室軒齋堂

◎ 殿 임금이나 왕비가 사는 집.

◎ 閣 다락집이라는 뜻으로 집을 버티는 기둥이 있고 그 위에 지은 집.

◎ 樓 높은 곳에 지어 먼 곳을 바라보거나 군사적으로 정찰을 하기 위해 지은 집.

- ◎ **亭** 경치가 좋은 곳에 지은 집.
- ◎ **室** 가족이 가정을 이루어 생활하는 생활 공간.
- ◎ **軒** 조금 쉬어 가는 곳으로 사방이 뚫린 집.
- ◎ **齋** 수양을 하는 집.
- ◎ **堂** 건물이 여러 개일 경우 가장 중요한 건물.

풍수지리설 風水地理說

風 바람 풍 水 물 수 地 땅 지 理 이치 리 說 말씀 설

바람과[風] 물과[水] 땅의 지형을[地理] 관찰하여 사람과의 조화를 연구하는 이론[說]

풍수지리설이란 '인간의 모든 길흉화복을 산천의 모양과 물이 흐르는 방향이나 위치[風水], 땅의 생김새[地理] 등과 연결시켜 설명하는 이론[說]' 입니다. 그래서 예로부터 묏자리뿐만 아니라 사찰을 건립하거나 수도를 옮길 때, 또 하나의 마을을 만들거나, 성을 쌓을 때 등 거의 모든 분야에서 신봉되어 왔습니다. 풍수지리설에 의한 명당자리에 만들어야 나쁜 일을 물리치고 복이 온다고 믿은 것입니다.

四神

- ◎ **청룡靑龍**[靑 푸르다 청 龍 용 룡] 푸른 용으로 동쪽을 지키는 신.
- ◎ **주작朱雀**[朱 붉다 주 雀 참새 작] 붉은 봉황으로 남쪽을 지키는 신.
- ◎ **백호白虎**[白 희다 백 虎 범 호] 흰 호랑이로 서쪽을 지키는 신.
- ◎ **현무玄武**[玄 검다 현 武 호반 무] 거북과 뱀이 뭉친 모양으로 형상화되며 북방을 지키는 신.

풍수지리설에서는 이 사신이 건축물을 관장한다고 믿어 건축물을 지을 때에도 이들 4개의 상상의 동물을 염두에 두고 조각 등을 하였습니다.

이성계가 수도를 한양으로 옮긴 이유는?

고려의 수도인 개경開京(개성)은 장풍득수藏風得水의 형국으로 안에 있는 기氣가 새어나가지 않는 명당이라고 합니다. 그러나 첩첩이 산으로 둘러싸여 있어 국면이 넓지 못하고 또 물이 전부 중앙으로 모여들어 수덕水德이 순조롭지 못하여, 이것을 막기 위하여 많은 사탑을 세웠으나 개경의 지기地氣가 이미 다해 왕업이 길지 못할 것이라는 풍수가들의 의견에

따라 이성계는 서울을 옮겼답니다.

[참고] 지리 → 풍수지리설

형이상학 形而上學, metaphysics

形 모양 형 而 조사 이 上 윗 상 學 배우다, 학문 학

눈으로 볼 수 없는 형체[形], 그 이상의[而上] 정신적인 차원의 학문[學]

《주역周易》〈계사상전繫辭上傳〉에는 이러한 구절이 있습니다.

"형체 이상의 것을 도道라 하고 형체 이하의 것을 기器라 한다(形而上者謂之道, 形而下者謂之器)"

형이상形而上은 형체가 없는 무형無形의 것을 말합니다. 도道는 바로 형상이 없는 것이며, 참되고 절대적인 진리라고 할 수 있습니다. 반대로 형이하形而下란 형체가 있는 것을 말합니다. 기器란 도구나 사물을 뜻합니다. 여기서 이상而上, 이하而下는 이상以上, 이하以下와 같은 말입니다. 그러므로 형이상학이란 추상적인 도리에 관한 학문, 즉 겉으로 드러나지 않는 정신, 감각으로는 그 존재를 파악할 수 없는 시간이나 공간을 초월한 관념적인 것을 연구하는 학문이라는 뜻입니다. 철학과 같은 학문이 형이상학의 대표적인 학문입니다.

형이하학적인 학문으로는 물질을 연구하는 학문, 즉 시간이나 공간 속에 모양을 갖추고 나타나서 감각적인 경험으로 파악할 수 있는 것, 예를 들어 식물학이나 동물학, 물리학, 자연과학 등입니다.

형이상학과 형이하학이란 말은 학문적인 용어로 보통 학문의 범주를 크게 나눌 때 쓰는 말입니다.

호국불교 護國佛敎

護 보호하다 호 國 나라 국 佛 부처 불 敎 가르치다 교

나라를[國] 보호하려는[護] 목적의 불교[佛敎]

'불교를 굳게 믿음으로써 나라를 지킨다'는 호국불교 사상은 불교가 우리 나라에 전해진 이후로 거의 주도적인 위치를 차지해 왔습니다. 특히 역대의 왕들에 의해 신봉이 되었는데, 지금은 남아 있지 않으나 현재의 80층 높이에 해당하는 황룡사 9층 석탑이라든가, 경주 앞바다에 수장한 문무왕의 묘, 또 팔만대장경 등이 이러한 예입니다.

호국불교 사상은 나라가 어려울 때에 정신적인 구심체 역할을 해왔습니다.

가석방 假釋放, parole

假 임시 가 釋 풀다 석 放 놓다 방

임시로[假] 죄인을 풀어[釋] 놓아줌[放]

석방이란 형기가 다 된 죄인을 수감소에서 풀어주는 것입니다. 가석방은 완전히 석방하는 것이 아니라 '임시로 석방하여 행정 관청이 보호 관찰하는 것'을 이릅니다.

가석방은 징역懲役이나 금고禁錮형을 치르는 사람으로서 잘못을 뉘우치는 형상이 뚜렷한 자에게 시행됩니다. 무기징역형을 받은 사람은 10년 이상 복역한 자, 유기징역의 경우에는 형기의 1/3을 마친 자에게 적용이 됩니다. 그러나 가석방 기간 중 다시 죄를 지어 금고 이상의 형을 선고받을 경우에는 가석방 처분의 효력을 잃게 됩니다.

가석방은 불필요한 형집행 기간을 단축해 수형자의 사회 복귀를 쉽게 하고, 형 집행에서도 수형자의 사회 복귀를 위한 자발적이고 적극적인 노력을 촉진한다는 의미에서 실시하는 것입니다.

감금죄 監禁罪

監 살피다 감 禁 금하다 금 罪 허물 죄

타인의 자유를 속박하기 위하여 감시하며[監] 모든 행동을 못하도록 [禁] 하는 죄[罪]

감금이란 어린아이를 제외한 사람을 일정한 구역 밖으로 나가지 못하게 하거나 곤란하게 하여 신체적 행동의 자유를 제한하는 것을 말합니다. 그러나 이것이 죄로서 요건이 성립되려면 어느 정도 지속적으로 행해 졌을 때만 성립됩니다.

체포逮捕는 사람의 신체에 대하여 직접적이고 현실적인 구속을 하여 활동의 자유를 박탈하는 것이지만, 감금은 일정하게 정해진 구역 안에서의 활동은 체포보다는 어느 정도 자유롭다는 것입니다. 그러나 감금이나 체포 모두 개인 행동의 자유를 박탈한다는 측면에서는 같다고 볼 수 있습니다.

➡ 逮捕[逮 잡다 체 捕 잡다 포] 죄인을 쫓아가서 잡음.

감형 減刑

減 덜다 감 刑 형벌 형

형벌을[刑] 덜어줌[減]

　죄를 짓게 되면 법에 따라 처벌을 받게 됩니다. 감형이란 바로 이렇게 받은 '형의 단계를 줄이거나 형의 기간을 줄이는 것' 입니다.

　사면赦免이나 집행 연기와는 다른데, 사면은 형의 집행은 물론 유죄 선고까지 벗어나게 해주어 선고 이전으로 돌아가게 하는 데 비해 감형은 그렇지 않습니다. 또 집행 연기는 집행을 하기는 하되 잠시 미루거나 정지하는 것임에 비해 감형은 미루거나 정지하는 것이 아니라 없애는 것입니다. 감형 권한은 대통령의 사법에 관한 권한 중 하나입니다.

◐ 赦免[赦 놓아주다 사 免 벗어나다 면] 죄를 용서하여 형벌을 견제함.

계엄선포권 戒嚴宣布權

戒 경계하다 계 嚴 엄하다 엄 宣 펴다 선 布 펴다 포 權 권세 권

계엄령을[戒嚴] 선포할 수 있는[宣布] 권리[權]

　계엄선포권이란 '계엄령을 선포할 수 있는 권리' 를 뜻하는데, 전쟁이나 그에 준하는 국가 비상 사태가 발생하여 군사상 또는 공공 안녕과 질서 유지가 필요할 때 법률이 정하는 바에 의하여 선포하는 것입니다.

　계엄선포권은 대통령의 고유 권한으로 계엄을 선포할 때에는 국회에 즉시 통보해야하고, 일단 계엄이 선포되었다 하더라도 국회가 과반수의 찬성으로 해제를 요구할 때 대통령은 해제해야 합니다. 계엄선포 지역은 나라 전체가 될 수도 있고 한 지역만 될 수도 있습니다. 계엄이 선포된 지역에서는 계엄사령관 관할 하에 군대가 그 지역을 경계하고, 계엄사령관이 사법권과 행정권을 지휘합니다.

계엄에는 두 가지가 있는데, 비상계엄非常戒嚴은 법률이 정하는 바에 의하여 언론, 출판, 집회, 결사의 자유와 정부 및 법원에 관하여 특별 조치할 수 있는 것이며, 경비계엄警備戒嚴은 좀 가벼운 것으로 군사에 관한 행정 및 사법 업무만 관장하는 것입니다.

공법 公法, public law

公 여러 사람의 공 法 법 법

공적인 일에[公] 관계된 법[法]

공법이란 사법과 대립되는 말로써, 개인간의 분쟁이나 관계를 규정한 법률이 아니라 '나라간의 질서 유지와 분쟁 해결을 위한 법률, 행정에 관한 법률이나 형법에 관한 법률, '우리나라는 민주주의 국가이다' 처럼 국가의 통치에 관한 헌법, 국가 조직에 관한 법, 또 국가와 개인 간 관계를 규정하는 공적인[公] 일에 관계된 법률[法]' 을 이릅니다.

공시 公示, public announcement

公 여러 사람의 공 示 보이다, 알리다 시

공적으로[公] 널리 알림[示]

공시란 물권物權에 대한 거래의 안전을 보호하려는 취지에서 시행되는 것입니다. 어떠한 물건에 대해 소유자가 바뀔 경우 변동 사항에 대하여 누가 보아도 인정할 수 있게 공적인[公] 방법으로 알리는[示] 것이지요. 즉 등기登記나 **등록**登錄, **점유**占有 등 법률상 정해진 방법으로 권리 능력이나 행위 능력, 권리의 발생, 변동, 소멸 등에 관하여 당사자뿐만 아니라 외부에서 명확하게 인식할 수 있게 하는 방법입니다.

법적으로 공시 원칙을 따르지 않은 물권에 대해서는 억울한 손해가 발생하더라도 국가에서는 이것을 구제할 방법이 없습니다.

[참고] 물권

❑ **登錄**[登 올리다 등 錄 기록하다 록] 일정한 사항을 공증하여 법률적 보호를 받을 수 있도록 공적으로 기록하는 일.

❑ **占有**[占 차지하다 점 有 있다 유] 자기 소유로 함.

공판 公判, trial

公 여러 사람의 공 判 가르다 판

공적으로[公] 판가름함[判]

공판이란 '법원이 공개된 법정에서 공적으로[公] 판가름을[判] 하는 것,

넓은 의미로는 법원이 사건에 관하여 심판하는 절차 즉 소송의 제기부터
소송의 종료' 까지를 말합니다.

우선 형을 선고하기 전에 판사는 피고인이 틀림없는가를 확인한 후 검사
가 사건의 요지를 진술하고 다음 피고인의 진술이 행해집니다.

공판의 중심은 죄가 있는지 없는지, 죄가 있다면 얼마만큼의 형벌을 주
어야 하는지를 확정하는 것입니다. 공판은 헌법에서 정한 예외의 경우를
제외하고는 반드시 공개해야 합니다.

공판에는 피고인이 출석하는 것이 원칙이나, 경미한 사건 또는 무죄가
확실한 경우에는 출석의 의무가 면제됩니다. 재판장의 허가 없이 피고인이
퇴장해 버리거나 피고인이 정당한 이유 없이 두 번에 걸쳐 출석하지 않은
경우에는 피고인의 진술에 관계없이 판결을 내릴 수 있습니다.

과료 科料

科 과목, 죄 과 料 헤아리다, 값 료

가벼운 죄에[科] 대한 벌칙을 벌금으로[料] 치루는 것

형법에서 규정하는 형벌로 과태료過怠料와는 구별해야 합니다. 과료는
흔히 벌금이라고 하는 것으로, 재산형의 일종인데 금액이 적고 경미한 범
죄에 대하여 부과하는 것입니다. 또한 과료를 선고하는 판사는 과료를 납
입하지 않을 때 교도소에서 며칠을 있어야 하는지도 동시에 알려 주어야
합니다. 과료를 치르지 못한 경범죄자는 1일 이상 30일 미만 동안 정해진
노역장에서 작업을 해야 하기 때문입니다.

[참고] 과태료

담배꽁초나 껌, 휴지, 쓰레기, 죽은 짐승 등의 더러운 물건을 아무데나 함부로 버리는 일,
길이나 공원 그 밖의 여러 사람이 모이거나 다니는 곳에 대소변을 보는 행위, 개 등의 짐승
을 끌고 와 그렇게 하도록 시키는 행위, 과다 노출, 장난 전화, 금연 장소에서의 흡연, 새치
기 등입니다.

과실책임의 원칙 過失責任의 原則

過 허물 과 失 잃다, 허물 실 責 책임 책 任 맡기다 임 原 근원 원 則 법 칙

본인이 행한 과실에[過失] 대하여 법률상의 책임을[責任] 본인이 지는 원칙[原則]

　법률상 과실이란 고의적인 것이 아니라 부주의에 의하여 일어나는 것으로 어떠한 행동이 죄가 되는 사실을 인식하지 못하는 것을 말합니다. 고의적인 행위보다는 비난의 정도가 낮지만 그것에 의한 책임은 자신이 직접 져야 하는데, 이러한 원칙을 과실책임의 원칙, 다른 말로 자기책임自己責任의 원칙原則이라고 합니다.

과태료 過怠料

過 허물 과 怠 게으르다 태 料 헤아리다, 값 료

공법상의 의무 이행을 게을리 한[怠] 사람에게 벌로[過] 물리는 돈[料]

　과태료는 형벌인 벌금이나 과료와 구별되는 것으로 '공법상의 의무를 이행하거나 행정상의 질서를 유지하기 위하여 위반자에게 부과하는 금전상의 벌' 입니다. 우리가 흔히 접할 수 있는 예로 주차 금지 구역에 주차했을 때 주차 위반 과태료가 있습니다. 과태료를 부과할 때는 그 뜻을 사전에 해당자에게 통보해야 하고, 통보 받은 사람이 이의가 있을 때는 일정한 기간 내에 발급 기관에 가서 이의를 제기할 수 있습니다.

관습법 慣習法, common law

慣 버릇 관 習 익히다 습 法 법 법

버릇처럼[慣] 익숙하게[習] 지켜지는 법[法]

　'慣習' 이란 한 사회의 내부에서 자연적으로 발생하여 그 구성원들 사이에서 계속 반복됨으로써 널리 승인되어 있는 사회적인 행위로 '버릇처럼 익숙하게 행해지는 것' 입니다. 이러한 관습이 사회 내부의 법적인 확신에 의해 옳다고 생각이 되어 사회적인 규범력을 갖게 되면 관습법이 됩니다.
　우리나라 민법 제1조는 "민사에 의하여 법률 규정이 없으면 관습법에 의하고, 관습법이 없으면 조리에 의한다"라 하고 있습니다. 민법에서는 관습법을 부분적으로는 인정하고 있지만, 사람의 죄를 다루는 형법에서는 죄형

법정주의의 원칙에 따라 관습법을 적용하지 않고 있습니다.

교사 敎唆, anstiftung

敎 가르치다 교 唆 부추기다 사

죄를 가르치고[敎] 부추겨서[唆] 타인에게 범죄 행위를 하게 함.

　교사란 '범죄를 할 생각이 없는 사람에게 범죄 행위를 하도록 가르치고 [敎] 부추기는[唆] 것' 입니다. 교사의 수단과 방법에는 제한이 없습니다. 사주, 충고, 유도, 명령, 범죄 행위에 대해 대가를 지불하는 행위, 위협 등 어느 것이든 상관없습니다.
　얼핏 교사범은 범죄를 저지른 사람에 비하여 책임이 가벼운 것 같으나, 우리나라 형법 제31조에는 '죄를 실행한 자와 동일한 형으로 처한다' 라고 되어 있습니다.

구류 拘留, custody

拘 잡다 구 留 머무르다 류

범인을 잡아[拘] 구치소 안에서 머무르게[留] 함

　구류는 징역이나 금고와 같이 '죄인을 잡아[拘] 가두어[留] 죄인의 행동에 자유를 주지 않는 형벌' 입니다. 당연히 장소는 교도소이며, 기간은 1일 이상 30일 미만에 해당하고, 일정한 역役에 복무하지 않아도 된다는 점에서 금고와 같고 징역과는 다릅니다. 예를 들어 아무 이유 없이 공공 기물인 전화 박스를 훼손하여 구류 5일의 선고를 받았다면 5일 동안 교도소에 수감된 채 자신의 행동에 대하여 반성하게 하는 것입니다.

형의 종류

형의 종류와 양은 죄의 경중과 범인의 나이, 지능과 환경, 피해자와의 관계, 범행의 동기, 범행의 수단과 결과, 범행 후의 정황 등에 따라 결정됩니다.

①생명형/ 사형　②자유형/ 징역, 금고, 구류

③재산형/ 벌금, 과료, 몰수　④명예형/ 자격상실, 자격정지

구속적부심사제 拘束適否審査制

拘 잡다 구 束 묶다 속 適 맞다 적 否 아니다 부 審 살피다 심 査 조사할 사 制 제도 제

구속[拘束] 하는 것이 적당한가[適] 그렇지 않은가를[否] 심사하는[審査] 제도[制]

구속적부심사제란 '범죄를 저질렀으리라 의심되는 사람을 구속拘束하는 것이 적합한가[適] 그렇지 않은가를[否] 심사審査하는 제도[制]' 입니다. 즉 체포나 구속을 당했을 때 그 적부의 심사를 법원에 청구하는 것입니다.

구속은 원칙적으로 법원으로부터 구속 영장을 발부 받아 해야 하는 것이며, 그렇지 않을 경우에는 임의동행任意同行이 됩니다.

구속영장발부 자체가 법률을 위반했거나 혹은 구속 후에 중대한 사건 변경이 있어 구속할 필요가 없을 때는 구속자의 청구에 따라 법원이 심사를 하게 되는데, 이를 청구를 할 수 있는 사람은 구속자 본인도 되지만 변호인이나 배우자, 형제, 자매 등도 가능합니다.

근로기준법 勤勞基準法

勤 부지런하다 근 勞 힘쓰다 로 基 터, 기초 기 準 법도 준 法 법 법

근로[勤勞] 조건의 기준이[基準] 되는 법[法]

근로기준법이란 '근로 조건의 기준을 정함으로써 노동자의 기본 생활을 보장하고, 이를 통해 균형 있는 국민 경제의 발전을 도모하려는 법' 입니다.

예를 들자면 일주일에 정해진 시간이상 근로를 시키지 못하는 것과 남녀 · 국적 · 신앙 · 사회적 신분을 이유로 근로 조건의 차별 대우를 하지 못하게 하는 균등 처우, 강제 근로 금지, 중간 착취 금지, 여자와 18세 미만인 사람에게 도덕상 또는 보건 상 유해 업종 종사 금지, 근로자가 업무상 손상 또는 질병에 걸린 경우 요양을 할 수 있도록 사용자가 필요한 요양비를 주어야 하는 것 등입니다. 근로자 자신이 원하지 않는 이상 사용자는 야근이나 특근 등 강제적으로 근로를 시키지 못하는 것, 근로 시간과 휴식 시간에 대한 것들도 근로기준법의 내용입니다.

12살 때부터 집안의 가장으로서 가족의 생계를 책임져야 했던 전태일은 60년대 말 청계천 평화시장 일대에서 미싱공으로 청년기의 삶을 시작하였습니다. 그러나 그는 그곳에서 하루

14시간 이상 일을 하고도 월급은 바닥이며, 12~13세의 소녀들이 일당 70원을 받으며 점심도 굶은 채 건강을 해치는 열악한 환경에서 허리도 펴지 못한 채 최소한 보호장치도 없는 인권의 사각지대에 방치되어 있는 삶을 보았습니다. 그리고 절대로 자본가 스스로가 이러한 불합리한 착취구조를 고치지 않으리라는 것을 깨달았습니다. 끝내 그는 1970년 11월 3일 온몸에 휘발유를 붓고 불 속에서 사라지며 외쳤습니다. "근로기준법을 지켜라! 우리는 기계가 아니다! 내 죽음을 헛되이 하지 말라!!

금고 禁錮

禁 금하다, 감옥 금 錮 매다 고

감옥에[禁] 매어둠[錮]

금고란 감옥에 가두어 자유를 속박하는 것을 말합니다.

금고형이나 징역형 모두 교도소에 감금하는 것이나 금고가 징역과 다른 점은 다음과 같습니다.

첫째, 원칙적으로 파렴치범은 징역형에, 비파렴치범은 금고형에 처합니다.

둘째, 징역은 교도소에 있으면서 정해진 노동을 해야하지만 금고는 강제적으로 정해진 노동이 없고 단지 감금만 되어 있는 것입니다.

파렴치 破廉恥란?

파렴치란 염치를 깨뜨린다는 것으로, 파렴치범破廉恥犯이란 인간이면 누구나 지니고 있는 염치를[廉恥] 법률상 깨뜨린[破] 범인[犯]입니다. 살인이나 강간 등 도덕적으로 비난받는 죄를 지은 사람을 말합니다. 비파렴치범이란 정치범이나 사상범, 과실범 등을 일컫습니다.

담보물권 擔保物權

擔 맡다 담 保 보호하다 보 物 만물 물 權 권세 권

물건을[物] 맡아서[擔] 보호할 수 있는[保] 권리[權]

담보물권이란 '채권의 담보를 제공하는 것을 목적으로 하며, 자신의 소유가 아닌 물건에 대해 갖는 제한적인 권리' 입니다. 즉 돈을 갚아야 할 사람이 그 능력이 없을 때 그 빚에 해당하는 물건을 소유하는 것입니다. 물론 약속한 기일까지 빌린 금액을 갚을 경우에는 담보했던 물건을 내주어야 합니다. 소위 '빨간딱지를 붙인다' 고 하는 것인데, 딱지를 붙인 물건에 대하여는 본래의 주인이 마음대로 물권을 주장할 수 없습니다.
[참고] 물권

등기 登記, registration

登 오르다, 올리다 등 記 적다 기

기록에[記] 올림[登]

등기에서 '登' 자는 '記' 와 마찬가지로 '어떤 장부에 올려 적는 것' 을 뜻합니다. 등기란 법률용어로 '어떠한 물건에 대한 일정한 법률 관계를 명확하게 하여 혼란을 피하고 물건의 소유자가 예측하지 못한 손해를 입지 않도록 하는 제도' 입니다.

이 제도는 권리나 신분에 관한 사항을 등기소의 등기부에 올려 권리 관계와 그 밖의 사실을 안전하고 명확하게 함으로써 거래의 안전을 도모하기 위한 것입니다.

몰수 沒收, forfeiture

沒 빠지다, 빼앗다 몰 收 거두다 수

빼앗아[沒] 거둠[收]

몰수의 사전적인 의미는 '백성이 소유한 물건을 관아에서 거두어들임' 의 뜻인데, 여기서는 법률상의 의미로 '범죄에 관계되는 물건에 대하여 원 소유자의 소유권을 박탈하여 국가에 귀속시키는 일종의 재산형 형벌' 입니다. 우리나라 형법 제 48조에 보면 살인에 사용된 흉기와 같이 범죄 행위에 제공하였거나 제공하려고 한 물건, 도박으로 얻은 재물처럼 범죄 행위로 인하여 생기거나 취득한 물건, 위와 같은 대가로 얻은 물건이나 그것을 팔아서 얻은 대금 등은 국가에서 몰수할 수 있다고 하였습니다.

몰수 제도를 둔 이유는 범죄에 의해서 얻은 이득을 박탈한다는 의미와 함께, 범죄에 쓰여진 물건이 다시 범죄에 사용되는 것을 방지한다는 의미도 있습니다.

무고죄 誣告罪, false charge

誣 꾸미다 무 告 알리다 고 罪 허물 죄

없는 죄를 있는 것처럼 꾸며서[誣] 고발하는[告] 죄[罪]

무고죄란 '무고를 행한 사람에게 주는 벌' 입니다. 즉 타인에게 형사 처분 또는 징계 처분을 받게 할 목적으로 허위의 사실을 신고하는 것입니다.

중국 남조시대 양나라 때 소역은 이렇게 말했습니다. "만약 자기에게 비난받을 만한 점이 있었다면 자기를 헐뜯은 사람의 말은 정당한 것이고, 만약 자기에게 비난받을 만한 점이 없었다면 그의 말이 잘못된 것이다. 정당한 근거가 있는 말이라면 그를 원망할 것이고, 그의 말이 아무런 근거가 없는 것이라면 자기에게 해가 될 것이 없다."

물권 物權, real rights

物 만물 물 權 권세 권

물건을[物] 소유자가 자신에게 이롭게 이용할 수 있는 권리[權]

물권이란 '특정한 물건을 직접 또는 배타적으로 지배하여 그것으로부터 직접 이익을 얻을 수 있는 권리' 를 뜻합니다.

법적으로 물권은 소유권所有權, 용익물권用益物權, 담보물권擔保物權, 점유권占有權 등으로 나눌 수 있습니다. 이러한 물권이 성립하기 위해서는 다른 사람들에게 물권의 성립을 알리는 공시公示의 방법을 써야 하는데 등기나 점유 등이 그것입니다.

[참고] 공시, 용익물권, 담보물권

물권법정주의 物權法定主義

이는 개인의 자유로운 소유를 인정한다는 것 외에도, 물권은 둘 이상이 함께 누릴 수 있는 것이 아닌 배타적인 것이므로 거래의 안전과 신속을 위하여 공시라는 법적인 방법을 쓴다는 것을 말하는 것입니다. 물권으로 인정받을 수 있는 것 중에 특정한 독립적인 물건이 아니더라도 그것을 이용하여 이익을 얻을 수 있는 광업권, 어업권 등도 포함이 됩니다.

민법 民法, droit civil

民 백성 민 法 법 법

사회 생활을 영위하는데 시민 개개인들의[民] 권리와 의무를 규정한 법률[法]

민법이란 우리의 일상 생활과 관계된 일반적인 법률이라고 할 수 있습니다. 민법에는 어떠한 물건에 대한 권리 관계를 나타내는 물권物權, 채무 관계를 나타내는 채권債權, 친족간의 관계 등에 관한 법률인 친족관계법親族關係法, 상속에 관한 법률인 상속법相續法 등이 포함됩니다.

법이 만들어지는 이유는 권력이나 힘에 의해 임의적으로 피해보는 사람들이 없고 모든 사람들이 인간으로서의 존엄성을 보장받기 위해서입니다. 그 중에서 특히 민법이 만들어지는 기본 원리는 모든 인간은 법 앞에 평등하다는 것, 사유재산권은 절대적으로 침해할 수 없다는 것, 본인의 과실에 대해서는 본인이 책임을 진다는 것, 개인 상호간에 계약을 자유롭게 할 수 있다는 것입니다.

[참고] 물권, 채권, 상속법

방조 幫助

幫 돕다 방 助 돕다 조

타인이 범죄를 저지를 때 편의를 거들어서[幫] 도와줌[助]

방조란 법률 용어로 '타인이 범죄를 저지를 때 좀더 쉽게 저지를 수 있도록 편의를 주거나[幫] 도와주는[助] 행위' 입니다. 즉 범죄를 저지를 수 있도록 기구나 흉기를 제공하는 물질적인 도움이든 '이렇게 하면 좋을 것 같다' 는 조언을 하는 정신적 행위이든 모두가 방조죄에 해당합니다. 방조범의 경우에는 직접 범죄를 저지른 것은 아니기 때문에 정범보다는 형량이 적지만 교사教唆와 마찬가지로 형법상 공범의 일종입니다.

[참고] 교사

법률불소급의 원칙 法律不遡及의 原則

法 법 법 律 법 률 不 아니다 불 遡 거슬러 올라가다 소 及 미치다 급 原 근원 원 則 법 칙

새로 제정된 법률[法律]은 지나간 일에까지 거슬러 올라가[遡] 효력을

미치지[及] 않는다는[不] 원칙[原則]

　법률불소급의 원칙은 '새로 제정된 법률法律은 지나간 일에까지 거슬러 올라가[遡] 영향력을 미칠 수[及] 없다는[不] 원칙[原則]' 입니다. 사람의 죄를 다스리는 형법의 경우 특히 이 법칙이 중요시됩니다. 이 원칙이 적용되지 않는 경우는 그 법률에 관계된 사람들에게 더 유리하다고 판단될 때나 공공의 이익을 위하여 새로운 법의 적용이 적당하다고 생각될 때입니다. 이때는 신법新法을 소급해서 적용하게 됩니다.

불문법 不文法, consuetudinary law

不 아니다 불 文 글 문 法 법 법

문자로[文] 이루어지지 않은[不] 법[法]

　사회가 빠르게 변하지 않을 때는 거기에 맞추어 법도 서서히 변했습니다. 법을 지키려고 굳이 애를 쓰지 않아도 사회 생활을 하면서 저절로 체득되었기 때문에 애써 문자화하여 강제성을 가질 필요가 없었기 때문입니다.

　그러나 사회가 빠르게 변하면 예전에 없었던 여러 가지 복잡한 사건들이 많이 일어나게 되고 이를 해결할 규칙이 필요하게 됩니다. 이 때 오랜 기간 동안에야 형성되는 관습법이나 판례법, 조리 등과 같은 불문법이 만들어지기만을 무작정 기다릴 수는 없습니다. 또 지역마다 다른 관습으로 인해 서로 오해가 생길 수도 있습니다. 그래서 점차 법률을 문자화시키고 문서 형식을 갖추는 작업이 필요하였습니다. 이렇게 만들어진 법을 성문법成文法이라 합니다. 즉 국가가 일정한 절차와 형식을 통하여 법의 내용을 문서로[文] 작성하고[成] 시행하는 법[法]입니다.

　이와 반대로 문서로 작성되지는 않았으나 오랜 기간 시행되어 와서 관습으로 굳어진 관습법慣習法이나 인간의 보통 상식으로 해결할 수 있는 조리條理, 아무런 법적인 근거가 없을 때 이전의 사건 결판에 따라 동일 사건에 대해서는 동일 법률을 적용시키는 판례법判例法 등과 같은 법률을 불문법이라고 합니다.

[참고] 관습법, 조리, 판례법

사법 私法, private law

私 개인 사 法 법 법

개인의 사사로운[私] 일에 관계된 법[法]

'나라 간의 질서 유지와 분쟁 해결을 위한 법률, 행정에 관한 법률이나 형법에 관한 법률, '우리나라는 민주주의 국가이다' 처럼 국가의 통치에 관한 헌법, 국가 조직에 관한 법, 또 국가와 개인 간 관계를 규정하는 공적인[公] 일에 관계된 법률[法]'을 공법公法이라 합니다. 이는 사법과 대립되는 개념입니다.

사법이란 국가의 통치 관계와 권력 관계와 같이 공적 이익에 관계되는 법이 아니라 개인의 권익을 중시하는 입장에서 지켜지는 법을 말합니다. 예를 들어 상속에 관한 법이라든가, 개인이 개인의 재산을 사용하는 것에 관한 민법民法, 또 장사를 할 경우에 지켜야 하는 상법商法 등입니다.

상속 相續

相 서로 상 續 잇다 속

재산 따위를 서로[相] 대물려 이어감[續]

상속은 재산상속을 일컫는 것으로 재산상속을 할 때는 분쟁을 막기 위하여 누가 얼마만큼을 상속받는지 법으로 정하고 있습니다. 또 상속받는 금액에 대해 세금을 부과하는데, 이 때는 당연히 누진세율을 적용합니다. 그러나 상속에는 채무에 관한 상속도 포함되기 때문에, 보증을 서서 받게 된 상속과 같은 경우 사망 3개월 안에 법원에 상속포기 신청을 해야만 보증채무를 상속받지 않습니다.

상해죄 傷害罪

傷 상처 상 害 해치다 해 罪 허물 죄

남에게 상처를 내어[傷] 해를 입히는[害] 죄[罪]

상해죄란 '다른 사람의 신체에 해를 가함으로써 건강을 해치는 죄'를 말합니다. 이러한 법률을 만든 이유는 개인 신체의 건강을 다른 사람이 해치지 못하게 하기 위한 것입니다. 상해의 수단과 방법에는 제한이 없는데, 폭행에 의하든 기타 다른 방법에 의하든 고의든 아니든 간 관계없이 적용됨니다. 해치려는 마음을 먹고 타인에게 상해를 입혔다면 폭행치상죄暴行致傷罪가 적용되며, 해치려는 마음을 먹고 폭행을 가했으나 상해가 생기지 않고 단순한 폭행에 그쳤을 경우에는 상해미수죄傷害未遂罪가 성립합니다.

성문법 成文法, statutory law

成 이루다 성 文 글 문 法 법 법

문자로[文] 이루어진[成] 법[法]

'국가가 일정한 절차와 형식을 통하여 법의 내용을 문서로[文] 작성하고[成] 시행하는 법[法]'을 성문법이라고 합니다. 그리고 성문화되는 법률은 보통 각 나라의 입법부에서 재정을 합니다. 사회가 빠르게 변하지 않았을 때에는 법을 지키려고 굳이 애를 쓰지 않아도 생활자체가 곧 관습이고 법이 되었기 때문에 사회 생활을 하면서 저절로 체득되어 애써 문자화할 필요가 없었습니다. 그러나 사회의 변화 속도가 빨라질수록 예전에 없었던 여러 가지 복잡한 사건들이 많이 일어나게 되고 이를 신속하고 공정하게 해결할 규칙이 필요하게 되어 점차 법률을 문자화시키고 문서의 형식을 갖추면서 성문법이 만들어진 것입니다.

[참고] 불문법

속인주의 屬人主義, personal prinzip

屬 붙다, 따르다 속 人 사람 인 主 주인, 주로하다 주 義 옳다, 의견 의

법을 적용할 때 사건 당사자가 어느 나라 사람인가를[人] 따르는[屬] 주의[主義]

'범죄 장소를 따지지 않고 자기 나라 국민이[人] 행한 범죄에 대하여는 자국의 법을 따르는[屬] 주의를[主義]' 속인주의라 합니다. 이들은 자신이 머물고 있는 국가의 국내법으로부터 면제되어 형사재판을 받지 않는 재판권으로부터의 면제, 소득세나 재산세 등 직접세를 내지 않는 과세권으로부터의 면제, 경찰권으로부터의 면제 등의 혜택을 받습니다.

속지주의 屬地主義, territorial prinzip

屬 붙다, <u>따르다</u> 속 地 땅 지 主 주인, <u>주로하다</u> 주 義 옳다, <u>의견</u> 의

법을 적용할 때 사건이 발생한 지역을[地] 따르는[屬] 주의[主義]

'범죄 장소를 따지지 않고 자기 나라 국민이[人] 행한 범죄에 대하여는 자국의 법을 따르는[屬] 주의主義'를 속인주의라 하고, 범죄인이 어느 나라 사람인가를 불문하고 '자국 영토 내에서[地] 저지른 범죄에 대해 자국의 형법을 적용시키는 것[屬]을 속지주의라고 합니다. 미군이 우리나라에서 범죄를 저질렀을 때 속인주의 원칙에 따라 미국 법의 적용을 받게 되는데 이는 1966년에 조인된 한미행정협정 때문입니다.

[참고] 치외법권, 속인주의

한미행정협정 韓美行政協定

1966년 7월 9일 조인되어 1967년 2월 9일 발표된 협정으로, "대한민국과 아메리카 합중국 간의 상호방위조약 제 4조에 의한 시설과 구역 및 대한민국에서 합중국 군대의 지위에 관한 협정"을 말합니다. 1950년 6 · 25 전쟁 때 파견되어 53년 휴전이 성립된 이후에도 한미 상호방위조약 제 4조에 따라 미군은 계속 주둔하게 되었는데, 미국 군대의 법적 지위에 관한 협약이 필요하여 마련된 협정입니다.

협정의 내용으로 가장 문제가 되는 것은 '주한 미국군의 재판 관할권을 미군법회의가 가진다' 는 것입니다. 협정 제 22조에 의하면 '주한 미국 군대의 구성원 · 군속 및 그들의 가족이 한국 내에서 죄를 범할 때 미국 법령에 의해서는 처벌할 수 있으나 한국 법령에 의해서는 처벌할 수 없는 범죄일 때에는 미군이 전속적 재판권을 가질 권리를 가진다. …… 한편 재판권을 행사할 권리가 경합할 경우에는 … 미국이 1차 재판권을 가지며, 기타의 범죄에 대해서는 한국이 1차 재판권을 가진다. 그러나 한국 측은 미국군 당국의 요청이 있을 때는 재판권 행사가 중요하다고 결정할 때를 제외하고는 1차 권리를 포기한다' 고 규정하고 있습니다. 따라서 이 법에 의해서 미군이 한국 내에서 저지른 모든 범죄에 대해 우리나라 경찰에서는 아무런 법적 제재를 할 수 없게 되어 있는 것입니다.

그래서 이제까지 미군들이 우리나라에서 저지른 수많은 극악한 사건에 대하여 우리 나라 경찰은 아무런 손을 쓸 수가 없었습니다.

수사 搜査, criminal investigation

搜 찾다 수 査 조사하다 사

범인을 찾기[搜] 위해 조사함[査]

　수사란 '범죄 혐의가 있다고 생각될 때 정말로 범죄가 있는지 없는지를 명백히 하여 재판의 신청 여부를 결정하거나 또는 어떤 사건에 대하여 재판을 시작하기 위한 준비 작업의 일환으로 범인의 증거를 발견, 확보하고 보존하는 기관의 활동'을 말합니다. 다시 말하면 범인인지 아닌지 증거를 찾고[搜] 자세히 조사하는[査] 것입니다. 현행법으로는 수사의 주체는 검사이고, 이를 보조하는 기관으로 경찰이 있습니다.

실정법 實定法, the pasitive law

實 열매 실 定 정하다 정 法 법 법

내실이 있게[實] 현실적으로 제정된[定] 법[法]

　실정법이란 '특정한 시대와 사회에서 구체적이고 실질적인 효력을 가지고 있는 법규범'으로, 입법부에 의해서 제정된 성문법을 이릅니다.

自然法

실정법의 반대 개념으로 예를 들어 '모든 인간은 법 앞에 평등하다'와 같이 인간의 이성에서 우러나오는 영구 불변의 가치나 원리라고 생각되는 것들, 특정 시대의 역사적, 정치적 소유물이 아닌 보편 타당한 법칙이나 규범을 내용으로 하는 법을 자연법이라고 합니다. 그러나 구체적으로 어떻게 적용시킬 것인가에 대해서는 현실성이 부족합니다. 미국의 독립선언이나, 프랑스의 인권선언, 프랑스 민법전, 오스트리아 민법전 등이 해당됩니다.

실체법 實體法, the substantive law

實 열매 실 體 몸 체 法 법 법

실제의[實] 행위, 형체가[體] 있는 법[法]

　예를 들어 어떤 사람이 집을 한 채 샀다고 했을 때 이 사람은 그 집이 자신의 집임을 알리기 위하여 공시의 방법으로 집을 자신의 소유로 등기처리해야 합니다. 이때 적용되는 부동산 등기법은 이미 정해진 순서대로 행하기만 하면 되는 형식이 이미 정해져 있어 집의 소유주는 그것을 따라 실행하기만 하면 됩니다. 이것을 절차법節次法이라고 합니다.

　그러나 어떤 사람이 큰 죄를 지었을 경우에 이 사람이 형법의 어느 조항에 해당되어 얼마만큼의 죄가를 치루어야 하는지 등은 죄의 경중과 사회적인 영향 등을 고려한 법원의 심판에 따라야 하는데, 이렇게 법의 내용과 실체에 대하여 규정한 법률을 실체법이라고 합니다. 민법, 상법, 형법 등이 그 예입니다.

[참고] 절차법 참조

심급제도 審級制度

審 살피다 심 級 등급 급 制 제도 제 度 제도 도

급이[級] 다른 법원에서 각각 자세히 살피는[審] 제도[制度]

　재판으로 인해 부당하게 피해를 보는 사람들이 없도록 하기 위하여 한번의 재판으로 형량을 결정하는 것이 아니라 피의자가 다시 재판하기를 원할 때는 상급법원에서 다시 심판을 받을 수 있게 하는 제도를 심급제도라고 합니다. 우리 나라 심급제도는 3심제가 원칙입니다. 제 1심은 가정법원 또는 지방법원에서 이루어지며, 제 2심은 고등법원이나 지방법원합의부에서, 마지막 제 3심은 대법원에서 이루어집니다.

제1심 : 가정법원, 지방법원
항소抗訴 ↓
제2심 : 고등법원, 지방법원합의부
상고上告 ↓
제3심 : 대법원

영토고권 領土高權, sovereignty upon land

領 거느리다 령 土 흙 토 高 높다 고 權 권세 권

영토에[領土] 미치는 국가의 가장 높은[高] 권리[權]

　　영토와 국민과 주권을 국가의 3요소라 합니다.

　　즉 국가의 통치권이 미치는 영역과 국가의 구성원인 국민이 있어야 하며, 대외적으로 독립성과 내적으로 주권이 있어야 국가라고 이름 붙일 수 있습니다. 이때 주권의 성격을 영토고권, 대인주권, 대외주권 세 가지로 분류합니다.

　　영토고권은 영토주권領土主權이라고도 하는데, 영토領土에 관한 최고의[高] 권리[權]란 뜻입니다. 자국내 영토에 관해서 점유 또는 처분을 하거나 다른 나라의 간섭 없이 자국의 영역 내에 있는 사람이나 사물에 대해 행사할 수 있는 권리를 말합니다. 이는 치외법권治外法權과는 대가 되는 것으로 자국 영토 내에 있는 모든 사람과 사물에 대해서는 원칙적으로 그 나라의 법에 따라 다스릴 수 있는 국가의 권력을 뜻합니다.

대인주권對人主權

대인고권對人高權이라고도 하며 국가가 인간에게 행할 수 있는 최고의 권력입니다. 따라서 자국민이 국내에 있거나 국외에 있거나를 막론하고 국가의 통치대상이 되는 것으로, 국가가 외국에 있는 자국민에 대하여 외교적 보호권을 행사할 수 있는 예 등입니다. 그러나 이 때는 그 외국의 영토주권을 침해하지 않는 범위내에서만 행사할 수 있습니다.

왕권신수설 王權神授說, the theory of the divine right of kings

王 임금 왕　權 권세 권　神 신 신　授 주다 수　說 말씀 설

왕의[王] 권력은[權] 신이[神] 내려 주었다는[授] 설[說]

　　유럽의 중세시대에 신이 교회에게 정신적인 부분을 다스릴 권력을 준 것처럼 한나라를 다스리는 통치자에게는 세속적인 권력을 주었다고 주장하는 것을 왕권신수설이라고 합니다. 정신적인 부분에 대해서는 교회에 그 권력을 넘겨주었지만 세속적인 부분까지 빼앗길 수는 없다는 것입니다. 영국의 제임스 1세가 주창한 이 설은 정치가 교회의 권력으로부터 어느 정도 벗어날 수 있었다는 긍정적인 면을 갖고 있으나 군주가 비록 폭군이라 하더라도 다른 사람들은 아무런 말을 할 수 없게 되었으며, 나아가 왕은 신으로부터 권력을 받았기 때문에 의회와 같이 지상地上의 권력을 받은 기관으로부터는 견제를 받을 수 없다는 이론으로까지 나아가 큰 폐단을 낳게 되었습니다.

 왕권신수설 王權神授說의 성립 배경

중세 유럽에서 가장 큰 권력을 지니고 있던 사람들은 교회에 종사하는 사람들이었습니다. 이들은 신神으로부터 모든 권력을 부여받았다고 생각하여 성직자 본연의 임무에서 벗어나 세속적이고 정치적인 면에서까지도 자신들의 권한을 주장하기에 이르렀습니다. 서슴없이 민중 착취를 자행하였고, 민중들도 교회를 가장 두렵게 생각하였습니다. 이렇게 되어 왕은 형식적으로는 국민을 통치하는 제일 우두머리였지만 실질적으로는 교황의 통치 아래 있는 꼴이 되었는데, 왕에게는 달가운 일이 아니었습니다. 그리하여 신이 교회에게 정신적인 부분을 다스릴 권력을 준 것처럼 한나라를 다스리는 통치자에게도 세속적인 권력을 주었다고 주장하고 나서게 된 것입니다.

용익물권 用益物權, usufruct

用 쓰다 용 益 더하다, <u>이롭다</u> 익 物 만물 물 權 권세 권

사용하여[用] 이익을[益] 얻을 수 있는 물건에[物] 대한 권리[權]

'다른 사람의 토지를 일정한 목적을 위해 사용하여[用] 수익을[益] 얻는 물건에 대한 권리[物權]'를 용익물권이라고 합니다. 다른 사람의 토지 위에 건물만 지어서 사용할 때는 지상권地上權이라 하고, 다른 사람의 땅이지만 그 길을 통행해야만 된다거나, 농사를 짓는다거나, 또는 그 땅을 거쳐 물을 끌어와야 할 경우 등을 지역권地役權이라 하는데, 모두 용익물권의 하나입니다.

이것은 민법民法에서 보장하고 있는 것으로 물건이 가지는 사용가치를 최대한 활용하기 위한 것입니다.

원고 原告, the plaintiff, the complain ant

原 근원 원 告 알리다 고

사건을 법원에 고발한 또는 알린[告] 당사자[原]

법원에 소송을 제기한 사람.

[참고] 피고

은닉죄 隱匿罪

隱 숨기다 은 匿 숨기다 닉 罪 허물 죄

숨기고 감추는[隱匿] 죄[罪]

함께 범행에 가담하지는 않았으나 범인을 집에 숨겨주고 수사기관에 알리지 않았다가 발각이 되었을 경우 이 사람은 어떻게 될까요?

①범행에 가담하지 않았으므로 벌이 없다.

②교사죄로 처벌받는다.

③은닉죄로 처벌받는다.

④방조죄로 처벌받는다.

답은 ③입니다. 즉, 은닉죄隱匿罪란 '벌금 이상의 형에 해당하는 사람에게 장소 등을 제공하여 수사 기관원에게 발각되지 않도록 도와주는 행위'를 말합니다.

[참고] 교사, 방조

인권 人權, human rights

人 사람 인 權 권세 권

사람이 사람답게[人] 살 수 있도록 누구에게나 당연히 인정되는 기본적 권리[權]

우리나라의 헌법에는 '모든 인간은 인간으로서의 존엄과 가치를 가지며 행복을 추구하는 권리를 가진다. 국가는 개인이 가지는 불가침의 기본권적 인권을 확인하고 이를 보장할 의무를 가진다' 라고 되어 있습니다. 즉 모든 인간은 태어난 것 자체만으로도 이성적 존재로서 인격을 실현할 수 있는 권리가 있다는 것입니다.

근대 이전에는 인권이 그리 중요한 문제로 부각되지 않았지만 근대 이후 하늘에서 내려주었다는 천부인권 사상이 대두되면서 인권은 민주주의 발전의 가장 근본적인 기초가 되었습니다.

'인권 人權' 의 종류

우리나라 헌법에서 보장하고 있는 인권은 다음과 같습니다.

◎ **행복추구권** 누구의 강요나 명령에 의해서가 아니라, 자기의 계획에 따라 자신이 원하는 행복을 추구할 수 있는 권리입니다.

◎ **평등권** 누구든 성별, 종교, 사회적 신분에 의하여 정치, 경제, 사회, 문화적 생활의 모든 영역에 있어서 차별을 받지 않는다는 것입니다. 이때의 평등은 능력에 따라 다른 상대적 평등입니다.

◎ **자유권** 개인의 자유로운 생활에 간섭을 받지 않는 권리입니다.

◎ **사회권** 생존권적 기본권이라고도 하며 인간다운 생활을 보장받을 수 있는 권리입니다.

◎ **청구권적 기본권** 다른 사람으로부터 권리의 침해를 당했을 때 구제해 달라고 국가에 청원할 수 있는 권리입니다.

◎ **참정권** 국민투표권처럼 정치에 참여할 수 있는 권리입니다.

일조권 日照權, a right to sunshine

日 해 일 照 비추다 조 權 권세 권

햇빛을[日] 쬐일 수 있는[照] 권리[權]

햇빛은 인간의 성격 형성뿐만 아니라 생활하는 데에 매우 중요합니다. 때문에 사람이 생활하는데 필요한 최소한의 햇빛을[日] 쬐일 수[照] 있는 권리를[權] 법으로 제정해 놓았는데, 이것을 일조권이라고 합니다.

예를 들어 새로 지어지는 어떤 건물로 인해 햇빛이 가려져 생활하는데 많은 불편을 겪고 있다는 사실이 증명되면 일조권 침해로 건물 주인에게 손해배상을 청구할 수 있는 것입니다.

임의동행 任意同行

任 맡기다 임 意 뜻 의 同 한가지 동 行 다니다, 가다 행

수사기관이 피의자나 참고인 등에게 수사기관에 함께[同] 가기를[行] 요구하여 상대편의 승낙을[任意] 얻은 다음 연행하는 처분

'경찰관의 연행 요구에 자발적으로 응하여 조사를 받기 위해서 경찰서나 파출소 등의 수사기관으로 수사관과 함께 가는 것'을 임의동행이라 합니다. 즉 수사관이 동행同行을 요구할 때 본인의 자유로운[任] 의사로[意] 동의를 하고 경찰서까지 동행해서 수사에 협조하는 것입니다. 본인 의사와 달리 강제로 연행을 하는 것은 체포逮捕, 즉 강제연행에 해당합니다.

임의동행을 할 때는 미란다 원칙을 지켜야 하며 묵비권을 사용할 수 있다는 것과 변호인의 도움을 받을 수 있다는 사실도 알려주어야만 합니다.

묵비권 默秘權

헌법 12조 2항에 의하여 형사 책임에 관하여 자기에게 불합리한 진술은 강요당하지 않을 수 있는 권리입니다. 묵비권은 강제적인 고문에 의한 자백의 강요를 방지하여 인권을 옹호하려는 취지에서 나온 것입니다. 그래서 강요된 진술은 유죄의 증거로 삼지 못하게 되어 있습니다.[默 잠잠할 묵 秘 숨기다 비 權 권세 권]

미란다 원칙

미란다 원칙이란 1966년에 미국 미란다 판결에서 선언된 것으로 수사 기관에서 피의자를 구속할 때 일정한 사항을 알려 주어야 한다는 원칙입니다. 우리 헌법과 형사소송법에도 법원이나 수사 기관에서 피고인이나 피의자를 구속할 때는 아래 헌법과 형사소송법에 있는 사항을 고지하여야 합니다.

헌법 제12조 5항에는 '누구든지 체포 또는 구속의 이유와 변호인의 조력을 받을 권리가 있음을 고지 받지 아니하고는 체포 또는 구속을 당하지 아니한다. 체포 또는 구속을 당한 자의 가족 등 법률이 정하는 자에게는 그 이유와 일시, 장소가 지체 없이 통지되어야 한다'고 되어있고, 형사소송법 제72조에는 '피고인에 대하여 범죄 사실의 요지, 구속의 이유, 변호인을 선임할 수 있음을 말하고 변명할 기회를 준 후가 아니면 구속할 수 없다'고 되어 있습니다.

적법절차의 원리 適法節次의 原理

適 맞다 적 法 법 법 節 마디 절 次 버금, 잇다 차 原 근원 원 理 이치 리

법이 적용되는 범위 또는 절차[節次]가 법률[法]에 맞게[適] 진행되어야 하고 이것이 법률로 규정되어야 한다는 원리[原理]

우리나라 헌법 제12조 1항에는, "누구든지 법률에 의하지 아니하고는 체포, 구속, 압수, 수색 또는 심문을 받지 아니하며, 법률과 적법한 절차에 의하지 아니하고는 처벌, 보안처분 또는 강제노역을 받지 아니한다"고 하여 개인의 인권을 보장하고 있습니다. 즉 굉장한 잘못을 저질렀다 하더라도 법률에 명시되어 있는 죄가 아니라면 임의로 벌을 내릴 수 없고, 또한 어떠한 법률을 적용시킬 때에도 아무렇게나 적용시키는 것이 아니라 법률로 정해진 절차에 맞게, 순서에 맞게 적용시켜야 한다는 곧, 법률의 실체적인 내용까지도 공정하고 합리적이며 정당성에 위배되어서는 안 된다는 말입니다. 이것이 바로 적법절차의 원리입니다.

절차법 節次法, procedural law

節 마디 절 次 버금, 잇다 차 法 법 법

권리의 실질적 내용을 실현하기 위하여 해야 할 일의 순서에[節次] 관계된 법[法]

절차법이란 민사소송법, 형사소송법, 부동산 등기법처럼 법의 내용이 되는 실체보다는 그 '내용을 실행하기 위해서는 어떻게 하며, 무엇을 지켜야 하는가, 또 어떠한 순서에 의하여 실행해야 하는가 등 형식에 관련된 법' 입니다.

상대가 되는 것으로 실체법實體法이 있습니다. 이는 법의 내용과 실체에 대하여 규정한 법으로 민법, 상법, 형법 등입니다.

조리 條理, logical sequence

條 가지, 법규 조 理 이치 리

보통 사람들이 상식적으로 생각할 수 있는 법규와[條] 이치[理]

조리란 법률용어로 '사람이라면 당연히 지키고 살아야 할, 억지로 지키려고 노력하지 않아도 저절로 지켜지는 것' 들입니다.

즉 어떤 사건이 발생했을 때 그 사건을 처리하기 위한 기준이 법률에도 없고, 또 이전에 이런 사건이 일어났을 때는 어떻게 처리했는지의 사례가 관습법이나 판례법에도 없을 때, 그 사건의 전후 상황을 우리들의 보통 생활 속에서 보통의 상식으로 판단할 수밖에 없습니다. 이것을 바로 조리라고 합니다. 우리나라 민법 제 1조에는 '민사에 관하여 법률에 규정이 없으면 관습법에 의하고 관습법이 없으면 조리에 의한다' 고 규정되어 있습니다.

조리는 공공의 질서 및 선량한 풍속이라 표현되기도 하고, 사회 일반에 통용되는 상식이라고도 하며, 내가 이렇게 했을 때 상대방은 당연히 이렇게 할 것이라는 상대방의 신뢰에 배신하지 않는 것이라고도 말할 수 있습니다.

죄형법정주의 罪刑法定主義, the principle of legality

罪 허물 죄 刑 형벌 형 法 법 법 定 정하다 정 主 주인, 주로하다 주 義 옳다, 의견 의

어떠한 행위가 범죄가[罪] 되고, 또 그 죄에 대하여 어떠한 형벌을[刑] 내려야 하는가를 미리 법으로[法] 정해야[定] 한다는 주의[主義]

죄형법정주의란 '법률이 없으면 범죄도 없고, 법률이 없이는 형법도 없다' 는 원칙으로 '어떠한 행위가 범죄가 되는지[罪], 또 그 범죄에 대하여는 어떠한 형벌을 내려야 하는지를[刑] 미리 성문화된 법률로[法] 정해 두어야 한다는[定] 주의主義' 입니다.

성문화된 법이 없다면 범죄가 일어날 때마다 어떤 벌을 적용시켜야 할 것인가를 고민해야하고, 공정성도 없어지기 때문입니다.

[참고] 성문법

죄형법정주의 罪刑法定主義 원칙

◎ **관습법 배제의 원칙** 범죄의 종류와 형벌의 정도를 법률에 정하여 이에 한정함으로써 관습법이나 조리처럼 불문법에서 생겨나는 폐단을 막기 위한 원칙입니다.

◎ **형벌불소급의 원칙** 법이 개정되어 시행되기 전에 행한 행동에 대하여는 개정된 후의 법을 적용시킬 수 없다는 원칙입니다.

◎ **유추 해석 금지의 원칙** 범죄자에게 불이익이 되는 상상 또는 유추 해석으로 범죄자가 불리하도록 하는 것을 금지하기 위한 원칙입니다.

◎ **부정기형 금지의 원칙** 법률로 정한 범죄와 형벌의 관계가 균형이 있어야 하므로 정해져 있지 않은 형 기간을 선고하는 것을 막는 원칙입니다.

참정권 參政權, the right to vote

參 참여하다 참 政 정치 정 權 권세 권

정치에[政] 참여할[參] 수 있는 권리[權]

참정권은 정치에 참여할 수 있는 권리, 즉 국민이 국가의 구성원으로서 국가의 통치에 참여할 수 있는 능동적인 권리를 말합니다.

오늘날 대부분의 민주국가에서는 직접민주정치의 방법을 사용하지 못하기 때문에 국민을 대표하여 정치를 할 사람을 선출하여, 그들이 대신 정치를 하게 하는 간접민주정치의 방법을 택하고 있습니다. 참정권은 간접민주정치 체제 아래서 국민이 직접 정치에 참여할 수 있도록 직접민주정치의 방법을 어느 정도 수용한 것입니다.

참정권 參政權의 종류는?

◎ **선거권** 모든 국민이 만 20세가 되면 선거할 수 있는 권리를 부여받는 것으로, 간접민주

정치 즉 대의정치代議政治를 기본으로 하는 민주 국가에서는 가장 중요한 권리입니다.
◎ **공무담임권** 국민이면 모두 국가의 공적인 업무를 담당하는 국가 기관에 선출되거나 취임을 하여 담당할 수 있는 권리입니다.
◎ **국민투표권** 외교, 국방, 통일 등 기타 국가의 중요 사항을 대통령이 결정해야 할 때 국민투표를 통하여 여러 방안 중 가장 좋은 방안을 선택할 수 있는 권리입니다.

채무불이행 債務不履行, default of an obligation

債 빚 채 務 힘쓰다 무 不 아니다 불 履 밟다 리 行 행하다 행

빚을[債] 갚아야 하는 의무를[務] 이행[履行]하지 않음[不]

채무債務란 '빚을 갚아야 하는 의무' 란 뜻으로, 채무불이행이란 '빚을[債] 갚을 의무를[務] 이행하지[履行] 않는[不] 것' 을 뜻합니다.

채무의 반대말은 채권債權으로 돈을 받을 권리를 말합니다. 그리고 채권 채무의 관계를 계약할 때는 계약서를 쓰고 언제 어떤 이율로 이자를 줄 것인가를 명시합니다. 원금이나 이자의 부분적인 것만을 이행하지 못할 경우는 '부분적 채무불이행' 이라고 하고, 기업이나 개인이 파산하여 완전히 실행하지 못할 경우를 '완전 채무불이행' 이라고 합니다.

채무불이행 때 채권자는 법원에 민사소송을 제기하여 법원의 판결에 의해 채무의 강제 이행을 청구할 수 있습니다. 또 채권자가 손해를 입었을 때는 손해배상까지 청구할 수 있습니다.

천부인권사상 天賦人權思想

天 하늘 천 賦 주다 부 人 사람 인 權 권세 권 思 생각 사 想 생각 상

인권은[人權] 하늘이[天] 내려주었다고[賦] 하는 사상[思想]

천부인권사상이란 '어떤 사람이든 누구로부터 간섭받지 않는, 개인의 자유와 평등에 관한 권리[人權]를 하늘[天]이 부여해주었다[賦] 는 사상[思想]' 입니다. '누구나 똑같이 하늘로부터 인간으로서의 권리를 부여받았다'고 하는 이 사상은 중세의 봉건제도를 타파하는 정신적인 근간이 되었으며, 이후에 미국의 독립선언서, 프랑스의 인권선언 등의 토대가 되었습니다.

청구권적 기본권 請求權的 基本權

請 청하다 청 求 구하다 구 權 권세 권 的 과녁, ~하는 적 基 터 기 本 근본 본 權 권세 권

기본권의[基本權] 구제를 청구할[請求] 수 있는[的] 권리[權]

　청구권적 기본권이란 '국민이 침해당한 기본권의 구제를 국가에 대하여 청구할 수 있는 권리' 입니다. 이는 다른 여러 기본권 중에서 국민이 적극적으로 국가에 대하여 특정한 행위를 구하거나 국가의 보호를 요청할 수 있는 권리입니다.

◎ **청원권** 국민이 국가 기관에 대하여 자신의 희망을 진술할 수 있는 권리로, 국민이 청원권을 국가에 제출했을 때 국가는 성실, 공정, 신속하게 심사하여 청원인에게 알려주어야 합니다.

◎ **재판청구권** 모든 국민은 재판을 신청하고 받을 수 있다는 권리입니다.

◎ **형사보상청구권** 잘못된 형사 재판으로 인하여 억울하게 누명을 쓰고 구금되었던 사람이 법률이 정하는 바에 따라 정당한 보상을 청구할 수 있는 권리입니다.

◎ **국가구조청구권** 타인의 범죄 행위로 인하여 생명이나 신체에 피해를 받은 국민이 법률이 정하는 데 따라 국가로부터 구조를 청구할 수 있는 권리입니다.

◎ **국가배상청구권** 공무원의 직무상 불법 행위로 인하여 국민이 손해를 보았을 때 국가로부터 손해배상 받을 것을 청구할 수 있는 권리입니다.

친고죄 親告罪

親 어버이, 몸소 친 告 알리다 고 罪 허물 죄

피해를 당한 자신이 친히[親] 알려야만[告] 재판이 진행될 수 있는 범죄[罪]

　피해자 또는 기타 법률이 정한 자가 친히[親] 고소 또는 고발을 해서 알려야만[告] 재판이 성사되는 죄의[罪] 종류를 친고죄라고 합니다.
　이렇게 친고죄를 인정하는 이유는 첫 번째로 피해자의 명예를 고려하자는 것입니다. 강간죄와 같은 경우 일단 그 사건만 가지고도 수치스럽고 치욕스러운데 다시 법정에서 당시의 상황을 재연하는 것은 피해자에게 매우 고통스러운 일이기 때문입니다.
　두번째로 모욕죄와 같이 다른 범행에 비해 죄의 종류가 경미하기 때문에

피해자의 처분에 의존하여 처벌 여부를 결정하려는 것입니다. 피해자와 피의자가 서로 타협에 의하여 알아서 처리해도 되는 일이라면 굳이 법정에까지 서지 않아도 되기 때문입니다.

세번째는 외국 국기에 대한 모독 등 국제적으로 지켜야 할 예의에서 벗어났을 때의 일로서, 일상 생활에서는 자주 일어나지 않는 일일 경우입니다.

판례법 判例法, case law

判 판가름하다 판 例 보기 례 法 법 법

재판의[判] 선례가[例] 쌓여서 성립된 법[法]

판례는 재판裁判 선례先例의 줄임말로서 '동일 사건에 대하여는 선례에 남은대로 같이 집행을 한다는 것' 입니다.

재판의 선례가 오랜 시간 동안 지속적으로 되풀이되면 성문화된 법은 아니지만 추상적인 법칙이 발생하게 되는데 이것을 판례법이라고 합니다. 판례법도 그 법안에 중대한 법이론 상의 모순이 나타나게 되면 같은 사건이라 할지라도 새로운 판례가 생성되고 앞선 판례는 폐기되게 됩니다.

[참고] 불문법

피고 被告, a defendant, the accused

被 입다 피 告 알리다 고

법원에 소송[고발]을[告] 당한[被] 사람

재판이 이루어지려면 사건이 있어야 하고, 또 그 사건에 대하여 피해를 당한 사람과 피해를 준 사람이 있어야 합니다. 이때 피해를 당한 사람이 피해를 준 사람을 고소함으로써 수사는 시작되고 수사에서 나온 여러 가지 정보를 통하여 재판이 진행되게 됩니다. 이때 피해를 입어 법원에 자초지종을 밝혀 자신의 피해를 보상해달라고 소송을 제기한 사람을 원고原告라 하고, 원고의 소송에 의해 법원에 소송을 당한 사람을 피고被告라 합니다.

피의자 被疑者, a suspected person

被 당하다 피 疑 의심하다 의 者 사람 자

의심을[疑] 당하는[被] 사람[者]

'被' 자는 한문문장에서 '당하다, 입다' 라고 해석되어 자주 쓰이는 글자입니다.

여기서 피의자는 '의심을[疑] 당하는[被] 사람' 이란 뜻으로 범죄의 혐의를 받아 수사 기관에 의하여 수사의 대상이 되는 자인데 아직 정식적으로 재판에 회부된 사람은 아닙니다. 반대로 피해자被害者란 '해를 당한 사람' 이라는 말인데 '불법 행위나 범죄에 의하여 해를 당한 사람으로 손해배상이나 재판을 청구할 권리를 가진 주체' 를 이릅니다.

[참고] 피해자

피해자 被害者, a victim

被 당하다 피 害 해롭다 해 者 사람 자

해를[害] 당한[被] 사람[者]

'被' 자는 어떤 사람이나 사물에 의해 어떤 동작을 받게 되는 뜻을 나타내는 글자로 '당하다, 입다' 라고 해석되어 한문에서는 피동형 문장에서 자주 쓰이는 글자입니다.

'被害' 라는 것도 '해를[害] 당하다[被]' 라는 뜻으로 피해자는 '해를 당한 사람' 이라는 말입니다. 법률 용어로는 '불법 행위나 범죄에 의하여 해를 당한 사람으로 손해배상이나 재판을 청구할 권리를 가진 주체' 를 이릅니다. 이와 반대로 피의자被疑者는 '의심[疑] 당하는[被] 사람' 이란 뜻으로 범죄의 혐의를 받아 수사 기관에 의하여 수사의 대상이 되는 자인데 아직 정식적으로 재판에 회부된 사람은 아닙니다.

행정쟁송 行政爭訟

行 행하다 행 政 정사 정 爭 다투다, 간하다 쟁 訟 송사하다 송

국가 행정[行政]으로 인하여 피해를 입었을 때 이를 국가 기관에게 간하여[爭] 송사를[訟] 요청하는 것

'爭訟' 은 쟁송諍訟이라고도 하며 '죄의 옳고 그름을 판결해 달라고 하

는 것' 입니다.

특히 시민이 국가나 공공 단체가 행정 목적 달성을 위해 행하는 행위로 인해 권리나 이익을 침해당했을 때 상급 행정 기관이나 법원에 구제를 청구할 수 있는데, 이를 행정쟁송이라고 합니다. 위법 또는 부당한 행정 작용에 대하여 국민의 불이익을 구제하고 나아가서 이것을 시정함으로써 행정 작용을 통제하기 위한 것입니다.

호주 戶主, the head of a family

戶 집 호　主 주인 주

집의[戶] 주인[主]

호주란 '집의[戶] 주인[主]' 이란 뜻입니다. '戶' 는 같은 문을 사용하는 가족 즉 대가족의 의미에 가깝고, 반대로 가구家口란 현실적으로 생계를 함께 하는 집단, 즉 핵가족의 의미에 가깝습니다.

호주는 집안의 계통을 계승한 사람으로, 장남을 포함하여 분가分家 또는 다른 여러 가지 이유로 인하여 새로운 가정을 만들 때 취득됩니다.

◎ 정치

감사 監査, inspection

監 살피다 감 査 조사하다 사

살피고[監] 조사함[査]

　'부모님 은혜에 감사합니다' 할 때의 감사는 感謝로 '고맙게 여기어 사례한다' 는 뜻이고, 평양감사 할 때의 감사는 監司로 주 또는 군을 감찰하는 벼슬인데, 여기서의 감사는 '살피고 조사하다' 란 뜻입니다. 본래 감사란 말은 특정 기업의 기록과 보고서를 검토하는 것을 말하는 것으로, 감사 대상 자료 작성 과정에 참여하지 않은 사람이 하는 것이 원칙입니다.

고정표 固定票, a fixed vote

固 굳다 고 定 정하다 정 票 표 표

지지 대상이 정해진[定] 움직이지 않는[固] 표[票]

　고정표란 '누구를 찍을 것인지가 정해져서[定] 움직이지 않는[固] 표[票]' 를 뜻합니다. 반대로 부동표浮動票란 '물에 떠서[浮] 움직이는[動] 것처럼 누구를 찍을 것인지 확실하지 않은 표[票]' 를 뜻합니다.

공공정책 公共政策

公 여러 사람의 공 共 한가지, 함께 공 政 정사 정 策 꾀 책

국민 전체를[公共] 위한 정책[政策]

　'公共' 이란 사회의 여러 사람과 같이하는, 즉 개인이 아닌 집단적인 소유와 그것의 공동 사용을 일컫는 말로 공공정책이란 '국민 전체를 위한 국가의 정책' 이란 뜻입니다.
　국가는 국민으로부터 세금을 거두어 국민이 인간답게 살 수 있도록 생활을 보장해야 하며, 그 혜택이 모든 사람들에게 골고루 공평하게 주어지도록 해야합니다. 예를 들어 국민이 마음놓고 살 수 있도록 치안 유지에 관계되는 정책, 모든 사람들이 교육의 혜택을 받을 수 있게 하는 의무 교육에 관한 정책, 문화 교육 시설에 관계된 정책이거나 공공 도서관이나 양로원, 고아원 등을 세워 소외된 사람들이 없게 하는 사업 등이 모두 공공정책에 포

함됩니다. 또 사람들이 집 걱정을 하지 않고 살 수 있도록 하는 주택 사업이라든가, 쾌적한 생활을 위한 공원 녹지 조성, 상하수도에 관련된 국민의 전반적인 생활 관련 정책 등도 이에 해당합니다. 석유, 전기, 가스등의 에너지 시설, 도로나 철도, 항만, 통신 등의 산업에 관련한 시설 등도 공공정책의 일부입니다.

공약 公約, a pledge

公 여러 사람의 공 約 약속하다 약

공적인[公] 약속[約]

공약이란 공적인[公] 약속[約], 즉 사회에 대하여 이행하는 약속이란 뜻입니다. 보통 대통령이나 국회의원, 또 지방자치 단체 등의 선거를 할 때 입후보자가 자신의 정책에 대하여 공적인 약속을 하는 것입니다.

공적부조 公的扶助

公 여러 사람의 공, 的 과녁, ~할 적, 扶 돕다 부 助 돕다 조

나라에서 어려운 사람을 공적으로[公的] 도움[扶助]

'扶助' 란 '어려울 때 서로 돕는다' 는 뜻입니다.
국가는 국민이 인간다운 생활을 보장받도록 할 의무가 있습니다. 이의 실현을 위하여 사회보장 제도라는 것을 실시하고 있는데, 이러한 사회보장 제도에는 사회보험과 공적부조가 있습니다.
사회보험이란 의료보험이나 연금처럼 노동자와 사용자, 국가에서 함께 부담을 하는 것으로, 개인이 어느 정도의 부담 능력이 있을 때 하는 것입니다. 그러나 65세 이상으로 나이가 들거나 또는 병이 들어 일을 할 수 없는 사람, 부양자가 없는 18세 미만의 아동이나 임산부, 폐질, 심신장애 등으로 일할 능력이 없는 사람들은 생계를 꾸려나갈 방법이 없습니다. 이럴 때 국가가 이들에게 무상으로 최소한의 생활을 하며 살아갈 수 있도록 도와주는데 이것을 공적부조라고 합니다.
즉 공적부조란 '생활 능력이 없는 어려운 사람을 국가가 세금을 재원으로 최저한의 생활을 보장해 주는 것' 인데, 국가에서 사회보험으로 담보하지 못하는 부분에 대하여 완전한 사회 보장제도를 확립하기 위한 것입니다.

교서 敎書

敎 가르치다, 교령 교 書 글 서

임금이나 제후가 내리던 명령서[敎書]

'敎'는 보통 '가르치다'의 의미로 교육敎育, 교과서敎科書, 교수敎授 등에 많이 쓰이지만, 여기서는 '임금이 내린 일반적인 명령'이란 뜻입니다. 따라서 교서란 '임금이 내린 명령을 기록으로 남긴 것'을 말합니다.

언제부터 '교서 敎書'라는 말이 사용되었을까요?

중국 진秦나라 때부터 황제의 명령을 조詔라 하였고, 그 아래의 왕후王侯와 제후諸侯의 명령을 교敎라 하였습니다. 우리나라도 원元의 지배를 받기 전에는 임금의 명령을 조서詔書라고 하였습니다. 그러나 조선시대로 들어와 사대외교事大外交로 중국을 섬기면서부터 임금의 명령서를 교서敎書라고 하였습니다. 중국보다 격이 낮아진 것이지요.

교육입국조서 敎育立國調書

敎 가르치다 교 育 기르다 육 立 서다 립 國 나라 국 調 고르다, 살피다 조 書 글 서

나라를[國] 세우는 데는[立] 교육이[敎育] 가장 중요하다는 것을 기록한 문서[調書]

'調書'란 '무엇을 살펴서 조사한 사항을 기록한 문서'를 뜻합니다.

구한말 열강의 침략이 계속되자 우리나라는 열강들의 틈새에서 이런저런 권한을 빼앗기고 말았습니다. 이에 고종은 1895년 "백성을 가르치지 않으면 국가를 튼튼하게 발전시키기 어려우니 세계의 여러 나라들을 보건대 부강한 나라들은 모든 국민의 지식 수준이 높다. 이것은 교육의 덕택이므로 교육이야말로 국가를 보존하는 근본이다"라는 내용의 교육에 관한 조서를 발표하였습니다. 그리하여 1947년 이만규李萬珪의 《조선교육사》에 의하면, 1894년 갑오농민 전쟁 후 정부가 교육을 근대화하려는 목적으로 예부를 폐지하고 근대적 교육행정 기관인 학무아문學務衙門을 설치하였는데, 이 때 교육의 중요성을 강조하면서 이제까지 중시하던 도덕 교육과 함께 체육 교육과 지식에 관한 교육을 새로이 추가하여 그것을 문서화해서 발표한 것이 교육입국조서입니다.

'교육입국조서 教育立國調書'의 내용

① 세계의 형세를 보건대 부강한 나라들은 백성의 지식 수준이 발달하였으니 지식을 깨우치는 것이 교육의 선미善美이고, 교육은 실로 국가를 보존하는 근본이다.

② 실용 교육에 힘쓰고, 독서나 습자로 옛사람의 찌꺼기나 주우며 시세에 어두워서는 안 된다.

③ 오륜의 행실을 닦고 체력을 기르고, 지혜를 기른다.

④ 널리 학교를 세워 인재를 기른다.

등입니다.

국가원로자문회의 國家元老諮問會議

國 나라 국 家 집 가 元 으뜸, <u>우두머리</u> 원 老 늙다, <u>익숙하다</u> 로 諮 묻다 자 問 묻다 문 會 모이다 회 議 의논하다 의

국가의[國家] 원로[元老]들에게 중대한 일을 물어보는[諮問] 회의[會議]

원로元老는 '어떤 한 분야에 으뜸인 사람, 어떠한 일에 오래 종사하여 경험과 공이 많은 사람'을 뜻합니다.

국가원로자문회의란 '대통령이 국정을 수행할 때 자문을 구하고 조언을 구할 수 있는 기관'입니다. 국무회의와는 별도로 단지 자문만 하는 기관으로서 정치에 경험이 많은 국가의 원로로 구성되는데, 전직 대통령이 포함됩니다. 이 회의에서 결정된 사항은 참고로 할 수는 있으나 단지 자문을 구한 정도이기 때문에 꼭 그 결정에 따라야 하는 것은 아닙니다.

국민발안 國民發案

國 나라 국 民 백성 민 發 피다 발 案 책상, <u>생각</u> 안

법을 정함에 있어 국민이[國民] 직접 자신의 생각을[案] 발표함[發]

오늘날 대부분의 나라에서는 직접민주정치보다는 국민의 대표를 선출하고 그 대표가 국민을 대표하여 법을 제정하는 간접민주정치間接民主政治를 실시하고 있습니다. 그러나 국회가 잘못된 법안을 마련할 경우 국민이 그 폐해를 입고 있을 수만은 없습니다. 이때 사용하는 것이 국민발안제도입니다.

즉 '유권자들이[國民] 정부의 정책이나 상정된 법안에[案] 대하여 직접 자신들의 의사를 표현, 발표할[發] 수 있는 제도'이지요. 현재 미국이나 스

위스 등에서는 이 제도를 널리 사용하고 있지만 우리나라에서는 채택하지 않고 있습니다.

국민발안은 국민투표와 더불어 유권자 자신의 목소리를 담을 수 있는 가장 대표적인 제도입니다.

국민소환 國民召還

國 나라 국 民 백성 민 召 부르다 소 還 돌아오다 환

국민이[國民] 직접 선출된 대표를 불러내는 것[召還]

국민소환이란 부적격한 대표자의 임기가 끝날 때까지 참는 것이 아니라 '국민이[國民] 부적격한 대표자를 불러내서[召還] 투표를 다시 실시하여 국민을 위한 새로운 대표자를 뽑고 부적격한 국민 대표를 그 직위에서 물러나게 하는 제도'입니다. 국민소환제도는 따라서 직접민주정치의 한 형태라고 할 수 있습니다.

국민투표부의권 國民投票附議權

國 나라 국 民 백성 민 投 던지다 투 票 쪽지 표 附 붙이다 부 議 의논하다 의 權 권세 권

국민투표에[國民投票] 부칠 수 있는[附] 권리[權利]

'附議權'이란 '중요한 사항을 혼자의 생각대로 추진하기보다는 여러 사람들과 의논하는데 부칠 수 있는 권리'를 뜻하는 것으로 국민투표부의권이란 '의논해야[議] 하는 중요한 일을 국민투표[國民投票]에 부칠 수 있는[附] 권리[權]'입니다.

우리나라 헌법 72조에는 '대통령이 필요하다고 인정한 때에는 외교, 국방, 통일 기타 국가 안위에 관한 중요 정책을 국민투표에 부칠 수 있다'고 규정하고 있습니다. 요즈음처럼 간접민주정치 즉 국민이 직접 국가의 운영에 참여하는 것이 아니라 국민이 뽑은 국회의원으로 하여금 대신 정치를 하게 하는 제도에서는 모든 것이 국회에서 결정되고 행정부에 의해 실행이 됩니다. 그러나 국회의 권력 남용을 방지하고 또 긴급한 일의 신속한 처리를 위하여 대통령에게 강력한 권한이 주어지는데 국민투표부의권은 그러한 권한중 하나입니다.

기조연설 基調演說, keynote speech

基 바탕 기 調 고르다 조 演 펴다 연 說 말씀 설

어떤 일의 바탕이[基] 되는 것을 적당하게 조절하여[調] 하는 연설[演說]

'演說'은 혼자 하는 말이 아니라 자신의 의지나 신념을 사람들에게 널리 알리기 위하여 하는 것이기 때문에 연설의 '연' 자는 '널리 펴다'란 뜻의 演을 씁니다.

'基調演說'이란 회의 등에서 그 회의의 기초적인 기본적인 정신이나 성격, 진행의 방향이나 정책 등을 발표하는 것을 이릅니다. 또는 정당의 대표가 국회에서 그 당의 기본정책을 설명하는 연설도 기조연설이라 합니다.

면책특권 免責特權, privilege of speech

免 면하다 면 責 책임 책 特 특별하다 특 權 권세 권

책임에서[責] 벗어날[免] 수 있는 특별한[特] 권리[權]

국회의원은 국회에서 직무상 행한 발언과 표결에 대해서는 국회 밖에서 책임을 지지 아니하는데 이를 면책특권이라고 합니다. 국회의원에게 발언, 표결의 자유를 부여하여 민사상 또는 형사상 책임을 지지 않게 하는 것입니다. 국회의원이라도 직무 외에 다른 일로 발언한 것에 대해서는 책임을 져야 합니다. 면책특권은 불체포 특권不逮捕特權과 더불어 국회의원의 특권 중 하나입니다.

민족자결주의 民族自決主義, national self-determination

民 백성 민 族 겨레 족 自 스스로 자 決 정하다, 판단하다 결 主 주로하다 주 義 옳다, 의견 의

민족의 운명은 민족[民族] 스스로가[自] 판단한다는[決] 주의[主義]

민족자결주의는 '민족의 운명은 그 민족民族 스스로[自] 결정하는[決] 주의[主義]'라는 뜻입니다.

제 1차 세계대전이 종결된 후 미국의 대통령 윌슨이 선언한 「평화원칙 14개조」에서 비롯된 민족 자결주의는 일제에 의해 식민지가 된 우리 민족에게 독립 운동의 정당성을 마련해준 근거가 되기도 하였습니다.

복권 復權, restoration of rights

復 돌아오다, 회복하다 복 權 권세 권

권리를[權] 회복시켜[復] 줌

　복권이란 '빼앗았던 권리를[權] 회복시켜[復] 준다'는 뜻으로 형의 선고로 일정한 자격을 잃었거나 정지된 자의 자격을 다시 회복시켜 주는 것입니다. 사면赦免이나 감형減刑과 마찬가지로 대통령의 사법에 관한 권한 중 하나입니다.

부동표 浮動票, floating vote

浮 뜨다 부 動 움직이다 동 票 표 표

물에 떠있는[浮] 것처럼 상황에 따라 지지 대상이 바뀌는[動] 표[票]

　여기서 '浮動'이란 부동不動이 아닙니다. '浮'는 물에서 뜨게 하는 힘인 부력浮力, 일정한 직업이 없이 떠돌아다니는 사람인 부랑자浮浪者 등에 쓰입니다. 부동표란 선거 때 '물에 떠서[浮] 움직이는[動] 것처럼 누구를 찍을 것인지 확실하지 않은 표票'를 뜻합니다. 따라서 출마자들은 이미 어떻게 해도 찍을 사람이 정해져 있는 고정표를 잡기보다는 정해지지 않은 이 부동표를 잡느라 갖가지 지키지 못할 공약들을 남발하기도 합니다.

[참고] 고정표

부서 副署, countersignature

副 버금, 곁따르다 부 署 부서, 쓰다 서

곁따르면서[副] 서명함[署]

　부서란 '법령이나 조약 같은 것을 새로 제정할 때 대통령이 서명을 하고 난 다음 곁따르면서[副] 국무위원들이 서명을 하는[署] 것'을 말합니다. 대통령으로서의 권한을 행사하기 위해서는 문서가 필요하며, 그 문서는 대통령 및 국무총리와 국무위원들이 부서를 해야 법적으로 효력을 나타낼 수 있습니다. 부서는 보필자들의 보필 책임을 명확히 하려는 데 목적이 있습니다.

불체포특권 不逮捕特權, nonapprehension privilege

不 아니다 불 逮 잡다 체 捕 잡다 포 特 특별하다 특 權 권세 권

잡히지[逮捕] 않을[不] 특별한[特] 권리[權]

국회의원은 현행범이 아닌 이상 회기 중 국회의 동의 없이 체포 또는 구금되지 아니하며 구금된 때에도 현행범이 아닌 한 국회의 요구가 있으면 회기 중에 석방되는 특권이 있습니다. 행정부의 불법한 억압으로부터 국회의원의 자주적인 활동을 보장하기 위한 것입니다.

비례대표제 比例代表制, the system of proportional representation

比 견주다 비 例 본보기 례 代 대신하다 대 表 겉 표 制 제도 제

정당의 총 득표수에 비례하여[比例] 대표를[代表] 선출하는 제도[制]

현대 민주정치는 선거를 통한 간접민주정치입니다. 따라서 대표자를 선출하는 방식에서 어떻게 하면 가장 민주적인 방법으로 국민들의 다양한 의견을 잘 수렴할 수 있는가는 매우 중요합니다. 당선을 결정하는 방법에는 여러 방법이 있는데, 그 중의 하나가 비례대표제로 '2개 이상의 정당이 있을 경우 각 정당의 총 득표수에 비례하여 당선자 수를 배정하는 제도' 입니다. 예를 들어 의원 수가 100석일 경우 100석 모두 다수대표제 방식으로 의원을 선출하는 것이 아니라 일정 정도 좌석 수를 비워놓고 선출을 합니다. 그리고 그 나머지 좌석에 대하여서는 각 당의 득표수에 비례하여 다시 배정을 하는 것입니다. 이는 국민의 의사를 반영해 소수에게도 의석을 배분하는 것으로, 득표수와 당선자수가 비례 관계를 이루도록 하려는 제도입니다. 이 제도의 단점은 선거의 방법이 복잡하고, 누구를 비례대표제에 의해 지명할 것인가에 부정이 개입할 수 있다는 것입니다.

비례대표제 比例代表制 의례?

◎ **소수대표제** 대선거구 제도에서 다수 대표제의 결점인 소수의 의견을 보완하기 위한 제도입니다. 그 방법으로는 한 사람에게만 투표하는 단기명 투표제, 2명 이상의 후보에게 투표할 수 있는 방법, 여러 장의 투표권을 가지고 한 후보에게 누적적으로 투표할 수 있는 방법 등이 있습니다.

◎ **다수대표제** 하나의 선거구에서 가장 표를 많이 얻은 사람을 당선시키는 방법입니다.

◎ **직능대표제** 직업별로 선거인단을 구성하여 전문 지식이 있는 사람을 의회에서 그 특성을 살려 정치를 하는 방법입니다. 점차 전문화되는 사회 속에서 전문 지식에 대하여 아는 사람이 없다면 정책 결정을 하는데 있어서 매우 어려움이 따르기 때문입니다.

사면 赦免, pardon

赦 용서하다 사   免 벗어나다 면

죄를 용서하여[赦] 죄의 책임으로부터 벗어나게[免] 함

형기는 채우지 않았지만 '특별조치에 의하여 죄를 용서받고[赦] 죄의 책임으로부터 벗어나게[免] 되는 것'을 사면이라고 합니다. 사면을 할 때는 보통 형의 전부를 소멸시켜 줍니다. 형의 종류를 낮춰주거나 형기를 단축시켜 주는 감형減刑과는 차이가 있습니다. 사면의 종류에는 일반사면과 특별사면이 있는데, 일반사면은 대사大赦라 하여 범죄의 종류를 지정하여 이에 해당하는 모든 범죄인에게 형을 면제하는 것으로, 국회의 동의가 필요합니다. 특별사면은 어떤 특정한 범죄인에 대하여 형의 집행을 면제하는 것인데 특사特赦라고도 합니다.

선거공영제 選擧公營制

選 가리다 선   擧 들다 거   公 여러 사람의 공   營 경영하다 영   制 제도 제

선거를[選擧] 공적으로[公] 관리, 운영하는[營] 제도[制]

'선거 운동의 자유방임에서 오는 각종 폐단을 막기 위하여 독립된 선거 관리 기관에서 선거를 관리하는 것'을 선거공영제라고 합니다.

이 제도의 목적은 첫째, 기회 균등의 원칙으로 깨끗하고 공명정대한 선거가 이루어질 수 있도록 선거 운동은 각 선거관리위원회에서 정한 범위 내에서만 가능하다는 원칙입니다.

둘째, 비용의 국가 부담의 원칙으로 법률로 정하여 선거 비용의 일부를 국가가 부담함으로써 선거의 공정성을 살리고 유능한 후보가 재력이 없다고 하여 떨어지는 것을 막기 위한 것입니다.

선거구 법정주의 選擧區 法定主義

選 가리다 선 擧 들다 거 區 구분하다, 지역 구 法 법 법 定 정하다 정
主 주로하다 주 義 옳다, 의견 의

선거를[選擧] 실시하는 지역[區] 단위를 법으로[法] 정하자는[定] 주의
[主義]

　'선거구를 임의로 변경하여 설치할 수 없도록 선거구를 법률로 정하는
제도'를 선거구 법정주의라고 합니다.

　대통령 선거가 아닌 이상 전국을 하나의 단위로 해서 뽑는 것이 현실적
으로 불가능하기 때문에 지역을 나눌 수밖에 없는데, 이때 각 선거구의 선
거인 수의 비율을 가능한 같게 하고 특정한 정당이나 후보자에게 유리한
일이 없도록 법률에 의해서만 선거구를 정하는 제도입니다.

선거구법정주의 選擧區法定主義가 생겨나게 된 이유

선거구를 법으로 정할 필요성을 느낀 이유는 1812년 미국 주지사 게리(Gerry)가 자신이 속
한 민주당에 유리하도록 하기 위하여 선거구를 마음대로 바꾸었기 때문입니다. 그런데 그
선거구를 바꾼 모양이 그리스 신화에 나오는 셀리맨더(Salamander 도마뱀의 일종)와 비슷
하여 그 후 선거구를 특정 정당이나 후보자에게 유리하도록 바꾸는 것을 게리와 셀리맨더
를 합쳐 게리맨더링(Gerrymandering)이라 하였습니다.

양원제 兩院制, bicameral system

兩 둘 량 院 집 원 制 제도 제

의원이[院] 두[兩] 종류로 구성된 제도[制]

　우리나라처럼 국민투표에 의하여 국회의원을 선출하고 그 선출된 국회
의원들이 단일 국회를 형성하여 행정부, 사법부와 함께 정치를 하는 것을
단원제單院制라 합니다. 반대로 미국이나 영국, 프랑스, 일본 등처럼 상원
과 하원 둘로 의원의 종류가 있어 서로 견제를 하면서 의견을 조정하여 국
정을 운영하는 것을 양원제라 합니다.

　단원제와 양원제 모두 장단점이 있습니다. 단원제는 모든 국회의원을 선
거로 뽑기 때문에 양원제보다 국민 의사가 더 많이 반영될 수 있고, 단일하
기 때문에 국정을 신속하게 처리할 수 있으나 견제 세력이 없기 때문에 국
정의 심의를 소홀히 할 수도 있습니다.

　양원제는 지방의 권익을 보호해 줄 수 있고 신중하게 국정을 처리할 수 있으나 그만큼 국정 처리가 지연이 될 수 있고 경비가 과다하게 든다는 단점이 있습니다. 그리고 상원의 경우 정부와 밀접한 관련을 맺고 있기 때문에 국회의 정부 견제 기능이 약화될 수 있습니다.

○ **單院制** 우리나라, 독일, 대만, 덴마크 등처럼 1개의 합의체로 의회를 구성하는 제도. [單 홀 단]

각 나라의 양원제 兩院制

◎ **영국** 국민투표를 통하여 하원의원을 선출하고 이 결과에 따라 다수당의 당수가 수상으로 선출이 됩니다. 이를 견제할 상원의원은 귀족들로 구성이 되는데 이는 상원의원 내에서 지명을 하는 사람이 됩니다.

◎ **미국** 대통령중심제 국가로 상원은 각주의 대표로 구성이 되고 하원은 인구비례에 의해 투표로 선출되는 의원으로 구성됩니다.

◎ **프랑스** 하원은 투표로 선출된 국민의회로 구성하고, 상원은 원로원에서 담당을 합니다.

쟁의 爭議, dispute

爭 다투다 쟁 **議** 의논하다 의

서로 다른 의견으로 다투고[爭] 해결책을 찾기 위하여 의논함[議]

　쟁의란 헌법에서 보장하는 노동 기본권으로 노동자가 함께 뭉쳐 자신들의 힘을 발휘하는 것을 말합니다. 보통 동맹파업이나 피케팅 등의 단체행동을 말하는데, 헌법에서 노동자측의 직접, 비밀, 무기명 투표에 의하여 행해지고 과반수의 찬성으로 결정하지 않으면 성립될 수 없습니다. 쟁의 종류에는 임금이나 기타의 근로 조건으로 생기는 이익쟁의와 단체협약이나 취업규칙 등의 해석을 놓고 벌어지는 권리쟁의가 있습니다. '제3자 개입금지법'으로 두 종류의 쟁의 모두 노동자와 사용자의 합의에 의해 해결하도록 하고 있습니다.

조약 條約, treaty

條 가지, 조목 조 約 약속하다 약

국가끼리 정해진 조목을[條] 지킬 것을 약속함[約]

　'국가 간에 서로의 이익을 위해서, 또 여러 가지 이유로 인하여 지켜야 할 약속'을 미리 정해두는데 이것을 조약 또는 국제조약이라 표현합니다.

　한 조약에는 다수의 국가가 참여할 수도 있고, 또 당사자 두 나라만 참여할 수도 있습니다. 보통 협약, 협정, 헌장, 규정, 규약, 의정서, 각서, 잠정협정, 교환공문 등의 이름으로 체결됩니다.

　체결 당사자간에 한 나라가 멸망하거나 또는 협정의 목적이 없어지거나 맺어진 조약의 내용을 새로이 수정할 필요가 생길 경우에는 이미 체결된 조약은 무효가 됩니다.

직능대표제 職能代表制, professional representation system

職 벼슬 직 能 ~할 수 있다 능 代 대신하다 대 表 겉 표 制 제도 제

맡은 바의 직업별로[職能] 선거인단을 조직하여 의회에 그 대표자를 [代表] 보내는 제도[制]

　국민들이 원하는 대표자를 공정하게 뽑는 방법은 매우 중요합니다. 그래서 대부분은 다수의 의견을 반영한 다수대표제가 각 선거에서 많이 쓰이지만 이렇게 선출되는 대표자는 지역대표제라는 단점이 있습니다. 그러나 점차 전문화되는 사회 속에서 전문 지식에 대하여 아는 사람이 없다면 정책 결정을 하는데 있어서 매우 어려움이 따를 것입니다. 그리하여 전문 지식이 있는 사람을 의회로 보내어 그 특성을 살려서 정치를 하자는 것이 필요하게 되었는데 이러한 선출의 방법을 직능대표제라고 합니다.

[참조] 비례대표제

청문회 聽聞會, a public hearing, hearings

聽 듣다 청 聞 듣다 문 會 모임 회

들어보는[聽聞] 모임[會]

　청문회란 '행정 기관이 규칙을 제정하거나 행정 처분 등을 할 때 그 필요성이나 타당성의 판단을 위해 상대 쪽 관계인이나 증인 등의 진술과 의견을 듣고 청취하며 증거를 제출하게 함으로써 사실 조사를 하는 행정 절

차' 입니다. 즉 실제로 그 사건에 직접적인 관련을 맺고 있는 사람들을 불러다 놓고 사건의 진행 상황이나 사실 여부 등에 대하여 위증 없이 하는 이야기들을 들어보는 것입니다.

　청문회가 진행되는 과정을 보면, 일단 그 일에 관련한 사람들이 나오고 미리 선정된 사람들이 그 사람에게 질문을 합니다. 관련된 사람들은 대답을 하고 질문자들은 듣고 의구심이 나는 사항에 대해서는 다시 질문을 하는 과정을 거치면서 필요성이나 타당성을 밝혀내는 순서로 진행이 됩니다.

5 · 18청문회

전두환 군사정권에 의하여 '광주의 폭도들에 의한 사태'로 분류되었던 1980년 광주사건이 5 · 18이 국회청문회를 통하여 '민주화 운동'으로 거듭났다. 정부는 공식적으로 93년 5 · 13조치를 발표함으로써 '민주화 운동'으로 공식 인정하였다. 이 광주 청문회에서는 당시 현장을 찍었던 비디오 테이프가 방영이 되었으며 피해당사자들의 진술과 당시 계엄군 소장, 광주시장 등의 증언도 있었다.

치외법권 治外法權, extraterritoriality

治 다스리다 치 外 밖 외 法 법 법 權 권세 권

다스리는[治] 범위의 밖에[外] 법을[法] 적용 받을 권리[權]

　그 사람이 어느 나라에 있느냐가 중요한 것이 아니라 어느 나라의 국적을 지닌 사람이냐가 중시되어 그 나라의 법 적용을 받는 것을 속인주의屬人主義라 하고, 이 원칙에 따라 '다스리는[治] 범위의 밖에[外] 있는 법을[法] 따를 권리가[權] 주어지는 것'을 치외법권이라고 합니다. 다시 말하면 외국인이 자신이 머물고 있는 국가의 국내법으로부터 면제되어 형사재판을 받지 않는 재판권으로부터의 면제, 소득세나 재산세 등 직접세를 내지 않는 과세권으로부터의 면제, 경찰권으로부터의 면제 등을 인정하는 것입니다.

　치외법권이 적용되는 사람은 외국의 국가 원수와 외교 사절, 외국에 주둔하는 군대, 외국 영역 내에 주둔하고 있는 군함 등입니다.

[참고] 속인주의

탄핵소추 彈劾訴追

彈 탄알, <u>따지다</u> 탄 劾 꾸짖다, <u>캐묻다</u> 핵 訴 아뢰다, <u>송사하다</u> 소 追 쫓다 추

죄를 따지고[彈] 조사하여[劾] 일정한 직위에서 쫓아버릴 것을[追] 재판소에 요구함[訴]

'彈劾'은 '관리의 죄과를 조사하여 상부에 보고하는 것'이고, '訴追'는 '일정한 지위에서 쫓아버릴 수 있도록 재판소에 요구하는 것'을 이릅니다. 현 대통령이나 국무총리, 국무위원, 행정각부의 장관이나 헌법재판소의 법관과 같은 고급공무원이 직무상 중대한 실수를 범하였을 때, 보통의 사법기관에서는 그 처벌이 곤란하기 때문에 국회에서 그 죄가를 논하여 헌법재판소에 회부하게 되는데 이를 탄핵소추라고 합니다. 이때 소추된 사람은 헌법재판소의 판결이 있을 때까지 그 권한 행사가 중지됩니다.

호혜주의 <u>互惠主義</u>, a principle of reciprocity

互 서로 호 惠 은혜 혜 主 주로하다 주 義 옳다, <u>의견</u> 의

서로[互] 혜택을[惠] 베푸는 주의[主義]

호혜주의는 '서로[互] 혜택을[惠] 베푸는 주의主義'인데, 보통은 '호혜관세'나 '호혜무역' 등의 용어로 쓰입니다. 즉 교역을 맺은 나라끼리 서로 혜택을 베풀어 같이 이익을 보는 **시너지 효과**를 내는 것입니다.

◎ **시너지 효과**(synergy effect) : 상승 효과라고도 말하며, 1+1이 2이상의 효과를 내는 것을 말합니다.

◎ 경제

감가상각비 減價償却費, depreciation cost

減 줄다 감 價 값 가 償 갚다 상 却 물리치다 각 費 쓰다, 비용 비

떨어지는[減] 값어치[價] 만큼 배상하기 위해서[償] 덜어놓는[却] 비용[費]

　공장이나 기계 설비와 같은 고정자산은 시간이 지남에 따라 성능에 이상이 생기거나 사용이 불가능해질 수 있습니다. 즉 시간이 경과함에 따라 기물이나 설비, 건물 등은 소모되고 이에 따라 가치가 점차 떨어지게 됩니다. 기업주는 이러한 고정 자산을 위하여 막대한 비용을 이미 투자하였고 또 앞으로도 제품을 생산하기 위해서는 그 가치를 보존시켜야 합니다. 따라서 그 떨어지는 가치를 배상하기 위한 비용을 제품의 원가에 포함시킬 수밖에 없는데 이것을 감가상각비減價償却費라고 합니다.

　예를 들어 빵 만드는 기계 값이 1만원이고 이 기계는 빵을 100개 만들면 더 이상 쓰지 못한다고 할 때, 빵 한 개의 가격에는 기계의 감가상각비인 10,000원/100개=100원의 가격이 포함되어야 하는 것입니다.

　감가상각비에는 토지는 제외되며 화재나 사고, 자연 재해 등 갑자기 뜻하지 않은 일로 자산이 파손되는 피해액은 포함이 되지 않습니다.

경기적 실업 景氣的 失業

景 볕, 경치 경 氣 기운 기 的 과녁, ～하는 적 失 잃다 실 業 일 업

기업을 중심으로 한 경제적 사정으로[景氣的] 직업을[業] 잃는 것[失]

　실업失業은 자신이 원하지 않았는데 직업을[業] 잃는[失] 것입니다. 노동력의 초과, 즉 필요한 노동보다는 일하고자 하는 노동력이 많기 때문입니다. 이 때 우선 경기적 실업이란 기업을 중심으로 펼쳐지는 경제적인 상태, 즉 호경기, 과잉 생산, 공황, 불경기 등 여러 가지 변화하는 경제적인 사정에 따라 일시적으로 생기는 실업을 뜻합니다. 우리나라가 겪었던 IMF 구제 금융 아래에서의 실업이 바로 그것입니다.

◎ **구조적 실업** 전체적인 노동 시장의 수요와 공급에는 문제가 없지만 노동의 질적인 차

이와 직능의 차이 때문에 어떤 특정 산업의 노동력 공급 과잉으로 발생하는 실업을 말합니다.

◎ **기술적 실업** 기술이 진보함에 따라 사람의 노동력 대신 기계로 대체되어 발생하는 실업입니다.

◎ **계절적 실업** 농업, 임업, 어업 등과 같이 그 성질상 계절적인 영향을 많이 받기 때문에 계절에 따라 생산되는 실업입니다.

이외에도 위장 실업이나 마찰적 실업, 자발적 실업 등도 있습니다.

경상거래 經常去來, current transactions

經 지나다, 도리 경 常 항상 상 去 가다 거 來 오다 래

항상 일정하게[常] 변하지 않는[經] 거래[去來]

'經'은 옷감을 가로 · 세로로 엮어 짤 때 세로가 되는 줄입니다. 이를 날줄이라고도 하는데, 베틀에 날줄을 먼저 쳐놓고 다음에 가로줄인 씨줄을 먹이는 것이니, 날줄이 제대로 서야 천이 제대로 짜질 수가 있습니다. 그런 경의 의미가 확대되어 옷감에서뿐만 아니라 본보기, 모범, 기준, 변하지 않는 도리 등의 의미로 쓰이게 되었습니다. 그래서 성인의 말씀을 담은 사람들에게 모범이 되는 책을 경서經書라고 합니다.

경상經常이란 '항상 일정하여 변하지 않는' 이란 뜻입니다. 그래서 경상거래란 국제적으로 돈을 꿔주고 받는 자본거래가 아닌 특별한 사유가 없는 한 항상 거래가 이루어지는 경제 활동 전반에 관한 모든 거래를 뜻합니다.

고정환율제도 固定換率制度, fixed exchange rate system

固 굳다 고 定 정하다 정 換 바꾸다 환 率 비율 율 制 제도 제 度 법 도

화폐의 교환[換] 비율을[率] 고정시켜[固定] 놓은 제도[制度]

고정환율제도란 '정부가 외화의 수요와 공급 및 기타 여건을 고려하여 환율을 일정하게 고정시켜 놓은 제도' 입니다.

변동환율제도變動換率制度는 이와 반대로 즉 '외화의 수요 공급에 따라 환율이 변동되는 것' 입니다. 외화가 나라 안에 많이 있는 경우에는 환율이 인하되고, 그 반대의 경우에는 인상되는 것입니다. 각 제도의 장점과 단점을 정리해 보면 아래와 같습니다.

지금은 대부분의 나라에서 변동환율제도를 실시하고 있어 환율의 변동

여하에 따라 각 나라의 경제 사정에 막대한 영향을 초래하기도 합니다.

[참고] 환율

고정환율제도		변동환율제도	
장점	단점	장점	단점
1.환율의 변동이 없으므로 국제 거래가 촉진되며 국제 시장이 확대될 수 있다. 2.무역 거래에 종사하는 사람들이 뜻하지 않은 환율 변동으로 인해 생기는 손해를 입을 염려가 없다. 3.인플레이션이 일어나는 것에 대해 어느 정도 억제 정책을 취할 수 있다.	1.환율을 일정 수준에 고정시켜야 하기 때문에 국제 수지 불균형을 자동 조정할 능력이 부족하다. 2.국가는 항상 충분한 외화를 준비하고 있어야 한다.	1.환율 변동이 국제 수지를 자동 조정하는 역할을 한다. 2.환율 변동에 의해 국제 수지가 균형을 달성하기 때문에 각국은 외환 준비금을 보유할 필요가 없다. 3.국제 수지 상태에 의하여 경제 정책이 제약받지 않는다.	1.환율이 각국의 경제력에 의해서보다는 단기 자본에 의해 영향받기 때문에 단기간에 환율이 대폭 변할 가능성이 있다. 이에 따라 국제 거래가 위축될 수 있다. 2.환율이 일단 불안정해지는 경우 투기에 의해 더욱 불안정 해질 수 있다. 3.인플레이션에 대한 저항력이 약하다.

과점 寡占, oligopoly

寡 적다 과 占 점치다, <u>차지하다</u> 점

소수의[寡] 몇몇 기업이 상품 시장을 독차지함[占]

　과점은 시장 경쟁에서 경쟁력이 없는 기업들은 도태되고 일부의 기업이 남게 되어 시장을 점령하여 일어나게 됩니다. 그런데 이 경쟁이란 것이 똑같은 조건으로 이루어지지 않고, 이미 거대 기업으로 성장한 이른바 대기업들이 편법을 사용하여 그들에게 유리하게 진행되는 경우가 많기 때문에 대부분 중소기업들은 도태되고 말게 됩니다.

관세 關稅, tariff

關 빗장 관 稅 세금 세

수입하는 물건이 관문을[關] 통과할 때 내는 세금[稅]

　'關'은 본래 문에 가로로 질러 잠그는 막대기인 빗장을 말합니다. 그 뜻이 확대되어 국경에 설치하여 출입하는 사람들을 조사하는 문을 뜻하게 되었습니다. 그래서 관문이라고 하면 보통 그 나라에 들어가기 위한 문이란 뜻입니다.

관세關稅란 '외국에서 수입되는 물건이 관문을 통과할 때 부과되는 세금' 입니다. 관세를 부과하는 이유는 수입품에 세금을 부과하여 소비자들이 국산품을 애용하도록 하며 국내 산업을 보호, 육성하기 위해서입니다.

관세關稅의 종류

똑같은 제품의 국내 산업을 보호, 육성하기 위한 보호관세保護關稅와 나라의 재정을 충당하기 위하여 부과하는 재정관세財政關稅가 있습니다. 현재는 세계 시장 확보를 위한 국가 간 경쟁이 심화됨에 따라 싸게 많은 물건이 대량으로 수입이 되는 것을 막기 위한 덤핑방지 관세도 있습니다.

국민연금 國民年金

國 나라 국 民 백성 민 年 해 년 金 쇠, 돈 금

전 국민에게[國民] 시행하는 연금 제도[年金]

국민연금 제도란 '퇴직을 하기 전 소득액의 일정 부분을 미리 떼어 적립해 두었다가 퇴직한 후 생계를 계속 보장받기 위하여 만든 제도' 입니다. 국민연금은 노동자 쪽에서만 부담을 하는 것이 아니라 사용자 쪽에서도 부담을 합니다. 또 그것에 대한 이자도 더해집니다. 즉 노동자의 갹출 + 사용자의 갹출 + 이자 ⇒ 연금이 되는 것이지요.

이러한 연금 제도는 온 국민을 대상으로 하기 때문에 국민연금이라고 하는데, 사회보장 제도의 일환으로서 국민 한사람 한사람이 죽을 때까지 인간적인 생활을 보장받으며 잘살 수 있도록 그 사람을 고용한 회사와 함께 책임을 지는 것입니다.

금본위제도 金本位制度, gold standard system

金 쇠, 금 금 本 근본 본 位 자리 위 制 제도 제 度 법도 도

모든 화폐의 가치 척도를 금을[金] 기준으로[本位] 하는 제도[制度]

'本位' 란 경제 용어로 '한나라 통화 단위의 기준' 을 이릅니다.

　　금본위제도란 여러 가지 재료로 만든 화폐가 동시에 유통이 되면 화폐의 가치를 비교하는데 혼란이 생기므로 기준이 되는 화폐를 금으로 하도록 법률로 정한 것입니다. 물론 직접 금을 화폐로 하여 주고 받을 수도 있지만 이렇게 되면 액수에 따라 불편이 따릅니다. 그래서 금은 국가가 소유하고 있고 금의 가치를 종이 쪽지에 써서 부여하여 그것의 가치를 국가가 인정을 해주는 것입니다.

　　그러나 새로 캐내는 금의 양이 세계 경제에서 화폐 유통 증가량을 따르지 못하게 되자 이 제도는 점차로 무너져 갔고 그 이후 미국의 $(달러)가 그 자리를 대신하였습니다.

금을 화폐로 사용한 이유는?

①금의 자연적 성질이 어느 곳에서나 동일할 뿐만 아니라 임의로 분할 또는 합성할 수 있기 때문입니다.

②적은 양으로 많은 가치를 표현할 수 있기 때문에 이동이나 보관이 편리하기 때문입니다.

③화학적 변화가 일어나지 않아 부패한다든가 파손되는 경우가 거의 없다는 점 때문입니다.

금융소득 종합과세제 金融所得 綜合課稅制

金 쇠, 돈 금 融 녹다, 통하다 융 所 바 소 得 얻다 득 綜 모으다 종 合 합하다 합 課 매기다 과 稅 징수하다 세 制 제도 제

금융소득에[金融所得] 대하여 종합적으로[綜合] 세금을[稅] 매기는[課] 제도[制]

　　금융소득종합과세제도란 '부부가 합쳐서 연간 4천만 원이 넘는 금융 소득을 올리는 사람에게는(즉 이자만 4천만 원이 넘는 것이지요) 부동산, 사업, 근로 등 모든 금융 소득을 합쳐 큰 폭의 누진세율을 매겨 세금을 많이 물리는 제도'입니다. 즉 이전까지는 이자 소득을 합산하여 과세하지 않고 20%의 세율을 일률적으로 징수하던 것에서 2002년 5월부터는 연간이자 소득 4천만 원까지는 15%의 이자소득세가 징수되지만 그 초과 분은 높은 세율로 과세될 예정입니다.

　　이 제도를 실시하는 이유는 금융실명제의 실시 목적과 같이 돈의 투명성을 유지하여 생산적인 일에 돈이 쓰이게끔 하기 위해서이며 누진 세율을 적용함으로써 결국에는 부익부 빈익빈 현상을 막기 위한 것입니다.

금융실명제 金融實名制

金 쇠, 돈 금 融 녹다, 통하다 융 實 참 실 名 이름 명 制 제도 제

금융[金融] 거래에 있어서 거래자의 실제[實] 이름을[名] 쓰는 제도[制]

금융실명제란 '금융을 거래함에 있어 자신의 실제 명의를 쓰게 하는 제도' 입니다.

우리나라는 1962년부터 경제개발 5개년 계획을 추진하면서 국내 저축이 취약한 것을 보충하기 위하여 예금주의 비밀을 보장해주고 또 무기명이나 가명 등의 이름을 사용하여도 금융거래를 허용할 수 있도록 조처를 취해 왔습니다. 이는 국내 저축의 확대를 통해 경제 개발에 필요한 막대한 재원을 충당하는 데에 큰 기여를 하기도 하였으나, 경제의 규모가 점차로 커지고, 이에 따라 금융 거래액도 커지면서 폐단을 낳게 되었습니다.

즉 지하 경제의 장을 열어주어 각종 투기성 자금과 뇌물 등 떳떳치 못한 돈의 은둔처를 제공한다거나 금융 자산 소득이 누구에게 얼마나 돌아가는지 알 수 없기 때문에 완전한 종합소득세제도를 실시할 수 없었습니다. 그리하여 그러한 폐단을 없애고 투명한 경제활동을 보장하기 위하여 '금융소득종합과세제' 와 더불어 만든 제도입니다.

① 지하 경제가 축소되고 경제 전반의 자금 순환이 순조로워집니다. 즉 땅 투기나 집 투기 등 비생산 부문에 자금이 몰리는 현상이 바로잡히고 그 자금들이 모두 생산 부문에 공급되어 기업들이 은행에서 돈을 빌리지 못해 비싼 이자를 주고 사채시장으로 간다든지 하는 일이 없어집니다.

② 누가 얼마만큼 이자 소득을 올리고 있는지가 포착이 되기 때문에 불로 소득인 이자 소득을 많이 받는 사람에 대해서는 세금을 많이 부과하여 전체적으로는 저소득자 소득에 대한 세금은 적어집니다.

③ 소득에 대한 누진 세율을 적용하게 되면 소득 분배가 공평하게 되는 효과가 있기 때문에 사회 안정에도 기여할 수 있습니다.

고액을 저금하는 사람들은 내는 세금이 많아지므로 저축을 하지 않고 대신 투기를 할만한 곳으로 몰려갈 수도 있으며 자금이 해외로 도피될 수도 있습니다.

이러한 부작용을 낳을 수도 있지만 전반적으로는 실명에 의한 금융 거래를 촉진시켜 금융 거래를 정상화시킴으로써 국민 경제를 건전하게 발전시키려는 제도가 금융실명제입니다.

급여 給與

給 주다 급 與 주다 여

고용주가 고용인에게 주는[給與] 임금.

급여란 '주다' 란 뜻으로, 고용주가 고용인에게 지불하는 임금을 말합니다.

우리나라에는 최저임금제도란 것이 있습니다. 인간으로서 최소한의 의식주를 해결하며 최소의 문화 생활을 할 수 있도록 보장한 비용인데, 이것이 너무 낮게 책정이 되어 있어 그 본래의 의미를 다하지 못하고 있는 실정이라고 합니다.

기간산업 基幹産業, key industry

基 터 기 幹 줄기, 근본 간 産 낳다 산 業 일 업

토대가[基] 되고 근본이[幹] 되는 산업[産業]

'基幹' 은 '바탕이 되는 것', 기간산업은 '모든 산업에 있어서 바탕이 되는 산업' 을 말합니다.

석탄이나 석유, 수력, 원자력 등의 에너지 산업이나 철강 등의 재료 공급 산업, 비료나 시멘트 등의 중화학 공업, 도로, 철도, 항만, 해운 등의 수송에 관련된 산업처럼 한 나라의 산업 활동 중 없어서는 안 되는, 한 나라의 산업을 발전시키기 위한 토대가 되는 산업을 기간 산업이라고 합니다.

기금 基金

基 바탕 기 金 쇠, 돈 금

어떤 일의 바탕이[基] 되는 돈[金]

'불우이웃돕기 기금 마련을 위한 콘서트' '북한 어린이를 위한 기금 마련 자선바자회' 등등에서의 기금이란 어떤 일을 하기 위한 바탕이[基] 되는 돈이란[金] 뜻입니다.

경제 용어로는 주식회사의 자본금처럼 '특정한 사업의 경제적 기초가 되는 돈'이란 뜻입니다.

기축통화 基軸通貨, key currency

基 터 기 軸 굴대 축 通 통하다 통 貨 재화 화

서로 다른 화폐를 사용하는 나라끼리 거래를 결제할 때 각 나라의 화폐 가치를 조정할 수 있도록 기본적인[基] 축으로[軸] 설정하여 놓고 거래하는 화폐[通貨]

'軸'은 '굴대'라는 뜻인데 굴대란 양 바퀴가 있을 때 이것을 이어주는 가로로 된 나무로 중심을 잡는데 매우 주요한 역할을 하는 것입니다. 이러한 뜻에서 확대되어 축은 사물의 요점이나 중요한 지위 등을 뜻하게 되었습니다. 그러므로 '基軸'이란 '어떤 것의 기본적인 토대가 되는 것, 중심이 되는 것'이란 뜻입니다. 따라서 기축통화란 바로 '국제 간 무역에서 결제할 때 사용할 수 있는 기본적인 통화, 즉 달러($)'를 말합니다. 각 나라 화폐의 단위는 모두 다르기 때문에 나라간에 무역을 할 경우 자기 나라 화폐로 지불하는 것은 불가능하기 때문에 기축통화가 필요한 것입니다.

기축통화가 되기 위해서는 그 통화에 대한 수요와 실재 거래량이 많아야 하며, 화폐 시장에서 효율적으로 운영이 되면서 적은 수량으로 자유롭게 거래가 이루어져야 하고, 통화의 안정성을 지니고 있어야 합니다.

기회비용 機會費用, oppotunity cost of capital

機 틀, 때 기 會 모이다 회 費 쓰다 비 用 쓰다 용

여러 가능성 중 하나를 선택함으로써 포기한 기회에[機會] 대한 비용[費用]

기회비용이란 '어떤 이득이 생기는 일 가운데에서 그 중 하나를 포기했을 때, 그 이득을 포기함으로써 손실되는 비용'을 이릅니다.

예를 들어 사업가가 자본이 100,000원이 있습니다. 이때 이것을 은행에 넣어두었을 때 이자로 생기는 이익이 10,000원이고 다시 사업에 투자했을 때 생길 수 있는 이익이 15,000원입니다.

사업가는 당연히 사업에 투자하는 것이 바람직하겠지요? 이때 기회비용은 10,000원입니다.

누진세 累進稅, pregressive tax

累 쌓다 루 進 나아가다 진 稅 세금 세

기준에 따라 점점 높은 세율을 쌓아서[累] 거두는[進] 세금[稅]

세금을 부과하는 방법에는 크게 두 가지가 있습니다. 그 하나는 누진세로 상속세나 소득세처럼 누진율을 부과하여 능력에 따른 부담을 원칙으로 하는 것입니다. 예를 들어 한 달에 100만원을 받는 사람과 500만원을 받는 사람이 같은 %를 세금으로 내는 것이 아니라 세율을 달리 적용하는 것입니다.

이와 반대로 과세 대상이 되는 금액에 관계없이 과세 표준에 비례하여 동일한 세율을 적용하는 비례세比例稅가 있습니다. 예를 들어 물건을 살 때 포함되어 있는 세금이라든지 방위세나 주민세 등은 가정 형편과 능력에 관계없이 똑같은 금액을 내는 것입니다.

선진국일수록 누진세 제도가 잘 정착되어 있는데, 이는 소득의 일부를 사회에 환원하여 빈곤하게 살아가는 사람들을 함께 구제하는 의미가 있습니다.

[참고] 비례세

단자회사 短資會社, short-term investment finance company

短 짧다 단 資 재물 자 會 모이다 회 社 단체 사

짧은[短] 기간 동안 자본을[資] 빌려주는 회사[會社]

단자회사란 '단기금융 시장에서 자금을 빌려주거나 중개를 하는 회사'를 이르는 말입니다. 여기서 단기금융이란 콜시장이나 어음할인시장 등 즉시 현금으로 융통이 가능한 자산을 말합니다. 장기금융시장에 반대가 되는 말로써, 보통 1년 이내에 거래되는 자금을 주로 담당하며, ○○ 투자신탁과 같은 투자신탁회사가 대표적인 단자회사입니다.

단자회사가 은행과 다른 점은, 은행은 개인을 중심으로 하여 세금도 받고 적금도 받고 또 필요한 사람들에게 돈을 꾸어주는 일들을 주로 하지만, 단자회사는 기업을 상대로 자금을 대출하거나 중개하는 일을 합니다.

여유 자금이 있는 사람과 자금이 필요한 사람에 관한 정보를 가지고 중개인의 역할을 하는 사람들에 의해서 형성되는 것입니다. 콜시장에는 중앙은행에 준비금을 보유하는 은행과 금융기관만 참여할 수 있습니다. 흔히 전화를 통해 거래가 이루어지기 때문에 콜시장이라고 이름 붙여졌습니다. 중개인들은 일시적인 여유 자금을 갖는 은행과 자금이 필요한 은행을 연결시켜 주고 거래 쌍방으로부터 일정한 수수료를 받고 전화를 통해 양 은행에 거래 관계를 통지합니다.

어음을 갖고 있지만 당장 현금이 필요한 사람에게 어음 결재일까지 얼마간의 이자를 계산하여 미리 그 금액을 빼고 남은 액수를 현금으로 바꾸어 주는 것입니다. 즉 3백만 원짜리로 3달 후에 결재되는 어음이 있는데 만약 한달 이자가 10%라면 세 달의 이자 90만원을 제외한 210만원을 주는 것입니다. 이때 어음할인업자가 받는 이자는 보통 시중은행에서 받는 이자보다 비싼데, 어음이 부도날수 있다는 위험성 때문입니다.

담합 談合

談 이야기하다 담 合 합하다 합

서로 미리 이야기하여[談] 의견을 맞춤[合]

담합은 서로 이야기하며 의견을 합한다는 말이니 겉 뜻은 매우 좋으나 속뜻은 그렇지 못한 단어입니다. 이 말은 '공사를 위하여 공개 입찰을 할 경우 입찰자들끼리 미리 상의하여 거짓으로 계산하거나 미리 입찰 가격을 협정해 놓거나 해서 업체들끼리 돌려먹기 식으로 공사를 맡는 것' 입니다. 그러기 위해서 공사의 예정가를 알아내려고 담당 공무원을 매수하기도 하기 때문에, 담합 행위에 대하여는 공개입찰 방해죄로 법의 심판을 받게 되어 있지만 잘 드러나지 않습니다.

물가연동임금제도 物價連動賃金制度

物 만물 물 價 값 가 連 잇다 련 動 움직이다 동 賃 품삯 임 金 쇠, 돈 금
制 제도 제 度 법 도

변화하는 물가에[物價] 연달아[連] 움직여[動] 임금이[賃金] 결정되는
제도[制度]

　물가연동임금제도란 '물가가 오른 만큼 임금도 올리는 것' 입니다. 예를
들어 물가인상률이 7%라면 임금인상률이 최소한 7%는 되어야 예년과 같
은 수준의 생활을 할 수 있습니다. 물가인상률은 7%인데 임금인상률이 3%
라면 임금을 올리는 것이지만 실질적으로는 임금이 삭감되는 것과 마찬가
지이기 때문입니다.

변동환율제도 變動換率制度, floating exchange rate system

變 변하다 변 動 움직이다 동 換 바꾸다 환 率 비율 률 制 제도 제 度 법 도

외화의 수요 및 공급에 따라 환율이[換率] 변동되는[變動] 제도[制度]

　변동환율제도는 '외화의 수요 공급에 따라 환율이 변동되는 제도' 입니
다. 즉 정부가 외화의 수요와 공급에 관여를 하는 것이 아니라 외화의 자동
조절에 의지하는 것으로 외화가 나라 안에 많이 있는 경우에는 환율이 인
하되고, 그 반대의 경우에는 인상되는 것입니다.
　변동환율 제도는 환율 변동에 의해 국제 수지가 균형을 달성하기 때문에
정부에서는 외환 준비금을 보유할 필요가 없다는 장점도 있으나 환율이 각
국의 경제력에 의해서보다는 단기 자본에 의해 영향을 받기 때문에 단기간
에 환율이 대폭 변할 가능성이 있어 이에 따라 국제 거래가 위축될 수 있다
는 단점도 있습니다.
[참고] 고정환율제도 참조

부가가치 附加價值, value added

附 붙이다 부 加 더하다 가 價 값 가 值 값 치

생산 과정에서 새롭게 붙어[附] 더해진[加] 가치[價值]

　'기업이 생산 활동을 하면서 새롭게 더해진[附加] 가치를[價值]' 부가가
치라고 합니다. 예를 들어 1차 생산물인 밀을 밀가루로 만들고 또 다시 그

밀가루를 이용하여 과자를 만들 때 가격이 아래와 같이 변한다면

> A: 밀　　100원
> B: 밀가루　150원
> C: 과자　　200원

　A에서 B의 과정을 거치면서 50원, B에서 C의 과정을 거치면서 다시 50원의 가치가 붙어, 전체의 부가가치는 100 + 50 + 50 = 200원이 되는 것입니다. 이것은 밀을 이용하여 과자를 만들기까지의 기업의 순이익과 노동력, 이윤, 이자, 집세 등을 모두 포함한 것입니다. 또 순부가가치라는 것이 있는데, 이는 원료비는 제외한 것으로 위의 예에서는 100원이 됩니다.

비례세 比例稅, proportional tax

比 견주다 비 例 법 례 稅 세금 세

소득에 비례하여[比例] 내는 세금[稅]

　과세물의 크기에 관계없이 과세 단위에 대하여 일정한 비례세율이 적용되는 것으로 현재 소비세의 많은 부분에 비례세가 적용되고 있습니다.
[참고] 누진세

선대제 先貸制

先 먼저 선 貸 빌리다 대 制 제도 제

먼저[先] 돈을 빌리는[貸] 제도[制]

　산업혁명이 일어나기 전, 아직 공업화가 추진되기 전에는 모든 것이 집에서 손으로 하는 가내수공업 방식으로 이루어 졌습니다. 이때 가내수공업의 형식으로 물건을 만드는 사람들 중에는 자신의 자본으로 자신이 만들어서 직접 내다 파는 사람들도 있었지만, 그렇지 않고 고용주가 있어서 생산자는 이 사람에게 물건을 주문 받고, 생산자가 주문 받은 물건을 만들어 주면 그 고용주가 그 물건들을 파는 체제 아래에 있는 사람들도 많았습니다. 이때 고용주는 생산자들에게 원료 값이나 원료를 먼저 빌려주고 완제품을 돌려 받을 때에는 성과급이나 기본급을 임금으로 주었는데 이를 선대제先貸制라고 합니다.
　선대제는 17C 서유럽에서 널리 행해지던 제도였으나 산업혁명이 진행

되면서 가내수공업 방식은 거의 공장제 경영으로 바뀌었고, 자연히 선대제
도 소멸하게 되었습니다.

세입 歲入

歲 해 세 入 들어가다 입

한해에[歲] 국가에 들어오는[入] 돈

'1년 동안[歲] 국가가 얻은[入] 총수입' 을 세입이라고 합니다.

가정경제에서도 수입과 지출이 있어 수입에 알맞은 지출을 하며 대부분
은 수입보다 더 적은 지출을 하여 저금을 합니다. 국가도 마찬가지입니다.

국가의 가장 큰 세입은 국민들이 직접 또는 간접으로 내는 세금입니다.
세금의 종류 또한 매우 많으며 이러한 각종 세금 외에도 길에 침을 뱉거
나, 불법주차에 대한 벌금, 공공 건물의 입장료, 또 정부가 소유하고 있던
토지나 건물들을 일반인에게 팔아서 남기는 수입, 철도나 전화처럼 국가가
직접 기업을 경영하여 거기서 수익을 남기는 방법 등도 있습니다.

그러나 국가의 가장 큰 수입원인 세금을 내지 않기 위하여 거대 기업들
은 각종 탈세의 방법을 사용하다가 적발이 되기도 하는데, 탈세를 하는 사
람들이 처벌받지 않는 한, 세금을 꼬박꼬박 낼 수밖에 없는 서민들은 매우
억울할 겁니다.

세출 歲出

歲 해 세 出 나다 출

국가에서 한해에[歲] 나가는[出] 돈

1년 동안[歲] 국가가 얻은[入] 총수입을 세입歲入이라 하고, '1년 동안
[歲] 국가가 지출하는[出] 총액수' 를 세출이라고 합니다. 세입과 세출에 관
련된 일은 국회 내 국가예산 편성위원회에서 합니다

국가의 가장 큰 세입은 국민들이 직접 또는 간접으로 내는 세금입니다.

그러나 각종 세금 외에도 길에 침을 뱉거나, 불법주차에 대한 벌금, 공공
건물의 입장료, 또 정부가 소유하고 있던 토지나 건물들을 일반인에게 팔
아서 남기는 수입, 철도나 전화처럼 국가가 직접 기업을 경영하여 거기서
수익을 남기는 방법 등도 있습니다. 그리고 국가는 이렇게 얻은 국가 수입
으로 공무원의 급여를 주고, 나라의 빚을 갚으며, 치안 유지, 위생 보건 및

환경 오염 방지, 국방비 · 교육비 등등 국민이 마음놓고 편안하게 인간다운 생활을 할 수 있도록 여러 곳에 두루두루 치우치지 않게 예산을 집행합니다. 이것이 세출입니다.

수입할당제도 輸入割當制度, import quota system

輸 보내다 수 入 들어가다 입 割 가르다 할 當 마땅하다, 맡다 당 制 제도 제 度 법도 도

수입의[輸入] 양을 나누어 배당해서[割當] 제한을 두는 제도[制度]

세계의 어느 나라든 자국의 산업을 보호하기 위하여 지나친 수입은 막으려고 합니다. 이때 수입품을 일정 한도 내에서 양적으로 규제하는 방법이 바로 수입할당제도입니다.

즉 수입할당제도란 '비자유화 품목에 대하여 수입 양을 할당해서 수입에 제한을 두어, 기존에 있는 국내 산업에 치명적인 손해가 없도록 하는 것'입니다. 이외에도 수입 억제 방법으로는 관세를 많이 부과하여 수입품의 가격을 상승시켜서 구매자로 하여금 소비를 억제하는 방법도 있습니다.

수정자본주의 修正資本主義

修 닦다, 고치다 수 正 바르다, 바로잡다 정 資 재물 자 本 근본 본 主 주로하다 주 義 옳다, 의견 의

자본주의[資本主義]의 수정[修正]을 통하여 자본주의의 모순을 해결할 수 있다는 주의[主義]

자본주의는 모든 것이 '돈' 중심, '자본'이 중심이 되는 사회입니다. 그런데 자본주의가 형성된 이후 줄곧 자유경쟁 체제 아래서 자본을 중심으로 달려온 나라들은 독점 재벌의 횡포나 부익부 빈익빈 현상, 실업자 문제, 환경 문제 등의 생각지 못한 문제에 봉착하게 되었습니다. 따라서 국가는 이러한 문제들을 해결하는 방법으로 국가가 직접 경제에 개입하는 방법을 선택하게 되었는데, 이것이 수정자본주의입니다. 즉 본래의 자본주의는 자유경쟁 체제 아래에서 오로지 경쟁을 통하여 살아남은 기업은 계속적으로 발전하며 그렇지 못한 기업은 도태가 되어 그 속에서 나름대로의 질서가 유지되는 것이었는데, 대공황이 세계를 강타한 이후 그 해결책으로 국가가 경제에 개입하는 수정자본주의 방안을 생각해 낸 것입니다.

이는 어느 정도의 국가 개입아래에서 정부가 경기의 순환을 조정하며,

누진세 제도를 이용하여 부익부 빈익빈 현상을 막고 각종 사회보장 제도를 통하여 가난과 질병, 실업 등을 구제하여 주는 것입니다. 그 결과 현재의 자본주의는 자유방임제도 하에서의 경쟁자본주의와는 다른 모습을 지니게 되었습니다. 수정자본주의는 복지자본주의라고도 일컫습니다.

세계 대공황大恐慌

1929년 뉴욕 월가의 증시가 폭락한데서 시작하여 1933년까지 거의 모든 자본주의 국가에 영향을 끼쳤습니다. 제반 물가의 폭락으로 생산이 축소되고 그로 인해 경제 활동이 마비가 되었으며, 기업 도산, 실업자 증가 등으로 이어져 공장에 물건은 쌓여있는데 그것을 살 사람들은 실업에 허덕이고, 팔리지 않은 음식이 쓰레기장에 그냥 대량으로 버려지는데도 거리에는 굶어죽는 사람들이 늘어선 사태가 벌어졌습니다.

당시 미국 대통령 루스벨트는 이러한 문제의 해결을 위해 뉴딜정책을 펴면서 정부의 재정을 풀어 댐 사업과 같은 거대 공공 사업을 일으키며 경제에 개입을 하였는데, 이로 인해 실업자가 해소되고 다시 물건이 팔리면서 경제가 일어나게 되었습니다.

세계 대공황 이후 각 나라는 완전히 자유경쟁 체제 아래에서의 자본주의가 아닌 어느 정도 국가의 개입 아래에서의 자본주의로 수정을 하게 되었습니다.

수지 收支

收 거두다 수 支 지탱하다, 지출하다 지

수입과[收] 지출[支]

수지란 '수입과 지출'을 말합니다. '수지가 맞다' 라고 하면 '수입과 지출이 대강 맞고 조금 남는다' 라는 뜻입니다. 경상수지가 **적자**다 또는 **흑자**다라는 표현을 쓰는데, 국민 경제에서 수입이 많으면 외화의 소비량이 크므로 적자가 되고 수출이 많으면 외화를 거두는 것이 많으므로 흑자가 된다는 것입니다.

- **赤子**[赤 붉다 적 子 아들, 이자 자] 수지 결산에서 결손은 빨간 색으로 기재함으로 적자라고 함.
- **黑子**[黑 검다 흑 子 아들, 이자 자] 수지 결산에서 잉여가 생긴 것을 흑색으로 기재하였기 때문에 흑자라고 함.

외채 外債, external debt

外 밖 외 債 빚 채

외국에서[外] 공적으로 빌린 돈[債]

　국가 재정에서는 보통 조세 수입이 가장 크고, 국유 재산에서 얻어지는 수입이 그 다음을 차지합니다. 국가 기능이 확대되거나 커다란 국책 사업을 벌일 경우 조세 수입이나 국유 재산 수입 등에서 얻는 것으로는 충당하지 못할 때가 있습니다. 이럴 때 국가가 채권債券이란 것을 발행해 직접 국민의 저축을 끌어들일 수도 있지만 외국에서 돈을 빌려오기도 합니다. 전자를 내국채內國債, 후자를 외국공채外國公債, 즉 외채라고 합니다. '외국에서[外] 공적으로 돈을 빌려 빚을[債] 지는 것' 입니다.

외환 外換, foreign exchange

外 밖 외 換 바꾸다 환

화폐 제도가 다른 국가끼리[外] 바꿀 수 있는[換] 화폐 대용

　외外는 우리나라 밖의 '외국外國, 다른 나라' 를 의미하여 외환이란 '화폐 제도가 다른 국가끼리[外] 바꿀 수 있는[換] 화폐 대용' 을 말합니다. 외국환外國換이라고도 말하는데 여행 시 현금을 지니고 다니는 불편함을 없애고 여행자의 편의를 위하여 만들어진 여행자 수표나 다른 나라로 돈을 보낼 때 사용할 수 있는 송금 수표, 우편으로 돈을 보낼 때 사용하는 우편환 등이 포함됩니다. 이렇게 외환은 화폐 제도가 다른 국가 간에 현금 대신 사용하는 일종의 수표와 같은 것입니다.

유가증권 有價證券

有 있다 유 價 값 가 證 증명하다 증 券 문서 권

가치가[價] 있다는[有] 것을 증명하는[證] 문서[券]

　1. 다음 중 사권私權과 공권公權으로 분류할 때, 공권에 해당되는 것은?
　　① 어음 ② 수표 ③ 증권 ④ 주식 ⑤ 투표권
　2. 아래 보기 중 그 쓰임에 있어서 다른 두 가지를 고른다면?
　　① 어음 ② 수표 ③ 증권 ④ 영수증 ⑤ 차용증 ⑥ 주식

1번의 답은 ⑤번, 2번의 답은 ④,⑤번입니다. 우선 1번에서 ①②③④번은 국가가 아닌 사법상 인정되는 재산에 관한 권리지만 ⑤번의 투표권은 개인이 국가를 향해 자신의 권리를 주장할 수 있는 것이고, 재산적인 가치는 없습니다. 문제 2번의 ①,②,③,⑥번은 1번과 마찬가지로 개인적인 재산 가치를 표현한 것이지만 ④,⑤번은 단순히 어떠한 사실이나 권리의 존재를 증명하는 방법으로 사용되는 것으로 증거증권이라고 하는 것입니다.

위와 같이 유가증권이란 어음, 수표, 증권, 주식처럼 '재산 가치가[價] 있는[有] 것을 표시하는 증서'로서 그 증서를 점유하고 있는 사람이 처분 할 수 있는 것입니다.

이중곡가제 二重穀價制

二 두 이 重 무겁다, 겹치다 중 穀 곡식 곡 價 값 가 制 제도 제

곡식[穀]의 값[價]을 이중[二重]으로 실시하는 제도[制]

이중곡가제란 정부가 국내에서 산출되는 곡류를 생산자로부터는 생산자 비용을 보상할 수 있는 가격 수준에 사들이고, 소비자에게는 생산 가격에 소매상이나 도매상의 이윤을 더한 것보다 더 싸게 파는 것입니다. 같은 곡물에 대하여 정부가 사들인 금액과 되파는 금액이 다르기 때문에 이중곡가제라고 합니다. 여기서 생기는 비용은 국회 예산안 추곡수매가秋穀收買價 예산안에 포함되어 있습니다.

이중곡가제를 실시하는 이유는 국민들이 먹고 살 식량을 될 수 있으면 자체 공급을 하기 위하여 직접 생산자인 농민에게는 비용을 보상해 주고, 공업 분야 등 그 외에 종사하는 소비자층에게는 저렴하게 식량을 공급하기 위해서입니다. 식량의 가격이 오르면 경제 전반에서 물가가 상승하여 소비자 경제가 어려워지기 때문입니다.

이체 移替

移 옮기다 이 替 바꾸다 체

서로 옮기고[移] 바꿈[替]

이체란 '서로 옮기고 바꾼다'는 뜻으로, 보통 은행에서 자동이체自動移替라고 할 때 많이 쓰입니다. 자동이체란 직접 돈을 가지고 가서 저금을 하거나 세금을 내는 등의 은행 일을 보는 것이 아니라, 하나의 주된 통장에 연

결하여 직접 가서 은행에서 일을 보지 않고 은행 전산 시스템을 이용하는 것입니다.

자회사 子會社, subsidiary company

子 아들 자 會 모이다 회 社 단체 사

아들과[子] 같은 회사[會社]

자회사는 보통 주식회사 체계에서 나올 수 있는 말입니다. 예를 들어 A주식 회사의 주식 중 50%가 넘는 지분을 B회사가 소유하고 있다고 할 때 A회사를 자회사, B회사를 모회사母會社라 합니다. 꼭 자본의 지배를 받는 것 외에도 임원을 파견하거나 기술제공, 원자재 등의 공급 등 기타 수단으로 지배받는 회사도 넓은 뜻으로는 자회사라고 합니다.

장원경제 莊園經濟

莊 장전 장 園 동산 원 經 다스리다 경 濟 건너다, 구제하다 제

중세의 귀족과 교회가 소유한 대토지인 장원[莊園]을 중심으로 이루어지는 경제 체제[經濟]

'莊' 자는 장전이란 뜻으로 '귀인이나 고관 등의 사유지' 를 말합니다.

중세 유럽 경제의 특징은 바로 장원경제에 있습니다. 장원경제란 '중세시대 귀족과 교회가 소유한 대토지인 장원을 중심으로 이루어지는 경제체제' 입니다.

중세시대 국왕의 힘이 미약하여 혼자서 국가를 다스릴 수 없게 되자 왕은 나라의 땅을 나누어 **영주**領主들에게 주고, 그 땅의 영주는 다시 **농노**農奴들에게 그 땅을 나누어 경작하도록 하였습니다. 대신 농노는 영주에게, 영주는 왕에게 공물 및 각종 세금을 받쳐야 했는데, 영주가 다스리는 하나의 장원은 자급자족을 할 수 있을 만큼의 하나의 마을로 형성이 되었습니다.

○ **領主**[領 거느리다 령 主 주인 주] 중세 유럽의 봉건사회에서 농민들을 지배했던 정치 권력자.

○ **農奴**[農 농사 농 奴 종 노] 농노주와의 관계에서 일컬어진 특정한 농민에 한정한 역사적 호칭.

'장원경제'에 대하여 더 알아보기

무력과 법으로 세계를 휩쓸던 로마제국이 멸망하고 그 후에 건설된 나라들은 국왕의 힘이 퍽 미약했습니다. 모든 힘은 교황에게서 나오던 시기였기 때문입니다. 그러므로 국왕의 권력이 나라의 구석구석까지 미칠 수 없게 되자 할 수 없이 땅을 귀족들에게 나눠주고 그 귀족에게 그 땅을 다스리게 하였고, 그 안에 살고 있는 사람들까지 지배할 수 있는 권리를 부여하였습니다. 이때 땅을 소유하고 있는 귀족을 영주(領主)라 하고 그곳에서 영주의 지배를 받는 일반 사람들을 농노農奴라 했습니다.

즉 힘이 미약해진 국왕은 영주에게 땅을 나누어주고 영주는 다시 농노에게 땅을 나눠 줘 농사를 지으면서 일정한 대가를 지불하며 살아가는 자급자족의 경제 구조입니다.

그러나 장원경제에는 많은 문제점이 있었습니다. 농노는 영주의 땅을 일구고 사는 대신 영주의 직영지에 가서 그냥 일을 해주어야 했으며, 자신이 보유하고 있는 경작지에서 일정 정도를 또 바쳐야 했습니다. 뿐만 아니라 영주의 허가가 없이는 그 장원을 떠나지도 못하며, 결혼을 할 경우에는 혼인세, 죽었을 때에는 사망세, 태어났을 때에는 그것에 대한 세금 등 그냥 이름을 붙이기만 하면 그에 대한 세금을 내야하는 노예와 같은 삶이었습니다. 즉 영주들은 호화로운 성에서 호의호식하며 살아갈 때 농노들은 굽은 허리를 펴지 못했던 것이지요.

장원경제는 중세 십자군 전쟁 이후 시민혁명이 일어나기 전까지 계속되었는데, 장원경제의 부당함을 깨뜨린 사람들은 영주가 아닌 바로 농노 자신들이었습니다. 역사의 발전이란 정치를 하는 소수의 몇몇 사람에 의해서가 아닌 바로 대다수 민중의 힘에 의한 것임을 다시 한번 생각하게 됩니다.

경제란?

경제에서 경은 '다스리다' 의 뜻이고, 제는 '구제하다' 한 뜻입니다. 본래 '경제' 라는 말은 경국제세經國濟世(나라를 다스리고 어지러운 세상을 구한다)와 경세제민經世濟民(세상을 다스리고 백성을 구제한다)의 줄임말입니다.

재할인율정책 再割引率政策

再 다시 재 割 나누다 할 引 끌다 인 率 비율 률 政 정사 정 策 꾀 책

할인율을[割引率] 다시[再] 적용한 정책[政策]

　은행들의 가장 기본적인 시스템은 사람들이 예금한 돈에 대하여 일정한 이자를 지급해 주고, 또 돈이 필요한 사람들에게는 그 보다 높은 이자로 대

출하는 것입니다. 은행이 은행으로서 유지가 되려면 법으로 정한 일정 정도의 액수를 항상 보유하고 있어야만 하는데, 이를 정한 것이 지급준비율 정책支給準備率政策입니다.

　각 일반 은행들은 지급준비금이 부족할 경우 자기의 은행에서 할인하여 받은 어음 등을 다시 중앙은행에 가서 할인하여 현금으로 바꾸어 옵니다. 이때 할인 비율은 늘 일정한 것이 아니라, 중앙은행이 시중 통화량에 따라 달리 적용합니다. 이를 재할인율정책이라 합니다. 즉 시중 은행이 일반 회사를 상대로 할인해준 어음을 현금이 필요할 때 다시[再] 중앙은행인 한국은행에 가서 할인을 받고 현금으로 교환하는데 이때 적용되는 할인율을[割引率] 재할인율[再割引率]이라고 합니다.

[참고] 지급준비율 정책

한국은행의 역할

한국은행은 우리나라 중앙 은행으로서 물가 안정과 경기 부양이라는 두 마리 토끼를 모두 잡기 위해 노력하고 있습니다. 그 방법으로 시중의 통화량을 조정하는 지급준비율 정책과 재할인율 정책을 사용하고 있습니다. 즉 시중에 통화량이 너무 많으면 은행에 돈이 없어서 기업 등이 필요하여 빌려쓰려고 할 때 대출할 수가 없습니다. 결과적으로 기업에 큰 타격을 주고 가정 경제에도 영향을 미치게 되기 때문에 한국은행은 지급준비금과 재할인율을 높여서 시장의 자금을 끌어드립니다. 그 반대로 사람들의 주머니가 얼어서 은행에만 돈이 묶여있으면 소비가 되지 않아 경제의 기본인 생산과 소비에 형평성을 잃게 됩니다. 이 때 지급준비금을 낮추고 재할인율을 낮추어 시장에 자금이 돌게 합니다.

전매 專賣, liquidation

專 오로지 전 **賣** 팔다 매

어떠한 물건을 홀로 독점해서[專] 팖[賣]

　사적인 독점과는 달리 사용하는 용어로, 국가에 의해 공적으로 행해지는 것입니다. 담배나 홍삼처럼 국가가 특정 물건을 생산에서 판매까지 독점하고 가격 또한 독점 가격을 유지하는 것입니다. 가격은 국가의 재정 상태, 국민이 그것을 얼마나 소비하는지, 또 시중의 물가 등을 고려하여 결정을 합니다. 국가의 전매 상품이 있는 까닭은 국가의 부족한 재정을 보강하기 위해서입니다. 담배사업법 27조와 인삼사업법 23조에 의해 국가의 전매권을 침해하면 처벌받게 됩니다.

주식회사 株式會社, corporation

株 주식 주 式 법 식 會 모이다 회 社 단체 사

주식을[株式] 발행하여 설립한 회사[會社]

주식株式이란 사람들이 자유로이 투자할 수 있도록 적은 액수로 일정하게 단위를 정해놓은 표입니다. 그리고 주식을 소유한 사람을 주주株主라 합니다.

주식회사는 오늘날의 대표적 회사 형태로, 기업이 물건을 생산하고 판매하기 위해서는 거대한 자본과 전문적인 경영이 필요하기 때문에 주식의 발행으로 많은 사람들로부터 적은 돈을 조금씩 모아 기업을 만들고, 경영은 전문인이 하며, 주주는 회사의 경영에는 참여하지 않는 제도입니다.

회사의 이익은 주주가 투자한 액수에 비례해 각 주주에게 돌아가기 때문에 회사가 잘 되면 이익 배당이 많아집니다. 그리고 소유와 경영이 분리되어 있어서 혹 경영을 잘 못하여 회사가 부도가 난다하더라도 주주는 자신이 주식을 소유한 만큼만 손해를 보면 되고 나머지 회사의 빚을 갚지 않아도 됩니다. 또 회사의 경영이 나빠져 이익이 별로 없거나 손해를 볼 것 같으면 보유하고 있는 주식을 주주가 마음대로 처분할 수도 있고 또 주주가 아닌 사람들도 자유로이 그 회사의 주식을 사서 주주가 될 수 있습니다.

지급준비금 支給準備金

支 지탱하다, 지출 지 給 주다 급 準 법도 준 備 갖추다 비 金 쇠, 돈 금

은행에서 지급을[支給] 위하여 미리 준비[準備]하고 있는 돈[金]

은행은 예금자가 예금 인출을 요구하면 언제든지 지급을 해야하기 때문에 항상 일정정도의 현금을 보유하고 있어야 하는데 이것을 지급준비금이라 합니다.

모든 은행의 고객이 한꺼번에 돈을 찾지 않으리라는 가정 하에서 이루어지는 것이지요. 그리고 이 금액은 은행의 은행격인 중앙은행에 예치하게 되어 있습니다.

지급준비율정책 支給準備率政策

支 지탱하다, 지출 지 給 주다 급 準 법도 준 備 갖추다 비 率 비율 율 政 정사 정 策 꾀 책

은행이 고객으로부터 받아들인 예금 중에서 고객의 인출 요구에 대비하여[支給準備] 중앙은행에 의무적으로 적립해야 하는 비율을[率] 정해놓는 정책[政策]

　한국은행은 우리나라의 중앙 은행으로서 물가를 안정시킴과 동시에 경기를 활성화시키기 위하여 노력하고 있습니다. 경기가 활성화되어야만 실업자가 없어지며 실업자가 없어져야만 각종 사회문제가 일어나지 않고, 물가도 안정되기 때문입니다. 그래서 그 방법으로 한국은행은 시중의 통화량을 조정하는 지급준비율 정책과 재할인율 정책을 사용하고 있습니다. 즉 시중에 통화량이 너무 많을 때에는 은행에 지급준비금과 재할인율을 높여서 시장의 자금을 끌어드리게 합니다. 그 반대로 은행에만 돈이 묶여있으면 소비가 되지 않아 경제의 기본인 생산과 소비에 형평성을 잃게 되기 때문에 이 때는 지급준비금을 낮추고 재할인율을 낮추어 시장에 자금이 돌게 하는 것입니다.

　이렇게 지급준비율이란 은행이 예금자가 예금 인출을 요구할 시 언제든지 지급을 해야할 지급준비금支給準備金의 비율입니다. 즉 지급준비율이 높아지면 지급준비금이 많아지는 것이지요. 그 비율은 은행의 고객이 한꺼번에 돈을 찾지 않으리라는 가정 하에서 이루어집니다.

[참고] 재할인율정책

지방재정교부금 地方財政交付金

地 땅 지 方 방향 방 財 재물 재 政 정사 정 交 사귀다, 주고받다 교 付 주다 부 金 돈 금

지방의[地方] 재정을[財政] 돕기 위하여 중앙 정부가 주는[交付] 돈[金]

　각 지방에서 일어나는 모든 일을 중앙 정부가 소상히 알고 예산을 집행하기에는 너무나도 현실성이 없기 때문에 기본적으로 지방의 자치 단체가 자체적으로 거두어들인 세금으로 그 도시의 살림을 꾸려 나가고 있습니다. 그러나 각 도시마다 자체적으로 거두어들이는 세금과 세출에는 큰 차이가 있습니다. 따라서 중앙 정부는 각각의 도시가 특색 있고 균형 있게 발전할 수 있도록 각 지방의 빈약한 재정을 보충하기 위한 재정이 필요한데 이것을 바로 지방재정교부금이라고 합니다.

지수 指數, index numbers

指 가리키다 지 數 셈하다 수

무언가를 표현하는[指] 숫자[數]

    지수는 보통 수학용어로는 '어떤 수 또는 문자의 오른쪽 위에 써서 계산하는 숫자나 문자'를 이릅니다. 경제용어로는 '물가나 임금 따위의 변동을 알기 쉽게 나타내기 위하여 일정한 때를 100으로 하여 비교하는 숫자'로 물가지수, 임금지수, 생산지수, 재고지수 등등과 같은 예입니다. 이렇게 지수로 표현하면 100을 중심으로 하기 때문에 비교가 쉬워 보는 사람이 쉽게 이해할 수 있는 편리한 점이 있습니다.

    예를 들어 유엔이 발표한 96면 말 물가 수준을 뉴욕의 물가지수를 100으로 하여 비교하였는데 홍콩이 192, 도쿄 155, 제네바가 118, 서울이 117, 일본이 116이었습니다.

채권 債權

債 빚 채 權 권세 권

빚을[債] 받을 권리[權]

    채권이란 '재산에 대한 권리 중의 한가지로, 돈을 빌려간 사람이 약속한 날짜에 갚지 않을 경우 빚을[債] 갚으라고 할 수 있는 권리[權]'입니다. 이때 채권의 권리를 가지고 있는 사람을 채권자債權者라 하고, 반대로 빚을 갚아야할 의무가 있는 사람을 채무자債務者라 합니다.

    채권과 채무 관계는 무조건 돈을 빌려주고 빌려 받았다고 하여 이루어지는 것이 아니라 계약으로 이루어집니다. 이는 사기와 폭력 등 합법적이지 못한 방법으로 채무 관계가 이루어지는 것을 막기 위한 것입니다.

채권·채무의 관계가 성립되려면?

①채권의 확정성, 즉 돈을 빌려주고 빌려 받은 관계가 정확해야 합니다.

②채권의 실현가능성, 즉 실제적으로 갚을 수 있는 것이어야 합니다.

③적법성, 즉 계약 자체가 법률에 위배되어서는 안됩니다.

④사회적 타당성, 즉 사회적으로 타당한 방법으로 주고받아야 합니다.

추가경정예산 追加更正豫算, supplementary budget

追 따르다, 보충하다 추 加 더하다 가 更 고치다 경 正 바르다, 바로잡다 정 豫 미리 예 算 셈하다 산

이미 계획한 예산에서 모자란 부분을 보충해서[追] 더하여[加] 고쳐서 [更] 바로잡은[正] 예산[豫算]

'更正'이란 고쳐서 개정한다는 뜻으로, 추가경정예산이란 이미 짜여진 예산에 추가하여[追加] 고쳐서[更] 바로잡은[正] 새 예산豫算을 말합니다.

보통 정부는 매해의 1년 예산을 그 전해에 계획하여 실천해 나가는데, 국가에 예기치 못한 큰 사건이 일어났을 경우에는 처음 계획했던 예산보다 훨씬 많이 들어가게 됩니다. 예를 들어 큰 가뭄이나 홍수 등의 천재지변이라든지 생각지도 못한 건물의 붕괴로 많은 사람들이 희생당하여 그것에 대한 보상을 해야할 필요성이 있을 때 등입니다. 이때 정부는 계획한 예산을 수정, 보완한 추가경정예산을 다시 새롭게 세워서 지출을 하게 됩니다.

통화 通貨, currency

通 통하다 통 貨 재화 화

한나라 안에서 통용되고[通] 있는 화폐[貨]

통화는 '한 나라 안에서 통용되고[通] 있는 화폐[貨]'란 뜻입니다. 전화로 "김영만씨와 통화를 원합니다"라고 할 때의 통화通話와는 다릅니다.

통화는 우리가 돈이라고 하는 것으로, 직접적인 교환수단으로 이용되는 지폐 및 주화를 통틀어 말합니다.

이 말은 또 화폐貨幣와도 거의 비슷한 의미로 사용되지만 굳이 구별한다면 화폐는 시중에 돌고 있는 현금 통화만을 뜻하고, 통화라고 할 때는 현금 통화와 금융권에 예치되어 있는 예금 통화를 함께 일컫습니다.

하도급 下都給

下 아래 하 都 도읍, 모두 도 給 주다 급

아래로[下] 모두[都] 줌[給]

'都'는 보통 '한나라의 수도'란 뜻으로 쓰이지만, 도급都給에서는 '모두'의 의미로 도급은 '모두 주다'란 뜻인데, '일정한 기일 안에 완성해야

할 일의 양이나 비용을 미리 정하고 그 일을 모두 몰아 주는 것' 이란 뜻입
니다. 하도급은 하청下請과 같은 말로, 자신보다 아래에[下] 있는 사람에게
도급[都給]을 주다란 의미입니다.
　즉 경제적으로나 기술적으로나 열등한 지위에 있는 중소 기업이 특정 대
기업에 종속하여 그 통제 아래에서 주문을 받아 생산하는 일을 하도급이라
고 합니다. 위탁 생산을 발주하는 기업은 도급 기업이 되고, 위탁 생산을
받은 기업은 하도급 기업이 되는 것이지요.

환율 換率, rate of foreign exchange

換 바꾸다 환 率 비율 율

서로 다른 돈을 교환할[換] 때의 비율[率]

　환율이란 '서로 다른 돈을 교환할[換] 때의 비율[率]' 이라는 뜻입니다. 각
나라는 경제 사정이 다르고 화폐의 단위가 다르기 때문에 각 나라 사이의
돈의 가치는 제 각기 다를 수밖에 없습니다. 이 때문에 각각의 나라의 돈의
가치를 비교하는 환율이 필요한데, 이를 통해 두 나라 사이의 물건 값을 비
교하며, 국가 간의 무역 등 경제상의 거래를 할 수 있는 것이지요.
　또한 자국의 화폐 가치를 대내외적으로 평가하는 것으로도 많이 사용이
되는데, 보통은 세계적으로 신용 있는 달러로 표시를 많이 합니다.
　표시방법으로는 $ 1 = ₩ 1,200, ₩ 1 = $ 1/1,200의 두 가지 방법이 있
습니다.

희소가치 稀少價値

稀 드물다 희 少 적다 소 價 값 가 値 값 치

드물고[稀] 적기[少] 때문에 인정되는 가치[價値]

　공기가 없이는 생활할 수 없음에도 불구하고 공기는 값이 없습니다. 그
러나 보석은 없어도 생활하는데 아무런 지장이 없음에도 그 가격은 엄청납
니다. 이는 사람들이 보석을 갖고자 하는 욕구에 비해 위와 같은 보석류의
량이 상대적으로 적기 때문입니다. 즉 희소가치란 '드물고[稀] 적기[少] 때
문에 그 가치價値가 인정되는 것' 을 이릅니다.

<table>
<tr><td>1</td><td></td><td></td><td></td><td>2</td><td></td><td></td><td></td><td>10</td></tr>
<tr><td></td><td></td><td></td><td></td><td></td><td></td><td></td><td></td><td></td></tr>
<tr><td>3</td><td></td><td>11</td><td></td><td></td><td></td><td></td><td>4</td><td></td></tr>
<tr><td></td><td></td><td></td><td></td><td></td><td></td><td></td><td></td><td></td></tr>
<tr><td></td><td></td><td></td><td></td><td>5</td><td></td><td></td><td></td><td></td></tr>
<tr><td>6</td><td></td><td></td><td></td><td></td><td></td><td></td><td></td><td></td></tr>
<tr><td></td><td></td><td></td><td></td><td>7</td><td>12</td><td></td><td>13</td><td></td></tr>
<tr><td></td><td></td><td></td><td></td><td></td><td></td><td></td><td></td><td></td></tr>
<tr><td>8</td><td></td><td>14</td><td></td><td></td><td></td><td></td><td>9</td><td></td></tr>
<tr><td></td><td></td><td></td><td></td><td></td><td></td><td></td><td></td><td></td></tr>
</table>

[가로 열쇠]

1. 능력에 따른 부담 원칙으로 기준에 따라 점점 높은 세율이 적용되는 세제의 방법

2. 물권에 대한 거래의 안전을 목적으로 등기나 등록, 점유등의 방법을 일컬음

3. 선거구를 임의로 변경할 수 없도록 선거를 실시하는 지역 단위를 법으로 정하자는 주의

4. 민속신앙에서 집안에서 아기가 태어나거나 그렇지 않음, 또 그 수의 많고 적음, 아들과 딸을 정해준다고 믿는 신. ○○할머니.

5. 바람과 물과 땅의 지형을 관찰하여 사람과의 조화를 연구하는 이론

6. 자국내의 영토에 관해서 점유 또는 처분을 하거나 다른 나라의 간섭

없이 자국의 영역 내에 있는 사람이나 사물에 대하여 행사할 수 있는 권리로 영토에 미치는 국가의 가장 높은 권리를 이름
7. 빚을 갚아야 하는 의무를 이행하지 않은 것.
8. 사회에서 정한 테두리 안에서 빗나가고 벗어난 행동.
9. 헌법에서 보장하는 노동 기본권으로 노동자가 함께 뭉쳐 자신들의 권익을 찾기 위하여 동맹파업이나 피케팅 등의 단체행동을 일으키는 것.

[세로 열쇠]
1. 국민 전체의 복지를 위하여 국가가 실시하는 정책.
2. 선거 운동의 자유방임에서 오는 각종 폐단을 막기 위하여 정해진 선거기관에서 선거를 관리하는 제도를 이름.
3. 중세 교황의 권력을 견제하기 위하여 만들어진 것으로 왕의 권력은 신이 내려주었다고 주장하는 설.
4. 징역이나 금고와 같이 죄인을 교도소에 잡아 가두나 그 기간이 1일 이상 30일 미만에 해당하고 일정한 역에 복무하지 않아도 되는 형벌을 이름.
5. 성문법의 반대 개념으로 문자로 이루어지지 않은 관습법이나 조리 , 판례법 등을 일컬음.
6. 국가가 잘못 처리한 행정행위로 인하여 손해를 입었을 때 이의 피해 보상을 법원이나 상급기관에 청구하는 행위.
7. 마을 전체에서 지내는 제사로 수호신을 정하여 마을 사람들 전체의 행복과 풍요를 기원하는 의식.

정답

[가로 열쇠]
1. 누진세 2. 공시 3. 선거구법정주의 4. 삼신 5. 풍수지리설 6. 영토고권 7. 채무불이행 8. 일탈행동 9. 쟁의

[세로 열쇠]
2. 공공정책 3. 선거공영제 10. 왕권신수설 11. 구류 12. 불문법 13. 행정쟁송 14. 동제

　　인간은 시간의 흐름 속에서 생활하지만 시간은 인간의 의지와 상관없이
흐른다. 역사학은 시간의 흐름에 대한 학문이다. 그러나 역사학의 대상은
그저 흐르는 시간이 아니다. 인간이 의미를 부여한 시간이며, 동시에 시간의
흐름에 대해 가지고 있는 인간의 의식이다.

　　우리는 왜 다른 나라의 역사를 배우는가? 인간은 집단을
이루어 살면서 문명을 형성하였고, 각 문명은 상호
접촉하여 발전하거나 몰락을 거듭했다.
문명간의 교류는 교통과 통신의 발달로
인간 활동의 영역이 확장되면서 더욱
촉진되어 오늘날 세계 각국은 지구는
하나의 촌락이라는 개념 속에
생활하고 있다. 세계 곳곳의 문명의
발달과 상호 교류하는 역사적인
관련을 맺고 있다. 세계사는 그저
여러 나라의 역사를 합쳐 모은 것이
아니라 인간 생활의 모든 영역의
긴밀한 상호 연관을 종합적으로 밝혀
주는 전체로서의 역사이다. 따라서 세계사를
배우는 이유 중에 하나는 다른 나라와 다른
문화에 대한 역사적 이해를 바탕으로 오늘날
이루어지는 전 세계적인 상호교류의 역사적 관련성을 깨닫고 세계사의 폭과
깊이에 대한 인식을 통하여 현재 세계를 바라보는 안목을 키우기
위해서이다. 세계사 학습에서는 각국의 자세한 사실뿐만 아니라 공간과
시간속에서 이루어진 인간 행위와 그 의미를 파악하는 것이 중요하다.
과거의 인간 행위에 대한 이해를 바탕으로 우리는 현재를 성찰하고 다가올
미래를 전망할 수 있는 것이다.

　　세계사 인식의 폭을 넓히기 위해 우선 기초가 되는 용어를 미리
학습해보자.

▣ 세계사 일러두기

   1. 세계사의 구성은 동서양 공통, 동양(중국 중심), 서양으로 구분하여 용어를 배치하였다.

   2. 세계사 학습과 관련되어 알아두어야 할 용어는 매우 많지만 여기서는 대학 입학 수학능력 시험의 대비에 필요하면서, 한자로 표현되고, 한자 풀이를 통해 이해하기 쉬운 용어만을 선정하였다.

   3. 이해도를 높이기 위해 대부분의 한자어에 직역풀이를 해 놓았다. 그러나 모든 용어의 어원을 분석하는 작업이 거의 불가능하기 때문에, 이해를 돕기 위한 편의상의 해석을 하였다. 편의상의 풀이임을 염두에 두고 학습하기 바란다.

◎ **동양사**

개원의 치세 開元 – 治世

開 열다 개 元 으뜸 원 治 다스리다 치 世 세상 세

개원 때에[開元] 잘 다스려진[治] 세상[世]

'開元' 은 중국 당나라 현종 때의 연호입니다.
개원의 치세는 당나라 때 현종玄宗이 어진 재상과 명장을 등용하여 세상이 잘 다스려졌기 때문에, 후세에 이를 기리기 위해 붙여준 이름입니다.

고증학 考證學

考 살피다 고 證 증명하다 증 學 배우다 학

살피고[考] 증명하는[證] 학문[學]

고증학은 중국 청나라 때에 송·명의 성리학性理學·양명학陽明學에 반발하여 일어난 학풍學風으로, 경전의 해석을 정확히 살피고 증명하자는 주장을 하였습니다. 우리나라에서는 조선 후기 실학자들이 성리학이 공리공론空理空論과 독단적인 해석을 일삼자 이를 받아들였습니다.

곤여만국전도 坤輿萬國全圖

坤 땅 곤 輿 땅 여 萬 만 만 國 나라 국 全 모두 전 圖 그림, 지도 도

온 나라의[萬國] 땅덩어리를[坤輿] 모두 그린[全] 지도[圖]

'坤輿' 는 '지구' 를 뜻하는 말로, 곤여만국전도는 세계지도라는 뜻입니다.
곤여만국전도는 명나라 말기에(1602) 이탈리아 출신 가톨릭 예수회 선교사 마테오리치가 간행한 것으로, 한문으로 설명해 놓은 최초의 세계지도입니다.

공소 公所 · 회관 會館

公 여러 사람의 공 所 ~하는 바, 장소 소 · 會 모이다 회 館 집 관

여러 사람이[公] 모이는 장소[所] · 여러 사람이 모이는[會] 집[館]

공소와 회관은 중국 명 · 청 시대 상업이 발달하면서 도시에 생긴 조합으로, 동향인同鄕人 조합을 회관, 동업조합同業組合을 공소라고 하였습니다.

공행 公行

公 여러 사람의 공 行 가다, 점포 행

'公'은 '나라에 허락을 받았다'는 뜻이고, '行'은 '사거리에 줄지어 있는 점포'란 뜻이지만, 여기서는 무역 상인을 가리키는 말로 쓰였습니다.
공행은 중국 청나라 때 광저우[廣州]에서 나라의 허락을 맡고 외국 무역을 독점한 무역 상인으로, 1720년에 처음으로 16가家가 독점을 위해 동업조합 형태로 만들기 시작하면서 생겼습니다.

❍ 청나라 이래 은이 화폐의 주류가 되면서 이때부터 은행銀行이라는 말을 사용하였습니다.

교자 交子

交 교환하다 교 子 아들, 이자 자

교환에[交] 이용되는 돈[子]

'子'는 '아들', '사람' 등 여러 뜻으로 쓰이지만 여기서는 이자利子의 뜻으로 '돈'을 나타냅니다.
교자는 중국 송나라 때 쓰촨[四川] · 싼시[陝西] 등지에서 사용된 세계에서 가장 오래된 지폐입니다.
[참고] 회자

구품중정제 九品中正制 · 구품관인법 九品官人法

九 아홉 구 品 품계 품 中 가운데 중 正 바르다 정 制 제도 제 · 官 관리 관 人 사람 인 法 법 법

관리의 품계를 9등급으로[九品] 하고, 중정이라는[中正] 직책을 두는 제도[制]

  구품중정제는 중국 송나라 때 관리 등용법의 하나로, 관리의 품계를 중앙은 1~9까지 등급을 매기고, 지방은 군郡에 중정中正이라는 직책을 두어 지방관리를 역시 9품으로 나누어 임명하는 제도입니다. 이 제도는 중국 삼국 시대의 위나라 초기부터 수나라 초기까지는 구품관인법九品官人法이라 했고, 송나라 때부터는 구품중정제라는 명칭을 사용했습니다.

군기처 軍機處

軍 군사 군 機 비밀 기 處 기관 처

군사상[軍] 중요한 기밀을 [機] 다루는 기관[處]

  '軍機'는 군사상 기밀을 뜻하는 말이지만, 옛날에는 군사 업무가 가장 중요하기 때문에, '국가의 가장 중요한 업무'를 뜻하는 말로 사용합니다.
  군기처는 중국 청나라 때 국가 최고 기관으로, 1729년 군사목적으로 군기방軍機房을 설치했다가 1732년에 군기처로 개명한 뒤 당초 목적인 군사 업무뿐만 아니라 일반 정무도 취급하면서 국가 최고 기관이 되었습니다.

군현제 郡縣制

郡 마을 군 縣 마을 현 制 제도 제

군과[郡] 현으로[縣] 나누는 제도[制]

  '郡'과 '縣'은 춘추 시대에 사용되었던 말로, 봉건 제후의 직할지를 '縣'이라 했고, 그 변경 지방을 '郡'이라 했습니다.
  군현제는 중앙 정부에서 지방으로 파견된 관리가 그곳의 행정을 담당하는 제도로, 진·한 이후, 2천여 년 동안 중국의 지방 행정 제도로 사용되었습니다. 이 제도는 처음에 중국 진나라의 시황제가 중국을 통일하고 광대한 영토를 다스리기 위해 시행한 것으로, 전국을 크게 36개 군으로 나누고, 군 아래에는 여러 현을 두어 이곳에 관리를 파견하는 방식으로 운영되었습니다.

균수법 均輸法

均 고르다 균 輸 보내다 수 法 법 법

지방에서 올려보내는[輸] 물건의 가격을 고르게[均] 분배하는 법[法]

  '均輸'는 '각 지방에서 부담하는 공물과 그 수송비를 합한 액수에 차이가 있던 것을 고르게 한다'는 뜻입니다.

균수법은 중국 한나라 무제가 재정 부족을 메우기 위해 행한 경제정책으로, 각 지방에서 중앙에 보내는 특산물 중 많이 생산되는 지방에서 물건을 징수한 뒤 이것을 적게 생산되는 지방에 팔아 이익을 남기는 방식으로 운영되는 법입니다.

균전제 均田制

均 고르다 균 田 밭 전 制 제도 제

토지를[田] 고르게[均] 하는 제도[制]

균전제는 중국 북위北魏에서 시작하여 당나라 때 완성된 토지 제도로, 이 제도는 위진남북조의 북위에서 토지의 사유를 금하고 백성에게 토지를 고르게 분배하여 농민의 이탈을 막아 강력한 통치를 하기 위해 만들었습니다.

금서령 禁書令

禁 금하다 금 書 책 서 令 명령 령

책을[書] 만들거나 보관하지 못하게[禁] 하는 명령[令]

금서령은 통치에 방해가 된다고 여겨지는 서적을 없애게 하는 명령으로, 중국의 청나라에서 지식인들의 반청反淸 사상을 억압하기 위한 방법으로 이용하였으며, 또한 진시황제의 분서갱유에 버금가는 사상 탄압이라고 할 수 있습니다.

난학 蘭學

蘭 난초, 나라 이름 란 學 학문 학

네덜란드를[蘭] 통해서 들어오는 서양학문[學]

'蘭'은 '화란和蘭'을 줄인 말로, '和蘭'은 네덜란드(홀랜드)의 한자 표현입니다.

난학은 17C 일본 전국 시대에 쇄국령이 내려진 상태에서, 네덜란드를 통해서 들어온 서양 학문을 가리키는 말입니다. 당시 일본은 중국과 무역을 하였지만, 서양 사람 중에서는 선교를 내세우지 않는 네덜란드인만 출입이 허용되었습니다.

대명령 大明令 · 대명률 大明律

大 크다 대 明 명나라 명 令 명령 령 · 律 법률 률

큰[大] 명나라의[明] 법률[令 · 律]

 '大明'은 명나라를 높여 부르는 말이고, '令'과 '律'은 당나라 때 율령격식律令格式에서 나온 말로, '令'은 '행정법'을 '律'은 '형법'을 가리킵니다.

 대명령과 대명률은 당나라의 율령격식을 근본으로 1397년에 반포되어, 명나라 때에 당시의 현실에 맞게 개편한 법률입니다. 이 법률은 이후 청나라뿐만 아니라 우리나라, 일본 등의 국가에도 영향을 끼치게 됩니다.

[참고] 율령격식

둔전제 屯田制

屯 주둔하다 둔 田 밭 전 制 제도 제

주둔하고 있는[屯] 군대를 위한 땅을[田] 두는 제도[制]

 '屯田'은 본래 '주둔하고 있는 군대가 군량을 자급하도록 마련되어 있던 밭'을 말합니다.

 둔전제는 중국에서 시행한 것으로, 국가가 일정한 지방에 집단적 경작자를 지정한 다음, 새로 개척한 영토나 변방, 혹은 정벌한 국가에 가서 농사를 짓게 하는 제도입니다. 이 제도는 국가의 재정을 확충하기 위한 중요한 정책이었습니다.

만주 사변 滿洲事變

滿洲 지명 事 사건 사 變 변하다, <u>재앙 변</u>

만주에서[滿洲] 일어난 사변[事變]

 '事變'은 '전쟁까지는 이르지 아니하였으나, 경찰의 힘으로는 막을 수 없어 군대를 사용하게 되는 난리'를 말합니다.

 만주 사변은 1931년 9월 18일에 일어난 것으로, 일본은 중국 동북지방 심양시 교외의 류탸오거우(유조구柳條溝)라는 마을에서 철도를 스스로 폭파했는데, 이를 중국 측이 저질렀다고 트집을 잡아 만주지역을 침략하여 승리한 사건을 말합니다.

 만주 사변은 엄밀히 말하면 일본의 만주 침략 전쟁입니다. 일본은 이 전쟁으로 만주를 점령하고 1932년 3월 1일 만주국을 세워 이곳의 실질적인

지배권을 행사하였습니다.

문자의 옥 文字- 獄

文 글 문 字 글자 자 獄 감옥 옥

저술에[文字] 대한 탄압[獄]

'獄' 은 '감옥' 이란 뜻이지만, 여기서는 '탄압' 의 뜻으로 쓰였습니다.

문자의 옥은 중국 청나라의 강희康熙 · 옹정雍正 · 건륭乾隆의 3대 사이에, 청나라에 대해 비방하는 저술 때문에 화를 입은 여러 사건을 모두 가리켜 말합니다. 특히 건륭 시대에는 금서령禁書令이 공포되었습니다.

[참고] 금서령

백련교도의 난 白蓮敎徒- 亂

白 흰 백 蓮 연꽃 련 敎 종교 교 徒 무리 도 亂 어지럽히다 란

백련교의[白蓮敎] 무리가[徒] 일으킨 난[亂]

'白蓮敎' 는 미륵불이 강생降生한다는 사상을 중심으로 하는 불교적 민간 신앙으로, 남송시대에 백련종白蓮宗이라는 종파가 생겼지만, 주술적 성격이 강해 백성을 현혹하자 국가의 탄압을 받았습니다.

백련교도의 난은 중국 청나라 때(1796-1804) 후베이[湖北], 쓰촨[四川], 산시[陝西]의 산악지대에서 일어난 난으로, 당시 청나라가 부패하면서 민중들의 삶이 어려워지자, 미륵불 신앙을 내세운 백련교가 민중에 침투하여 세를 확산하면서 일어났습니다. 이 난 때문에 청나라는 쇠퇴의 길을 걷게 됩니다.

변법자강 운동 變法自彊運動

變 변하다 변 法 법 법 自 스스로 자 彊 강하다 강 運 움직이다 운 動 움직이다 동

법령을[法] 개혁하여[變] 국력을 스스로[自] 강하게[彊] 하자는 운동[運動]

변법자강 운동은 중국 청나라 말기인 1898년 하급 관료단인 캉유웨이[康有爲] 등이 일으킨 운동으로, 이전의 왕조 체제로는 열강의 침략에 저항할 수 없다고 여긴 캉유웨이 등이 입헌 군주제를 도입하고, 국력을 신장시키자는 주장을 하였습니다. 후에 실패로 끝나기는 했지만, 이 운동으로부

터 중국의 전통적 제도와 가치가 개혁의 대상으로 인식되었습니다. 무술戊戌년에 일어난 일이라 무술변법이라고도 합니다.

부병제 府兵制

府 관청 부 兵 병사 병 制 제도 제

부와[府] 그 아래 병을[兵]을 두는 제도[制]

'府兵'은 당시 부대 명칭을 '~府'라 했고, 그 소속 병사를 '兵'이라고 한데서 유래했습니다.

부병제는 6세기 중엽부터 8세기 초까지(북위·수·당) 행해졌던 중국의 병농일치의 군사 제도입니다. 부병은 농민 가운데서 일정 수를 선발하여 농한기에 훈련을 시킨 뒤, 1개월 내지 2개월씩 교대로 수도를 경비하였으며, 세금은 면제받았지만 식량과 무기는 자신들이 부담하였습니다.

부역황책 賦役黃冊

賦 구실 부 役 일 시키다 역 黃 노랗다 황 冊 책 책

부역에[賦役] 관한 상황을 기록한 노란[黃] 책[冊]

'賦役'은 '국가가 백성에게 토목, 건축 등 여러 구실을 대어 의무적으로 시키는 노동'을 가리킵니다.

부역황책은 중국 명나라 때 부역에 관한 상황을 기록한 책으로, 표지가 황색이기 때문에 황책黃冊이라고 했습니다.

분서갱유 焚書坑儒

焚 불사르다 분 書 책 서 坑 굴 갱 儒 선비 유

책을[書] 불태우고[焚] 유학자를[儒] 묻음[坑]

분서갱유는 중국을 처음으로 통일한 진나라 시황제가 학자들의 정치 비판을 봉쇄하기 위해 경전經典을 불태우고 유학자 460명을 산 채로 구덩이에 묻어 죽인 사건입니다.

비전 飛錢

飛 날다 비 錢 돈 전

상인들 간에 유통된[飛] 어음[錢]

비전은 중국 당나라 때 산업이 발달하면서 상인들 간에 유통된 어음으로, 중국 지폐의 기원이 되었습니다. 당시 상인들은 고향에 돈을 보낼 때 무게를 줄이고 분실 사고를 없애기 위해, 어음을 반으로 찢어 반은 지방의 관청에 미리 보내고 나중에 직접 가서 나머지 반쪽과 대조한 후 돈을 받았습니다.

사자의 서 死者- 書

死 죽다 사 者 사람 자 書 글 서

죽은[死] 사람과[者] 함께 묻은 문서[書]

사자의 서는 고대 이집트에서 관 속에 미이라와 함께 묻었던 문서로, 대체적인 내용은 신에 대한 찬미, 부활, 영혼의 보호 등입니다.

삼번의 난 三藩- 亂

三 셋 삼 藩 울타리 번 亂 어지럽히다 난

세[三] 장군이[藩] 일으킨 난[亂]

‘藩’은 ‘울타리’란 뜻으로 ‘장군’을 가리키는 말입니다. 그래서 ‘三藩’은 세 장군이란 말로, 중국 명나라 때 한족漢族 출신으로 청나라에 항복하여 도움을 준 오삼계吳三桂 · 상지신尙之信 · 경정충耿精忠을 가리킵니다.

삼번의 난은 중국 청나라 때 삼번이 일으킨 난입니다. 삼번은 처음에 청나라에 도움을 준 대가로 남중국의 왕으로 봉해졌는데, 나중에 세력이 강해지자 제 4대 강희제가 이들을 진압하려 했습니다. 그러자 이들은 난을 일으켰고, 나중에 모두 진압되었습니다.

시박사 市舶司

市 시장, 장사 시 舶 배 박 司 관청 사

해상 무역에[市舶] 관한 사무를 총괄하는 관청[司]

‘市舶’은 ‘상업용 선박’이란 뜻입니다.

시박사는 중국 당나라 현종玄宗 때(714)에 해상무역이 발전하면서 항구에 드나드는 배들을 관리하기 위해 광저우[廣州]에 설치한 관청으로, 이후 송 · 원 · 명까지 존속하고 청나라 때는 **해관**海關으로 바뀝니다.

❍ **海關** [海 바다 해 關 관문 관]

양명학 陽明學

陽 볕 양 明 밝다 명 學 배우다 학

왕양명이[陽明] 주장한 학풍[學]

양명학은 중국 명나라 때의 왕수인王守仁(호號 – 陽明)이 주장한 유학의 한 학풍으로, 성리학의 관념성을 비판하면서 **지행합일**知行合一의 실천성을 주장하였습니다. 우리나라에서는 조선 중기 이후 **교조화**教條化된 성리학을 비판하던 일부 학자들에 의해 수용되었고, 18세기 정제두에 의해 독자적인 학문적 체계가 세워졌습니다.

또한 양명학은 '모든 인간은 **양지**良知라고 불리는 선천적 지식을 가지고 태어난다' 라는 주장을 하는데, '양지' 는 사물을 바로 인식함으로써 완성되는 것이라고 하였습니다.

❍ **知行合一** 知는 行의 시초요, 行은 知의 이룬 결과이므로, 知와 行은 따로가 아닌 하나임.

❍ **教條**[教 가르치다 교 條 가지, 조목 조] 성현의 말이나 사상을[條] 시대가 변해도 변하지 않는 절대적인 것으로 여겨, 현실을 무시하고 기계적으로 적용하려는[教] 생각.

❍ **良知**[良 어질다, 타고나다 량 知 알다 지] 생각하지 않고 사물을 알 수 있는 천부적인 [良] 앎의[知] 능력. 예를 들어 자식이 부모를 공경해야 한다는 생각은 누구나 태어날 때부터 갖고 있음. 양지가 생각하지 않고 아는 것이라면, 배우지 않고도 할 수 있는 '양능良能' 이라는 것도 있음.

양무 운동 洋務運動

洋 바다, 서양 양 務 힘쓰다 무 運 움직이다 운 動 움직이다 동

서양(유럽)의[洋] 문물을 수용하기[務] 위한 근대화 운동[運動]

양무 운동은 중국 청나라 말기인 1860년경부터 90년대에 실시되었던 운동으로, 태평천국운동을 진압했던 관료층은 진압과정에서 서양무기의 우

수함을 깨닫고 이 시기에 서양(유럽)의 문물을 수용하기 위한 근대화 운동을 추진했습니다.

양세법 兩稅法

兩 둘 량 稅 세금 세 法 법 법

세를[稅] 두 번[兩] 거두는 법[法]

'兩稅'는 여름과 가을에 두 번 세를 거둔다는 말입니다.

양세법은 당 덕종德宗 때에 조·용·조租庸調 대신 만든 세법으로, 명의 일조편법一條鞭法으로 바뀔 때까지 시행되었습니다. 이 법은 본적지 부과의 원칙으로 징수하는 조용조법이 비현실적이고, 호족과 귀족에 의한 대토지 소유로 국가와 농민의 생존을 위협하는 등 여러 폐단이 발생하자, 이를 현거주지 부과 등의 방식으로 바꾸어 시행했습니다.

[참고] 조용조, 일조편법

어린도책 魚鱗圖冊

魚 고기 어 鱗 비늘 린 圖 그림 도 冊 책 책

물고기의[魚] 비늘[鱗] 그림이 그려진[圖] 책[冊]

어린도책은 중국 명·청 시대의 토지대장으로, 토지 측량을 위해 일정구역마다 그린 땅의 모습이 물고기의 비늘과 흡사하다고 하여 어린도魚鱗圖라고 했으며, 이를 책으로 묶어 놓았기 때문에 어린도책이라고 합니다.

역전제 驛傳制

驛 말 갈아타는 곳 역 傳 전하다 전 制 제도 제

역을[驛] 통해 전달하는[傳] 제도[制]

'驛'은 지금의 기차와 같이 화물을 나르던 '말'을 가리키며, '傳'은 '전하다'라는 뜻으로, 여기서는 역참에 보관한 물건을 나르는 '수레나 마차'를 의미합니다.

역전제는 당나라가 광대한 영토를 다스리기 위해 이용한 통신·교통 체제로, 각 지역마다 일정한 거리를 유지하여 역전을 설치한 뒤, 이곳을 통하여 공문을 전하게 하거나 여행자에게 말을 빌려주어 통신이나 화물운수 수단으로 이용하였습니다. 우리나라의 파발마 제도와 같습니다.

율령격식 律令格式

律 법률 률 令 명령 령 格 바로잡다 격 式 격식 식

법률[律], 명령[令], 법전[格], 시행 세칙[式]

　율령격식은 중국 당나라 초기에 완성을 본 **성문법**成文法으로, '律' 은 '법률' 이란 뜻으로 형법을 가리키며, '令' 은 '명령' 이란 뜻으로 행정법을 가리키며, '格' 은 율령의 규정을 변경했을 때 개정된 법규를 모은 법전이며, '式' 은 율령의 시행세칙을 가리킵니다.

❖ **成文法** [成 만들다 성 文 문서 문 法 법 법] 문서로 작성된 법.

은허 殷墟

殷 나라 이름 은 墟 옛터 허

은나라[殷] 도읍이었던 터[墟]

　은허는 허난성[河南省] 안양현[安陽縣] 샤오툰촌[小屯村] 지역입니다. 이곳은 예전부터 묻혀있는 거북 등껍질과 소뼈를 파내어 한약재로 팔고 있었는데, 1899년에 그 한약재에 고대문자인 갑골문자甲骨文字가 새겨져 있고, 점치는 내용이라는 것을 알게 되었습니다. 그래서 이곳이 은나라의 옛 도읍이라는 것이 밝혀져 은허라고 불렀습니다.

의화단 義和團

義 옳다 의 和 화합하다 화 團 단체 단

　의화단은 중국 청나라 말기에 백련교白蓮敎에서 갈라져 나온 비밀 결사대로, 1900년 외세를 배격하기 위하여 산동성山東省에서 일어났습니다. 이 단체는 무술을 배우고, 주문을 외면 신통력이 생겨 총이나 칼에 상처를 입지 않는다는 신앙을 가졌습니다. 또한 **부청멸양**扶淸滅洋을 슬로건으로 내세웠으며, 특히 기독교를 배척하는 운동을 펼쳤습니다.

❖ **扶淸滅洋** [扶 돕다, <u>떠받들다</u> 부 淸 청나라 청 滅 없애다 멸 洋 서양 양] 청나라를[淸]

돕고[扶], 서양을[洋] 멸함[滅]. 의화단의 구호.

이갑제 里甲制

里 마을 단위 리 甲 마을 단위 갑 制 제도 제

마을을 이와[理] 갑[甲] 단위로 나누는 제도[制]

이갑제는 중국 명 · 청 시대에 농촌지역을 수월하게 지배할 목적으로 만든 조직입니다. 편성 방법은 110호戶를 1里로 하고, 이 가운데 부유한 10호를 골라 이장호里長戶로 삼고, 나머지 100호는 10호를 묶어 1甲으로하여 모두 10갑으로 하였습니다.

일조편법 一條鞭法

一 하나 일 條 가지 조 鞭 채찍 편 法 법 법

한[一] 가지로[條] 몰아[鞭] 합친 법[法]

'鞭法'은 '바람직한 곳으로 채찍질하여 몰고 가는 법'이란 뜻입니다.
일조편법은 16C 후반 명말 청초에 걸쳐 시행된 세법으로, 양세법과 각종 요역이 행해졌던 이전의 복잡한 세제를, 납세자의 토지 소유면적과 장정의 수에 따라 세액을 정하고 이를 은으로 납부하는 방식입니다. 이 법은 당시 복잡한 세제를 간소화하고, 국가 재정확충을 위해 만들어졌습니다.

정관의 치세 貞觀- 治世

貞 곧다 정 觀 보다 관 治 다스리다 치 世 세상 세

정관 때에[貞觀] 잘 다스린[治] 세상[世]

'貞觀'은 중국 당나라 태종 때의 연호입니다.
정관의 치세는 당나라 때 태종太宗이 어진 재상과 명장을 등용하여 세상이 잘 다스려졌기 때문에, 후세에 이를 기리기 위해 붙여준 이름입니다.

제자백가 諸子百家

諸 모두, 여러 제 子 아들, 학자 자 百 일백 백 家 집, 학파 가

많은[諸] 학자[子] · 많은[百] 학파[家]

‘子’ 는 여기서 ‘일가一家의 학설을 세운 학자나 그 저서’ 를 가리키고, ‘家’ 는 ‘학파學派’ 를 가리킵니다.

제자백가는 춘추전국 시대에 등장한 각양각색의 학자와 학파들로, 이들은 다투어 자신의 학문과 사상을 주장하고 상대방의 학문과 사상을 비판하면서, 당시의 학문 사상을 더욱 발전시켰습니다. 이 때에 여러 사상가들이 등장할 수 있었던 이유는, 주나라의 봉건 제도가 무너지면서 언론과 사상의 발표가 자유로워졌고, 춘추전국 시대는 여러 나라의 제후들이 자신의 나라를 강국으로 만들기 위해 많은 인재를 등용했던 시기였기 때문입니다.

다음은 각 학파와 이를 대표하는 사상가입니다.

유가儒家 – 공자孔子, 맹자孟子, 순자荀子.

도가道家 – 노자老子, 장자莊子, 열자列子.

법가法家 – 관자管子, 자산子産, 한비자韓非子, 신도愼到, 신불해申不害, 상앙商鞅 이사李斯.

음양가陰陽家 – 추연鄒衍, 추석鄒奭.

명가名家 – 혜시惠施, 공손룡公孫龍.

묵가墨家 – 묵자墨子.

종횡가縱橫家 – 소진蘇秦, 장의張儀.

잡가雜家 – 각 학파의 사상을 종합한 《여씨춘추 呂氏春秋》류의 사상가들.

농가農家 – 허행許行.

조용조 租庸調

租 세금 조 庸 조세 종류 용 調 공물(貢物) 조

곡물 세[租], 노역[庸], 베 세[調]

조용조는 당나라 때 균전제의 바탕 위에 걷은 세금으로, ‘租’ 는 ‘곡물에서 거두는 세’, ‘庸’ 은 ‘장정의 남자에게 부과된 노역’, ‘調’ 는 ‘베[布]로 거두는 세’ 를 말합니다.

지정은제 地丁銀制

地 땅 지 丁 넷째 천간, 젊은 남자 정 銀 금속종류 은 制 제도 제

지은에[地銀] 정은을[丁銀] 합한 제도[制度]

지정은제는 중국 청나라 때의 세제稅制로, 명나라 세제인 일조편법一條鞭法에서 유래되었습니다. 은으로 세금을 내는 일조편법엔 지은地銀(토지

에서 거두는 세)과 정은丁銀(16~60세의 장정에게 거두는 세)이 있었는데, 후에 이 제도는 재산이 없는 장정의 숫자가 늘어나 징수가 곤란해지는 등 여러 폐단이 생겨났습니다. 그래서 청나라 때에는 정은丁銀의 액수를 일정하게 정한 다음, 이를 지은地銀에 합해 버린 지정은 제도가 생겨났습니다. 이 제도의 의의는 세제를 일원화했다는 데 있습니다.

[참고] 일조편법

참위사상 讖緯思想

讖 예언 참 緯 씨줄, <u>위서緯書</u> 위 思 생각 사 想 생각 상

예언과[讖] 징조를[緯] 알리는 사상[思想]

'讖'은 '예언'을 뜻하는 말이고, '緯'는 '경經' 대립되는 개념으로, 경서經書가 사람들을 올바른 곳으로 이끄는 성인이 지은 책이라면, 위서緯書는 미래의 징조를 알려 사람들을 현혹하는 책이란 뜻입니다.

참위사상은 바로 참讖과 위緯가 합해진 사상으로, 두 한자는 원래 별개의 사상이었으나, 후기에 오면서 같은 의미로 쓰이게 되었고, 음양오행 사상과 연결되면서 신비적인 내용으로 변질되었습니다. 중국에서는 특히 한나라 때 신선사상과 함께 유행하였습니다.

채도 彩陶

彩 무늬 채 陶 도자기 도

채색[彩] 토기[陶]

채도는 신석기 시대 유물로, 겉면에 아름다운 무늬가 채색되어 있는 토기입니다.

천공개물 天工開物

天 하늘 천 工 물건 만드는 사람, <u>기술</u> 공 開 열다 개 物 사물 물

천연물天然物[天] · 인공물人工物[工] · 물품[物] 활용 방법에[開] 관한 책

천공개물은 중국 명나라 말기(1637)에 송응성宋應星이 저술한 산업 기술서로, 상권은 천산天産, 중권은 인공人工, 하권은 물품의 활용 방법이 설명되어 있습니다. 여기서 천산天産은 '하늘이 낳은 것'이라는 뜻으로 농업 분야를 말하고, 인공人工은 '사람의 기술'이란 뜻으로 공업 분야를 말하며,

개물開物은 '물건을 열어 놓고 활용한다' 는 뜻으로 상업 분야를 말합니다.

편무역 片貿易

片 조각, 한쪽 편 貿 바꾸다 무 易 바꾸다 역

한 쪽에서만[片] 상품을 수출하는 무역[貿易]

원래 무역의 의미는 쌍방간에 이루어지는 거래를 말하는 것인데, 편무역은 편도무역片道貿易이라 하여 한 쪽 나라만 상품을 수출하는 무역을 말합니다.

편무역은 18C말 영국과 청나라 사이에 생겨난 무역 형태입니다. 당시 영국은 청나라에서 차, 비단, 도자기 등을 수입하면서 그 대가로 은을 지불하였지만, 수출은 이루어지지 않았습니다. 결국 막대한 은이 청으로 계속 유입되는 문제가 생기자, 영국은 이를 해결하기 위해 **삼각 무역**三角貿易을 실시하였습니다.

❏ **三角貿易** [三 셋 삼 角 뿔, 모퉁이 각] 18세기 영국에서 행해졌던 무역형태로, 지리적으로 3점을 연결하는 방식. 아메리카 식민지(곡물이나 육류) → 남유럽(포도주나 과일) → 영국(가공품)

평준법 平準法

平 평평하다 평 準 평평하다 준 法 법 법

물가를 일정하게[平準] 안정시키는 법[法]

평준법은 중국 전한 무제武帝 때 균수법均輸法과 함께 시행되었던 경제 정책으로, 각지의 특산물을 저장했다가 물가가 오르면 팔고 내리면 사들이는 방법입니다. 이 정책은 대상인들의 활동을 억제하고 소농민들을 보호하려는 목적에서 시행되었습니다.

한전법 限田法

限 한계 한 田 밭 전 法 법 법

토지 소유에[田] 한계를[限] 두는 법[法]

한전법은 중국 전한 시대 말기에 대토지와 노비를 소유한 호족 때문에 국가와 농민이 큰 피해를 입자, 이들의 횡포를 막기 위해 토지를 일정 한도 이상 갖지 못하도록 만든 법입니다.

향거리선 제도 鄕擧里選制度

鄕 마을 향 擧 뽑다 거 里 마을 리 選 뽑다 선 制 제도 제 度 법도 도

향과[鄕] 리에서[里] 관리를 뽑는[擧選] 제도[制度]

향거리선 제도는 중국 전한 시대에 행해졌던 것으로, 지방의 인재를 그 지방의 호족에게 추천하면 중앙에서 관리로 임명하는 제도입니다. 당시 지방의 구획단위는 100호戶를 '리里' 라 하였고, 몇 개의 리里를 합해 '향鄕' 이라 했습니다.

향용 鄕勇

鄕 마을 향 勇 용감하다 용

마을의[鄕] 용감한[勇] 사람

향용은 중국 청나라 때 태평천국의 난이 일어나면서 정규군의 무력함이 드러나자, 지역 마을의 지주와 관료층이 난을 진압하기 위하여 만든 의용군입니다.

형세호 形勢戶

形 모양 형 勢 세력 세 戶 집 호

형세가[形勢] 큰 집[戶]

'形勢' 는 원래 '어떤 사물의 모양과 그 세력' 을 뜻하는 말인데, 송나라 때에는 '벼락부자' 나 '벼락감투를 쓴 사람' 이란 뜻으로 쓰였습니다.
형세호는 중국 송나라 때의 지방 호족을 가리키는 말입니다.

회자 會子

會 모이다 회 子 아들, 이자 자

여러 사람이 모인[會] 곳에 필요한 돈[子]

'子' 는 '아들', '사람' 등 여러 뜻으로 쓰이지만 여기서는 이자利子의 뜻으로 '돈' 을 나타냅니다.
회자는 중국 남송 시대에 정부가 발행한 어음으로, 북송 시대부터 대도시의 상인·금융업자들이 약속어음이나 송금어음을 발행하면서 붙여진 이

름입니다.
[참고] 교자

훈고학 訓詁學

訓 가르치다, 풀다 훈 詁 옛말 고 學 학문 학

옛말을[詁] 현재의 말로 풀어주는[訓] 학문[學]

‘詁’는 古(옛 고)와 言(말씀 언)을 합한 한자로 ‘옛말’이라는 뜻입니다.
그래서 ‘訓’은 ‘옛말을 현재의 말로 풀어주다’라는 뜻입니다. 훈고학은 경
전經典의 내용을 바르게 해석할 목적으로 붙이는 **주석**註釋과 그 방법에 관
한 학문으로, 한나라 때 학문으로 발전하였습니다.

❍ **註釋** [註 뜻을 풀어 밝히다 주 釋 풀다 석] 낱말이나 문장의 뜻을 알기 쉽게 풀이함.

◎ 서양사

경험론 經驗論

經 날실, 경험 경 驗 경험 험 論 이론 론

인식認識의 기원이 경험에[經驗] 있다는 철학 이론[論]

경험론은 인간의 지식이나 인식은 실제로 보고 듣고 겪은 것에서부터 출발한다는 철학의 경향으로, 영국의 철학자 존 로크(John Locke)에 의해 창시되었습니다.

계몽사상 啓蒙思想

啓 열다 계 蒙 어리석다 몽 思 생각 사 想 생각 상

대중의 어리석음을[蒙] 깨우치는[啓] 것을 주로 하는 사상[思想]

'啓蒙'은 '민중의 몽매함을 깨우친다'는 뜻입니다.

계몽사상은 높고 어려운 철학의 이치를 간단하고 쉽게 풀어, 대중에게 보급하여 계몽시키는 것을 목적으로 하는 사상으로, 18세기말부터 프랑스를 중심으로 영국 · 독일 등지에서 번성했습니다. 이 사상은 구사상을 타파하자는 혁신적인 사상으로, 미국의 독립 혁명, 프랑스 대혁명에 영향을 미쳤습니다.

공리주의 功利主義

功 잘한 일 공 利 이익 리 主 주장하다 주 義 옳다, 의견 의

공리의[功利] 추구를 기본 이념으로 삼는 주의[主義]

'功利'는 '행복과 이익'이란 뜻입니다.

공리주의는 인간 행위의 기초는 개인의 쾌락 · 이익 · 행복에 있어야 한다는 주장입니다. 즉 어떤 행위의 목적이나 의무, 또는 옳고 그름을 판단하는 기준을 사회 구성원의 '최대 다수의 최대 행복'에 두어야 한다는 말입니다. 이 사상은 영국의 벤담이 창시했습니다.

공화 정치 共和政治

共 함께 공 和 화합하다 화 政 정치 정 治 다스리다 치

여러 사람이[共] 화합하여[和] 행하는 정치[政治]

　공화 정치는 주권이 어느 한 사람이나 어느 한 계급에게 있는 것이 아니라 국민 모두에게 있고, 국민의 다수 또는 국민 전체의 합의에 의해 행해지는 정치를 말합니다. 원래는 군주제의 반대 개념이나, 지금은 정치 형태가 민주적이면 군주가 남아 있더라도 공화 정치로 봅니다.

[참고] 군주정치

관세 동맹 關稅同盟

關 빗장, 관문 관 稅 세금 세 同 한가지, 함께 동 盟 맹세하다 맹

관세로[關稅] 맺은 동맹[同盟]

　'關稅'는 '관문에서 수·출입 물품에 부과하던 세금'이란 뜻입니다. 관세 동맹은 두 나라 이상이 동맹을 맺어 동맹 국가끼리는 관세나 다른 제약을 없애고, 동맹 외의 나라에게만 관세를 적용한다는 말입니다. 독일에서는 1834년 프로이센의 주도 하에 여러 제후국끼리 관세 동맹을 맺기 시작했는데, 이로써 독일은 경제 통일을 먼저 이루게 되었습니다.

국민공회 國民公會

國 나라 국 民 백성 민 公 여러 사람의 공 會 모임 회

국민의[國民] 대표 자격을 가진 여러 사람이[公] 모인 회의[會]

　국민공회는 로베스피에르가 공안 위원회를 구성하여 공포 정치를 하던 시기, 즉 프랑스 혁명 최종단계인 1792년 9월에 왕권이 정지되면서 새로 소집된 의회입니다.

국민의회 國民議會

國 나라 국 民 백성 민 議 의논하다 의 會 모이다 회

국민의[國民] 대표자들이 논의하는[議] 모임[會]

　국민의회는 프랑스 혁명 초기인 1789년 5월에 성립된 프랑스 최초의 근대적 의회로, 174년만에 소집된 삼부회(성직자·귀족·제3신분)에서 구

제도의 모순에 불만을 품은 제3신분(자유주의 귀족 · 평민 대표)이 '테니스 코트의 서약' 으로 구성한 의회입니다.

❍ **테니스 코트의 서약** 성직자 · 귀족층이 의회결성을 반대하자, 제3신분인 사람들이 테니스 코트에서 맹세한 약속.

군관구 제도 軍管區制度

軍 군사 군 管 벼슬아치, 관리하다 관 區 구역 구 制 제도 제 度 법도 도

관할구역에[管區] 군대를[軍] 두는 제도[制度]

'管區' 는 '관할구역管轄區域' 의 줄임말입니다.

군관구 제도는 비잔틴 제국에서 군사화된 지방 통치 제도로, 제국을 31개의 군관구로 나누고, 그 곳에 주둔한 군단의 장군에게 군사 뿐 아니라 행정상의 권리를 준 제도입니다.

권리장전 權利章典

權 권리 권 利 이익 리 章 글, 법 장 典 법 전

시민의 권리를[權利] 보호하는 법률[章典]

'章典' 은 전장典章과 같은 말로 '법칙' 이란 뜻입니다.

권리장전은 1689년 명예혁명 직후 윌리엄 3세 때, 영국의회가 시민의 자유와 권리를 보호하기 위해 의회 정치를 요구한 문서입니다.

권리청원이 영국의 청교도혁명과 관련된 인권 선언이라면, 권리장전은 명예혁명의 결과로 이루어진 인권 선언입니다.

권리청원 權利請願

權 권력 권 利 이익 리 請 청하다 청 願 원하다 원

시민의 권리를[權利] 보장하라는 요청[請願]

권리청원은 1628년 영국의회가 국왕 찰스 1세에게 보내어 승인 받은 문서로, 시민의 자유와 권리를 보장하라는 내용입니다.

낭만주의 浪漫主義

浪 물결 랑 漫 넘쳐흐르다 만 主 주장하다 주 義 옳다, 의견 의

'浪漫' 은 정서적, 또는 이상적인 관점으로 사물을 파악하는 것을 말합니다.
낭만주의는 18세기 말에서 19세기 초에 걸쳐 유럽에서 일어난 문예 사조의 한 경향으로, 고전주의에 반대하여, 자유로운 공상의 세계를 동경하였으며, 개성·감정·정서를 중요시하였습니다. 또 중세에 대하여 관심이 많았으며, 역사학 발달에 영향을 미쳤습니다.

대서양헌장 大西洋憲章

大西洋 바다 이름 憲 법 헌 章 글, 법 장

대서양에서[大西洋] 맺어진 헌장[憲章]

'憲章' 은 '법적으로 규정한 규범' 이라는 뜻입니다.
대서양 헌장은 제 2차 세계 대전 중인 1941년 8월 14일에 세계 국민 복지와 평화 등에 관한 양국(영국·미국) 정책의 공동 원칙을 정한 것으로, 영국의 처칠 수상과 미국의 F. 루스벨트 대통령이 대서양상에서 회담하고 발표한 공동 선언입니다.

대헌장 大憲章

大 크다 대 憲 법 헌 章 글, 법 장

큰[大] 법[憲章]

'憲章' 은 '법적으로 규정한 규범' 이라는 뜻입니다. '대헌장大憲章' 은 '마그나 카르타(Magna Carta)' 를 한문으로 번역할 때의 표현입니다.
대헌장은 영국 존왕의 폭정에 대항한 귀족들이 1215년 왕에게 강요하여 승인 받은 문서로, 왕의 권력 남용을 방지하도록 작성되었습니다.

도편추방제 陶片追放制

陶 도자기 도 片 조각 편 追 쫓다 추 放 놓다 방 制 제도 제

도자기[陶] 조각으로[片] 투표하여 추방하는[追放] 제도[制]

'陶片' 은 '도자기 조각' 이란 뜻으로, 원어는 '오스트라콘' 이라고 합니다. 그래서 도편추방제는 원어로 오스트라키스모스(Ostrakismos)라고 합

니다.
　도편추방제는 고대 그리스에서 행해진 비밀 투표에 의한 추방 제도입니다. 당시에 추방해야 할 정도로 국가에 해가 되는 사람이 있을 경우, 도자기 조각을 이용하여 투표하여 그 결과가 6,000표가 넘으면 추방하였으며, 주로 군주에게 적용되었습니다.

독점자본주의 獨占資本主義

獨 홀로 독 占 점치다, 차지하다 점 資 재물 자 本 근본 본 主 주장하다 주 義 의견 의

자본을[資本] 독점한[獨占] 기업에서 경제를 좌우한다는 주장[主義]

　독점자본주의는 소수의 거대 기업이 생산·자본·시장은 물론 경제적 여러 분야에 지배적 힘을 확립하는 경향입니다. 즉, 대규모 기업이 생산과 시장을 지배하기 위해 독점적 기업을 형성하고, 이의 유지를 위해 은행과 긴밀히 융합하여 모든 경제활동을 독점하는 것을 말합니다.

만민법 萬民法

萬 일만 만 民 백성 민 法 법 법

모든[萬] 사람에게[民] 공통되는 법[法]

　'萬民'은 '많은 사람', '모든 사람'이란 뜻입니다.
　만민법은 로마 시민에게 적용되는 시민법 외에, 시민 이외의 모든 정복민에게 해당되는 법입니다. 처음에는 시민법과 만민법의 구분이 있었지만, 차츰 정복지역이 늘고 다른 지역의 사람들에게도 시민권이 부여되면서 만민법이 로마의 주요 법으로 바뀌었습니다.

면죄부 免罪符

免 면하다 면 罪 허물 죄 符 증거로 삼는 물건 부

죄를[罪] 면하게[免] 해준다는 증표[符]

　면죄부는 중세 로마의 카톨릭 교회에서, 신자들에게 죄를 용서하는 대가로 금품을 받고 발행한 증명서입니다. 당시 신자들은 제물을 교회에 맡기면 공이 쌓인다는 생각을 하고 있었고, 또한 교황도 이 헌금을 받고 은총을 나눠주었습니다. 그러나 15세기 말경 성당의 건축을 위해 면죄부 발부를 조건으로 헌금을 권유하면서, 이를 남발하는 폐단이 생겼고, 후에 루터의

종교개혁의 계기가 됩니다.

명예혁명 名譽革命

名 이름 명 譽 기리다 예 革 가죽, 바꾸다 혁 命 하늘의 뜻 명

명예로운[名譽] 혁명[革命]

　명예혁명은 1688년 영국에서 일어난 혁명으로, 제임스 2세가 의회를 무시한 폭정을 일삼자, 의회에서 왕의 전처前妻의 장녀인 메리와 그의 남편 윌리엄을 네덜란드로부터 초청하였고, 이에 위협을 느낀 제임스 2세가 왕위를 버리고 프랑스로 도망간 사건입니다.

　혁명은 대개 민중이나 권력자 모두에게 큰 상처를 남기게 마련이나 큰 충돌 없이 피를 흘리지 않았기 때문에 명예로운 혁명이라 하였습니다.

모범의회 模範議會

模 법 모 範 법 범 議 의논하다 의 會 모임 회

모범적인[模範] 의회[議會]

　모범의회는 1295년 영국 에드워드 1세가 귀족의 횡포를 막고, 국왕을 중심으로 하는 국정을 확립하기 위하여 소집한 의회로, 의회 구성에 있어 귀족·성직자·시민이 골고루 참여하였고, 후에 이 방법이 지속되었기 때문에 모범의회라고 했습니다.

민회 民會

民 백성 민 會 모임 회

시민들로[民] 구성된 자치기구[會]

　민회는 이전의 임금, 왕, 군주의 일방적인 정치 체제와는 달리 정치에 일반 백성인 시민이 참여하도록 구성된 기구를 말합니다. 민회는 그리스 민주주의 원형이 되었고, 국왕은 이 집회를 통하여 민의民意를 확인하였습니다.

사회 계약설 社會契約說

社 모이다 사 會 모이다 회 契 맺다 계 約 약속 약 說 말씀 설

사회나[社會] 국가는 평등한 개인간의 계약에[契約] 따라 성립한다는 설[說]

사회 계약설은 17,8C 시민혁명기에 등장한 근대 정치 사상으로, 사회 구성원인 인간은 자유와 평등의 권리를 보장받을 수 있는 계약을 서로 맺어 법이 지배하는 사회를 만들어야 한다는 주장입니다. 대표적인 이론가로 T. 홉스, J. 로크, J.J. 루소 등이 있습니다.

삼두 정치 三頭政治

三 셋 삼 頭 머리 두 政 정치 정 治 다스리다 치

세 사람의[三] 유력자에[頭] 의해 행하여지는 전제적인 정치[政治]

삼두 정치는 기원전 로마에서 행해졌던 정치 형태로, 당시 로마의 공화정 시대에는 3인 위원이라는 것이 있었는데, 이들이 권력을 독점하면서 생긴 말입니다. 제 1차는 B.C. 60년에 케사르, 폼페이우스, 크랏수스의 사이에 사적으로 맺어지면서 이루어졌고, 제 2차는 B.C. 43년에 공식적으로 임명된 옥타비아누스 · 안토니우스 · 레피두스에 의해 이루어졌습니다.

삼부회 三部會

三 셋 삼 部 부서 부 會 모이다 회

세[三] 계층의[部] 대표를 모은 회의[會]

삼부회는 프랑스의 신분제 의회로, 삼부는 성직자, 귀족, 평민 세 계층의 대표입니다. 이 회는 1302년에 처음으로 필립4세가 교황과 다투게 되었을 때, 국민의 지지를 얻기 위해 소집되었고, 절대 왕정 확립기인 1614년 이후에는 열리지 않다가, 프랑스 혁명 직전인 1788년에 다시 열렸습니다.
[참고] 국민의회

삼포제 三圃制

三 셋 삼 圃 밭 포 制 제도 제

경지를[圃] 셋으로[三] 나누는 제도[制]

  삼포제는 중세 유럽에서 토지의 지력地力을 회복하기 위해서 실시한 방법으로, 경지를 추경지秋耕地(밀 등을 경작)·춘경지春耕地(보리 등을 경작)·휴경지休耕地로 나눈 다음, 1년마다 돌아가면서 농사를 짓는 제도입니다.

선거왕제 選擧王制 · 선거후제 選擧侯制

選 뽑다 선 擧 들다 거 王 임금 왕 制 제도 제 · 侯 제후 후

왕을[王] 뽑는[選擧] 제도[制] · 제후가[侯] 왕을 뽑는[選擧] 제도[制]

  =선제후제選帝侯制
  선거후제는 13세기 이후 독일에서 행해졌던 국왕의 선거방법으로, 유력한 제후 7명을 먼저 선출하고 이들이 왕을 뽑는 제도입니다.

수장령 首長令

首 머리 수 長 어른 장 令 명령 령

국왕이 우두머리라는 것을[首長] 선포한 법률[令]

  '首長'은 '우두머리'라는 뜻으로, 여기서는 '국왕'을 뜻합니다.
  수장령은 영국 국왕 헨리 8세의 이혼 문제로 교황과 갈등을 일으키자, 1534년 영국 국교회에서 국왕만이 이단異端 및 좋지 않은 폐단을 개혁, 교정하는 권한을 가진 이 세상에서 유일한 수장임을 선포한 법률입니다. 이때부터 영국교회는 로마 교황으로부터 벗어나 국왕에게 종속되었습니다.

12표법 表法

表 나타내다, 표 표 法 법 법

12개의 표로[表] 나눈 법[法]

  12표법은 로마 최초의 **성문법**成文法으로, 12개의 동판銅版에 새겨졌다는 전설 때문에 12동판법銅版法으로 부르기도 합니다. 초기의 법률은 성문화되지 않은 관습법이어서 귀족들이 멋대로 집행했기 때문에 평민은 불리

하였습니다. 그래서 B.C. 450년경 **호민관**護民官 테렌틸리우스의 제안으로 성문화하였고, 이후 B.C 451년 10명의 입법관이 선출되어 10표법을 제정하였습니다. 그러나 이 또한 평민에게 불리한 내용으로 만들어지자, 다시 2표를 추가하여 12표법으로 완성하였습니다.

- ➡ **成文法**[成 만들다 성 文 문서 문 法 법 법] 문서로 작성된 법.
- ➡ **護民官**[護 보호하다 호 民 백성 민 官 벼슬아치 관] 백성을 보호하는 관리. 로마 시대에 평민의 대표로 국정에 참여함.

왕권신수설 王權神授說

王 임금 왕 權 권세 권 神 귀신 신 授 받다 수 說 말씀 설

왕의[王] 권력은[權] 신에게[神] 받았다는[授] 주장[說]

왕권신수설은 15C~18C에 걸쳐 서유럽 세계의 절대 군주들이 시민 계급과 종교의 도전을 물리치기 위해 내세운 주장으로, 왕의 권력은 신에게 받은 것이기 때문에 신하와 백성은 절대 복종해야한다는 정치 사상입니다. 이 사상은 로마 교황 및 로마 황제의 간섭을 배제하기 위해 나온 것으로, 보댕, 보쉬에 등의 학자가 주장하였습니다.

은대지 제도 恩貸地制度

恩 은혜 은 貸 빌려주다, 베풀다 대 地 땅 지 制 만들다 제 度 법도 도

토지를[地] 은혜로이[恩貸] 나누어주던 제도[制度]

'恩貸'는 '은혜恩惠'와 같은 말로, 은대지는 봉건군주가 가신家臣에게 은혜를 베풀어 나누어주던 토지를 말합니다.

은대지 제도는 다른 나라를 정복했을 때 공이 많은 교회나 장군에게 땅을 주는 제도로, 이 땅에서는 세금이나 노역이 감면되었습니다. 이 제도는 로마 시대에 유래했으며 봉건 제도의 기원이 되었습니다.

전체주의 全體主義

全 모두 전 體 몸 체 主 주장하다 주 義 옳다, 의견 의

개인보다는 전체를[全體] 우선으로 하는 주의[主義]

전체주의는 개인의 모든 활동은 국가 전체의 존립과 발전을 위해 바쳐져

야 한다는 이념으로, 개인의 존엄성이나 개별 집단의 독립성과 그 자유를 억압하고, 전체인 사회나 국가가 우선인 주의를 말합니다. 이 말은 1925년 B.무솔리니의 연설에서 비롯되었으며, 독일과 이탈리아의 나치즘과 파시즘, 그리고 일본의 군국주의 체제가 대표적인 예입니다.

종사 제도 從士制度

從 따르다 종 士 선비, 사람 사 制 만들다 제 度 법도 도

주인과 그를 따르는[從] 사람을[士] 두는 제도[制度]

종사 제도는 종사從士가 그 주인과 주종 관계를 형성하는 제도로, 은대지 제도와 함께 서유럽 봉건 제도의 원류입니다. 종사의 주된 임무는 주인의 생활 전반에 대해 봉사하거나, 침략 전쟁이 있을 때 참가해야 하는 것 등입니다.

[참고] 은대지 제도

철혈정책 鐵血政策

鐵 쇠 철 血 피 혈 政 정치 정 策 꾀 책

무기와[鐵] 피로[血] 해결하는 정책[政策]

'鐵'은 '무기'를, '血'은 '전쟁'을 가리킵니다.
철혈정책은 1862년 수상이 된 비스마르크가 의회의 반대를 누르고 독일의 통일을 위해 추진한 군비증강책입니다. 비스마르크는 취임 직후 의회연설에서 오늘날의 중대한 문제는 언론이나 다수결에 의해서가 아니라 오로지 철과 피로써만 해결할 수 있다고 한데서 유래된 말입니다.

합리주의 合理主義

合 맞다 합 理 이치 리 主 주장하다 주 義 옳다, 의견 의

(도리나 이성·논리가 일체를 지배한다는 관점에서) 사물을 합리적으로[合理] 분별하려는 주의[主義]

합리주의는 이 세상의 모든 이치는 이성이나 논리로 설명 할 수 있다는 주장으로, 이치에 맞지 않거나 우연한 것을 배척하고, 신앙의 영역도 이성적으로 파악하려 했습니다. 이 주의는 17세기 프랑스의 데카르트에 의해 확립되었습니다.

◎ 동서양 공통

골각기 骨角器

骨 뼈 골 角 뿔 각 器 그릇, 도구 기

동물의 뼈[骨] · 뿔[角] · 이빨을 재료로 조각하여 만든 도구[器]

골각기는 돌에 비해 가공이 쉬운 짐승의 뼈 · 뿔을 가공하여 제작한 연모로, 석기시대부터 중요한 도구로 사용되었습니다.

관료 제도 官僚制度

官 버슬아치 관 僚 동료, 버슬아치 료 制 제도 제 度 법도 도

관료[官僚] 집단이 국가 권력을 운영하는 제도[制度]

관료 제도는 군주국가에서 통치 권한을 의회나 정당에 주지 않고 전문 능력을 소유한 관리에게 주는 정치 제도를 말합니다.

봉건 제도 封建制度

封 봉하다 봉 建 세우다 건 制 만들다 제 度 법도 도

땅을 봉하고[封] 제후를 세우는[建] 제도[制度]

‘封建’ 은 ‘봉토건후封土建侯’ 의 줄임말로, ‘封土’ 는 ‘일정한 지역의 땅을 떼어 준다’ 는 뜻이고, ‘建侯’ 는 ‘봉토에 제후를 세운다’ 는 뜻입니다.
봉건 제도는 왕은 도읍 부근의 직할지를 직접 다스리고, 그 외의 지역은 신하 · 친척 등에게 땅을 떼어 준 다음 그곳의 제후로 삼아 다스리게 하는 제도입니다. 이 때 제후는 왕에게 세금이나 군대 동원 등에 관해 봉사할 의무를 갖습니다. 서유럽 중세의 봉건 제도가 봉토를 매개로 하는 계약적 관계라면, 중국은 권력을 매개로 한 혈연적인 군신君臣 사이의 명령 · 복종 관계였습니다.

입헌군주제 立憲君主制

立 서다 립 憲 법 헌 君 임금 군 主 주인 주 制 제도 제

법을[憲] 세워[立] 군주의[君主] 권력에 제한을 두는 제도[制]

　모든 권력을 군주 마음대로 할 수 있는 정치를 절대군주제라면, 입헌군주제는 군주의 권력을 헌법으로 만들어 제한하는 정치 제도로, 17C 영국에서 시민혁명이 일어난 후 생겨났습니다.

제국주의 帝國主義

帝 임금 제 國 나라 국 主 주장하다 주 義 옳다, 의견 의

자신의 나라가 황제의[帝] 나라가[國] 되겠다는 주의[主義]

　'제국'의 어원은 라틴어의 imperator(황제), imperium(제국)입니다. 그러나 이 말은 프랑스의 나폴레옹이 로마제국을 재현하려는 시도, 즉 다른 국가를 정복하려는 시도와 접목되면서 의미가 바뀌었습니다. 그래서 제국주의는 일반적으로 군사·경제상 타국 또는 후진 민족을 정복하여 대 국가를 건설하고자 하는 침략적 경향을 가리키는 말입니다. 그리고, 역사학적으로는 19세기 말 축적된 자본을 가진 강대국들이 이윤을 찾아 미개발 지역을 지배하려는 경향을 말합니다.

 교과서에 나온 용어 퍼즐 놀이

<table>
<tr><td>1</td><td></td><td>2</td><td></td><td>12</td><td></td><td></td></tr>
<tr><td></td><td></td><td></td><td></td><td></td><td></td><td></td></tr>
<tr><td></td><td></td><td></td><td></td><td>11</td><td>10</td><td></td></tr>
<tr><td>3</td><td></td><td></td><td>5</td><td></td><td>9</td><td>8</td></tr>
<tr><td></td><td></td><td></td><td></td><td></td><td></td><td></td></tr>
<tr><td>4</td><td></td><td></td><td></td><td></td><td>7</td><td></td></tr>
<tr><td></td><td></td><td></td><td>6</td><td></td><td></td><td></td></tr>
</table>

[가로열쇠]

1. 동물의 뼈 · 뿔 · 이빨을 재료로 조각하여 만든 도구.
3. 1689년 영국의회가 시민의 자유와 권리를 보호하기 위해 의회 정치를 요구한 문서.
4. 마음속에 서려 있는 생각을 말함.
6. 중국 청나라 말기에 백련교에서 갈라져 나온 비밀 결사대.
7. 관계되는 분야나 범위.
9. 양귀비의 진액을 말리어 굳힌 물질.
11. 중국 남송 시대에 정부가 발행한 어음.
12. 경지를 추경지 · 춘경지 · 휴경지로 나눈 다음, 1년마다 돌아가면서 농사를 짓는 제도.

[세로열쇠]

1. 뼈와 살
2. 일이 뜻대로 잘 되어 신이 나서 기세가 대단함.
3. 목적 달성을 위하여 수단과 방법을 가리지 않고 남을 속이는 온갖 꾀.

5. 개인의 모든 활동은 국가 전체의 존립과 발전을 위해 바쳐져야 한다
   는 이념.
7. 뛰어난 결단.
8. 편도무역이라 하여 한 쪽 나라만 상품을 수출하는 무역.
10. 인간의 내면에 있는 무의식의 충동을 현실에 맞게 조정하는 주체. 에
    고(ego)
12. 프랑스의 신분제 의회로, 성직자, 귀족, 평민 세 계층의 대표가 모인
    회의.

정답

[가로열쇠]
1. 골각기 3. 권리장전 4. 술회 6. 의화단 7. 영역 9. 아편 11. 회자
12. 삼포제

[세로열쇠]
1. 골육 2. 기고만장 3. 권모술수 5. 전체주의 7. 영단 8. 편무역 10.
자아 12. 삼부회

찾아보기

지리

사회

세계사